D1683467

**STARK**

# Fachoberschule

Original-Prüfungsaufgaben
mit Lösungen

2023

Hessen

# Wirtschaft und Verwaltung

STARK

© 2022 Stark Verlag GmbH
2. Auflage
www.stark-verlag.de

Das Werk und alle seine Bestandteile sind urheberrechtlich geschützt. Jede vollständige oder teilweise Vervielfältigung, Verbreitung und Veröffentlichung bedarf der ausdrücklichen Genehmigung des Verlages. Dies gilt insbesondere für Vervielfältigungen, Mikroverfilmungen sowie die Speicherung und Verarbeitung in elektronischen Systemen.

# Inhaltsverzeichnis

**Vorwort**

**Hinweise und Tipps zur zentralen Abschlussprüfung**

| | | |
|---|---|---|
| **1** | Ablauf der schriftlichen Abiturprüfung | I |
| **2** | Inhalte der Prüfung | I |
| **3** | Leistungsanforderungen | II |
| **4** | Bewertung | II |
| **5** | Vorbereitung | II |
| **6** | Weiterführende Informationen | V |
| **7** | Analyse der Stoffstruktur und Zuordnung der Prüfungsaufgaben | VI |

**Original-Abschlussprüfungen**

**Abschlussprüfung 2018**

| | |
|---|---|
| Vorschlag A: Aufgabenstellung | 2018-1 |
| Vorschlag A: Lösungsvorschlag | 2018-8 |
| Vorschlag B: Aufgabenstellung | 2018-25 |
| Vorschlag B: Lösungsvorschlag | 2018-32 |

**Abschlussprüfung 2019**

| | |
|---|---|
| Vorschlag A: Aufgabenstellung | 2019-1 |
| Vorschlag A: Lösungsvorschlag | 2019-7 |
| Vorschlag B: Aufgabenstellung | 2019-21 |
| Vorschlag B: Lösungsvorschlag | 2019-26 |

### Abschlussprüfung 2020
Vorschlag A: Aufgabenstellung .............................................. 2020-1
Vorschlag A: Lösungsvorschlag ............................................. 2020-6
Vorschlag B: Aufgabenstellung ............................................. 2020-21
Vorschlag B: Lösungsvorschlag ............................................. 2020-28

### Abschlussprüfung 2021
Vorschlag A: Aufgabenstellung .............................................. 2021-1
Vorschlag A: Lösungsvorschlag ............................................. 2021-5
Vorschlag B: Aufgabenstellung ............................................. 2021-15
Vorschlag B: Lösungsvorschlag ............................................. 2021-21
Vorschlag C: Aufgabenstellung ............................................. 2021-32
Vorschlag C: Lösungsvorschlag ............................................. 2021-38

### Abschlussprüfung 2022
**Aufgaben** ........................... **www.stark-verlag.de/mystark**
Sobald die Original-Prüfungsaufgaben 2022 freigegeben sind, können Sie sie als PDF auf der Plattform MyStark herunterladen (Zugangscode vgl. Umschlaginnenseite).

Jeweils zu Beginn des neuen Schuljahres erscheinen die neuen Ausgaben der Abiturprüfungsaufgaben mit Lösungen.

**Autoren**
Christiane Bitz
Stephan Kreß
Roland Hegerl

# Vorwort

Liebe Schülerinnen und Schüler,

mit diesem Buch geben wir Ihnen eine optimale Hilfestellung zur Vorbereitung auf die **Abschlussprüfung 2023** an der **Fachoberschule** in **Hessen** im Fach **Verwaltung und Wirtschaft**.

- Sie erhalten im ersten Teil des Buches zahlreiche **Informationen zur Abschlussprüfung**, deren Kenntnis für die gezielte Vorbereitung hilfreich und wichtig ist. Dazu gehören u. a. Hinweise zum genauen Ablauf der Prüfung sowie alles Wissenswerte zur Struktur und zu den Anforderungen der Prüfungsaufgaben. Sie finden dort darüber hinaus viele **praktische Hinweise**, die Ihnen in der Vorbereitung auf die Abschlussprüfung helfen.
- Der Band enthält die vom hessischen Kultusministerium gestellten **Original-Abschlussprüfungen 2018 bis 2022**. Damit können Sie sich ein genaues Bild davon machen, wie die Prüfung in den letzten Jahren ausgesehen hat.
- Zu sämtlichen Aufgaben im Buch wurden von unseren Autoren **vollständige, kommentierte Lösungsvorschläge** sowie separate **Tipps zum Lösungsansatz** ausgearbeitet, die Ihnen das selbstständige Lösen der Aufgaben erleichtern.

Sollten nach Erscheinen des Bandes noch wichtige Änderungen bzgl. der Prüfung 2023 vom Kultusministerium bekannt gegeben werden, finden Sie aktuelle Informationen dazu im Internet unter:

www.stark-verlag.de/mystark.

Wir wünschen Ihnen viel Erfolg bei der Vorbereitung und bei Ihrer Abschlussprüfung!

Die Autoren und der Verlag

# HINWEISE UND TIPPS

# Hinweise und Tipps zur zentralen Abschlussprüfung

## 1 Ablauf der schriftlichen Abschlussprüfung

Die Aufgaben der Abschlussprüfung zur Erlangung der allgemeinen Fachhochschulreife werden zentral vom Hessischen Kultusministerium gestellt und sind für alle Schülerinnen und Schüler der 12. Klassen der Fachoberschulen verbindlich vorgeschrieben.

Die Bearbeitungszeit der Prüfung beträgt 240 Minuten. Vor dieser Zeit haben Sie eine 30-minütige Einlesezeit in die Prüfungsvorschläge. Nach dieser halben Stunde kann entweder Vorschlag A oder Vorschlag B gewählt werden.

Als Hilfsmittel sind ein Wörterbuch der deutschen Rechtschreibung, der im Fach Mathematik eingeführte wissenschaftliche Taschenrechner, sowie eine Liste der fachspezifischen Operatoren „Wirtschaft und Verwaltung" zugelassen.

## 2 Inhalte der Prüfung

In der Prüfung des Faches „Wirtschaft und Verwaltung" werden aktuell nachfolgende Lern- und Prüfungsbereiche zugrunde gelegt, in welchen insgesamt 100 Bewertungseinheiten (Punkte) erreicht werden können.
- Entwicklung eines Marketingkonzepts (1)
- Rechnungswesen als Grundlage betriebswirtschaftlicher Entscheidungen (2)
- Unternehmensgründung (3)
- Prozesse der Leistungserstellung im Industrie- und Dienstleistungsbereich (4)
- Gesamtwirtschaftliche Entwicklungen und deren Auswirkungen auf die Beschäftigung (5)

Tendenziell werden in den Bereichen (1), (3) und (4) die meisten Punkte vergeben.

Diese Aufteilung ist der unterschiedlichen Anzahl der zu unterrichtenden Stunden während des Schuljahres geschuldet.

Eine jährlich aktualisierte Übersicht über die prüfungsrelevanten Themen erhalten Sie über die Homepage des Hessischen Kultusministeriums. Hier kann bereits sehr früh vor der eigentlichen Prüfungen der Erlass „Zentrale Abschlussprüfung in der Fachoberschule; Hinweise zur Vorbereitung und Durchführungsbestimmungen" eingesehen werden.

## 3 Leistungsanforderungen

Die Prüfung verlangt problemlösendes Denken. Das bedeutet, dass komplexe betriebswirtschaftliche sowie volkswirtschaftliche Problemstellungen beschrieben werden, welche Sie erkennen und analysieren müssen. Es sind Lösungen zu erarbeiten, darzustellen und begründet zu belegen.

Es werden drei Anforderungsbereiche an die Art der Lösung zu Grunde gelegt:

Anforderungsbereich I: Reproduktion, z. B. Nennen, Wiedergeben, Kennzeichnen

Anforderungsbereich II: Transfer, z. B. Erklären, Analysieren, Entscheiden

Anforderungsbereich III: Reflexion, z. B. Bewerten, Entwickeln, Beurteilen

## 4 Bewertung

Die bei den einzelnen Teilaufgaben maximal erreichbaren Bewertungseinheiten (BE) finden Sie bei den jeweiligen Aufgaben. Insgesamt können in der Abschlussprüfung 100 BE erreicht werden. Die folgende Tabelle stellt die Umrechnung der in Prozent erreichen BE in Punkte dar:

| Punkte | 15 | 14 | 13 | 12 | 11 | 10 | 09 | 08 |
|---|---|---|---|---|---|---|---|---|
| Prozent | ab 96 | ab 91 | ab 86 | ab 81 | ab 76 | ab 71 | ab 66 | ab 61 |
| Punkte | 07 | 06 | 05 | 04 | 03 | 02 | 01 | 00 |
| Prozent | ab 56 | ab 51 | ab 46 | ab 41 | ab 34 | ab 27 | ab 20 | unter 20 |

## 5 Vorbereitung

Beschäftigen Sie sich rechtzeitig mit der Operatorenliste für das Schwerpunktfach Wirtschaft und Verwaltung. Sie finden Sie hier Definition und Zuordnung zum Anforderungsbereich.

| Operator(en) | Definition | AFB |
|---|---|---|
| abschätzen/ einschätzen | durch begründete Überlegungen Größenordnungen angeben | II-III |
| abschließen | Geschäftsvorfälle buchen, Kontensalden ermitteln und diese auf Gegenkonten verbuchen | II |
| analysieren | Merkmale eines Textes, Sachverhalts oder Zusammenhangs kriterienorientiert bzw. aspektgeleitet erschließen und zusammenhängend verdeutlichen | II |
| angeben/ beschriften | Sachverhalte, Begriffe oder Daten ohne Erläuterungen, Begründungen und Lösungswege aufzählen | I |
| anwenden | einen bekannten Sachverhalt oder eine bekannte Methode auf eine neue Problemstellung beziehen | II |
| auswerten | Daten, Einzelergebnisse oder Sachverhalte zu einer abschließenden Gesamtaussage zusammenführen | II |
| begründen | einen Sachverhalt bzw. eine Aussage durch Argumente stützen | II-III |
| berechnen | anhand vorgegebener Daten durch Rechenoperationen zu einem Ergebnis gelangen und die Rechenschritte dokumentieren | I-II |
| beschreiben | Aussagen, Sachverhalte, Strukturen o.Ä. in eigenen Worten strukturiert und fachsprachlich verdeutlichen | I-II |
| bestätigen/ nachweisen/ widerlegen/ zeigen | die Gültigkeit einer Aussage, z.B. einer Hypothese oder einer Modellvorstellung, für richtig/falsch erklären | II-III |
| bestimmen/ ermitteln | einen Zusammenhang oder einen möglichen Lösungsweg aufzeigen und das Ergebnis formulieren (Die Wahl der Mittel kann unter Umständen eingeschränkt sein.) | II-III |
| beurteilen | zu einem Sachverhalt oder einer Aussage unter Verwendung von Fachwissen und Fachmethoden eine begründete Einschätzung geben | III |
| bewerten/ Stellung nehmen | wie Operator „beurteilen", aber zusätzlich die eigenen Maßstäbe begründet darlegen | III |
| buchen | Buchungssätze von Geschäftsvorfällen in T-Konten eintragen und/oder Buchungssätze bilden | I-II |
| darstellen | Sachverhalte o.Ä. und deren Bezüge sowie Zusammenhänge aufzeigen | I-II |
| definieren | einen Vorgang oder Begriff exakt bestimmen, um ihn von anderen Begriffen abzugrenzen, ohne ihn selbst zu nennen | I |

| | | |
|---|---|---|
| **diskutieren/ sich auseinandersetzen mit** | zu einer Aussage, Problemstellung oder These eine Argumentation entwickeln, die zu einer begründeten Bewertung führt | III |
| **einordnen/ zuordnen** | Texte oder Sachverhalte unter Verwendung von Vorwissen begründet in einen genannten Zusammenhang stellen | I-II |
| **entscheiden** | bei Alternativen sich begründet und eindeutig auf eine Möglichkeit festlegen | II |
| **entwerfen/ verfassen** | Aufgabenstellungen kreativ und produktorientiert bearbeiten, z.b. auf der Grundlage eines Materials und seiner inhaltlichen Gegebenheiten eine kreative Idee in ein selbstständiges Produkt umsetzen | III |
| **entwickeln** | einen eigenen Gedankengang bzw. ein Konzept zu einem Thema entfalten und Schlussfolgerungen ziehen | III |
| **erklären** | Materialien, Sachverhalte o.Ä. in einen Begründungszusammenhang stellen, z. B. durch Rückführung auf fachliche Grundprinzipien, Gesetzmäßigkeiten, Funktionszusammenhänge, Modelle oder Regeln | II |
| **erläutern** | Materialien, Sachverhalte o.Ä. mit zusätzlichen Informationen und Beispielen verdeutlichen | II |
| **erörtern** | eine These oder Problemstellung unter Abwägen von Pro- und Kontraargumenten hinterfragen und zu einem eigenen Urteil gelangen | II-III |
| **erstellen** | gegebene Daten neu strukturieren und berechnen und dabei auf fachwissenschaftlich anerkannte Verfahren zurückgreifen | I-II |
| **gegenüberstellen/ vergleichen** | nach vorgegebenen oder selbst gewählten Gesichtspunkten Gemeinsamkeiten, Ähnlichkeiten und Unterschiede begründet darlegen | II-III |
| **herausarbeiten** | aus Materialien nicht explizit genannte Sachverhalte erschließen | II |
| **herleiten** | die Entstehung oder Ableitung eines gegebenen oder beschriebenen Sachverhalts aus anderen oder aus allgemeineren Sachverhalten darstellen | II-III |
| **in Beziehung setzen** | Zusammenhänge unter vorgegebenen oder selbst gewählten Gesichtspunkten begründet herstellen | II |
| **interpretieren** | auf der Grundlage einer Analyse Sinnzusammenhänge aus Materialien methodisch reflektiert erschließen, um zu einer schlüssigen Gesamtauslegung zu gelangen | III |
| **kennzeichnen** | ein Ergebnis oder einen Bereich besonders hervorheben | I-II |

| | | |
|---|---|---|
| **nennen** | zielgerichtet Informationen zusammentragen, ohne diese zu kommentieren | I |
| **prüfen/ überprüfen** | Sachverhalte auf Richtigkeit (über-)prüfen | II-III |
| **skizzieren** | einen Sachverhalt oder Gedankengang in seinen Grundzügen angeben | I-II |
| **untersuchen** | Sachverhalte unter bestimmten Aspekten betrachten und belegen | II |
| **wiedergeben** | ausgehend von einem Einleitungssatz Informationen aus dem vorliegenden Material unter Verwendung der Fachsprache in eigenen Worten ausdrücken | I |
| **zeichnen** | eine hinreichend exakte grafische Darstellung anfertigen | I-II |
| **zusammenfassen** | ausgehend von einem Einleitungssatz die wesentlichen Aussagen eines Textes in strukturierter und komprimierter Form unter Verwendung der Fachsprache herausstellen | I-II |

Ebenso sollten Sie sich rechtzeitig den Erlass „Zentrale Abschlussprüfung in der Fachoberschule; Hinweise zur Vorbereitung und Durchführungsbestimmungen" ansehen. Hier werden alle möglichen relevanten Prüfungsthemen mit Stichwörtern aufgezeigt. Dieser Erlass kann ebenso über die Fachlehrer oder aber auch über das Hessische Kultusministerium zur Verfügung gestellt werden.

Setzen Sie sich schon frühzeitig mit den Aufgaben der Abschlussprüfung auseinander, damit Sie das Niveau dieser Aufgaben einschätzen lernen.

Zu allen Aufgaben hier im Buch finden Sie ausführliche Lösungsvorschläge, die möglichst nur zur Kontrolle benutzt werden sollten. Die grau markierten Tipps dienen dem Verständnis und sollen Ihnen bei Schwierigkeiten helfen, den Lösungsweg nachzuvollziehen. Lösen Sie die Aufgaben aber zunächst immer selbstständig und vergleichen Sie die Lösung erst dann mit dem Buch. Das Nachvollziehen und Verstehen des dargestellten Lösungswegs allein führt noch nicht zu Lernerfolgen. In der Abschlussprüfung müssen Sie eine eigene Lösung entwickeln und das sollten Sie auch im Vorfeld trainieren.

## 6 Weiterführende Informationen

Sie finden weitere Informationen zur zentralen schriftlichen Abschlussprüfung im Internet unter der Adresse https://kultusministerium.hessen.de//:
Schulsystem > Schulformen > Berufliche Schulen > Fachoberschule > Zentrale Abschlussprüfung in der Fachoberschule.

Außerdem sollten Sie bei konkreten Fragen Ihre Lehrkraft kontaktieren.

# 7 Analyse der Stoffstruktur und Zuordnung der Prüfungsaufgaben

Die folgende Übersicht bietet eine Übersicht über die Themen des Lehrplans und eine Zuordnung zu den Aufgaben der Abschlussprüfung der Jahre 2018 bis 2021. Die erste Zahl bei Prüfungsaufgabe steht für den Jahrgang, der Buchstage für den Vorschlag und die zweite Zahl für die Aufgabe. 20A1 bedeutet also Jahrgang 2020, Vorschlag A, Aufgabe 1.

| Entwicklung eines Marketingkonzepts | Prüfungsaufgabe |
|---|---|
| Methoden und Instrumente der Marktforschung:<br>• Marktanalyse, Marktbeobachtung, interne und externe Informationsquellen, Grundzüge der Befragung | • 18A1, 18B2, 19A1, 20A1, 20B1, 21B1 |
| Marketing:<br>• Marketing als ganzheitliches Konzept der Unternehmensführung, Umfeldorientierung, Nachhaltigkeit | • 19B1, 21B1 |
| Produkt- und Sortimentspolitik:<br>• Produktlebenszyklus, Portfolioanalyse am Beispiel der Boston-Matrix, Produktdiversifikation, Beratung und Kundendienst | • 19B1, 20A1, 21B1, 21C1 |
| Preispolitik:<br>• Preispolitische Strategien, insbesondere Preisdifferenzierung, Kalkulation (Preisunter- und Preisobergrenzen) Konditionen | • 18A1, 18B2, 19A1, 19B1, 20B1, 21A2 |
| Distributionspolitik:<br>• Absatzwege | • 18B2, 21B1 |
| Kommunikationspolitik:<br>• Werbung, Verkaufsförderung, PR, Instrumente der Erfolgskontrolle | • 20A1, 20B1, 21A1 |
| Erarbeitung eines kommunikationspolitischen Konzepts:<br>• Vorgaben, personelle, technische, finanzielle Beschränkungen, Konzeptentwurf, Entscheidungsfindung | • – |
| Präsentation eines Konzepts:<br>• Gestaltung, Präsentationsprogramme | • 18A1 |
| Auswertung:<br>• Fragebogen, Kriterien einer Wirkungsanalyse, Möglichkeiten der Veröffentlichung, Innen- und Außenwirkung | • – |

| Rechnungswesen als Grundlage betriebswirtschaftlicher Entscheidungen | Prüfungsaufgaben |
|---|---|
| Abschreibungen:<br>• Begründung, Berechnung, Buchung | • 18A3, 18B3, 19A3, 19B3, 20A3, 20B2 |
| Buchungen im Ein- und Verkaufsbereich:<br>• Bezugskosten, Rücksendungen, Preisnachlässe aufgrund von Mängelrügen, Skonti und Boni | • 18A3 |
| Soziale Sicherung:<br>• Sozialversicherung, Betriebliche Zusatzleistungen, Individuelle Vorsorge | • – |
| Buchungen im Personalbereich:<br>• Löhne und Gehälter, Abgaben an die Finanzbehörden, Abgaben an die Sozialversicherungsträger | • – |
| Zeitliche Abgrenzung:<br>• Aufwendungen und Erträge periodengerecht abgrenzen | • – |
| Rückstellungen:<br>• Begründung, Buchung | • – |

| Unternehmensgründung | Prüfungsaufgaben |
|---|---|
| Rahmenbedingungen für eine Unternehmensgründung:<br>• Persönliche, rechtliche und wirtschaftliche Voraussetzungen, qualitative und quantitative Personalbedarf, Standortwahl | • 18B1, 19A2, 20A2, 20B3, 21A1 |
| Rechtsformen:<br>• Einzelunternehmen, Gesellschaft bürgerlichen Rechts, Personengesellschaft am Beispiel der OHG, Kapitalgesellschaft am Beispiel der AG, Recherche zur Neuentwicklung einer Rechtsform | • 18A4, 18B1, 19A2, 19B4, 20A2, 20B3, 21B2 |
| Kapitalbedarfsermittlung:<br>• Finanzierung des Anlage- und Umlaufvermögens, Kapitalbindungsdauer, Finanzplan, Anwendung kaufmännischer Zinsrechnung | • 18A4, 18B1, 19A2 |
| Finanzierungsarten:<br>• Eigen-, Fremd- und Selbstfinanzierung, Leasing | • 18A4, 18B1, 19A2, 19B4, 21A1 |
| Bilanzanalyse:<br>• Rentabilitäten, Liquiditätsgrade, Deckungsgrade, Verschuldungsgrad, Aussagekraft und Grenzen der Bilanzanalyse | • 20B3 |

| Prozesse der Leistungserstellung im Industrie- und Dienstleistungsbereich | Prüfungsaufgaben |
|---|---|
| Betriebliche Produktionsfaktoren<br>• Arbeit, Betriebsmittel, Werkstoffe, dispositiver Faktor | • 18B4 |
| Menschliche Arbeitsleistung, Lohn- und Gehaltsformen:<br>• Leistungsbereitschaft, Leistungsvermögen, Entlohnung, Arbeitsplatzgestaltung, Leistungsanreize | • 18A2, 20A4, 21B3 |
| Personaleinsatzplanung:<br>• Stellenbeschreibung, Einsatzpläne, Ermittlung des Personalbedarfs | • 20A4, 21B3 |
| Darstellung und Analyse der Beschaffungs- und Lagerprozesse:<br>• Lagerkennziffern, ABC-Analyse | • 18B4 |
| Darstellung und Analyse von Leistungserstellungs- und Absatzprozessen:<br>• Beispielhafte Aufgaben zur Fertigungsprogrammplanung oder Dienstleistungserstellung, Beispiel für Anwendung linearer Optimierung | • 18A2, 19B2, 20B4, 21A3 |
| Kostenarten:<br>• Ausgaben, Aufwand und Kosten, Fixe und variable Kosten, Gemeinkosten und Einzelkosten, Voll- und Teilkostenrechnung | • 18A2, 19B2, 20A4, 21A3 |
| Kostenstellenrechnung:<br>• Kostenstellen, Betriebsabrechnungsbogen | • – |
| Kostenträgerrechnung:<br>• Bezugs-, Selbstkosten- und Verkaufskalkulation unter Aufwendung kaufmännischer Rechenmethoden, Divisions- und Zuschlagskalkulation, Nachkalkulation | • 19A4 |
| Deckungsbeitragsrechnung:<br>• Absoluter und relativer Deckungsbeitrag, Kurz- und langfristige Preisuntergrenze | • 18A2, 20B4 |

| Gesamtwirtschaftliche Entwicklungen und deren Auswirkungen auf die Beschäftigung | Prüfungsaufgaben |
|---|---|
| Ziele staatlicher Wirtschaftspolitik:<br>• Stabilitätsgesetz, Umweltschutz, Gerechte Einkommens- und Vermögensverteilung | • 18B5, 19A5, 20A5, 20B5 |
| Indikatoren zur Messung der Ziele:<br>• BIP, reales und nominales Wachstum, Arbeitslosenquote, Preisindex und Kaufkraft, Leistungsbilanz | • 18A5, 18B5, 20B5 |

| | |
|---|---|
| Wachstums- und Konjunkturschwankungen:<br>• Gründe für konjunkturelle Schwankungen, Konjunkturzyklus, Konjunkturindikatoren | • 19B5 |
| Fiskalpolitik:<br>• Steuerung der Einnahmen- und Ausgabenpolitik und Staatsverschuldung | • 19B5, 20B5 |
| Geldpolitik:<br>• Zins- und Geldmengenpolitik der EZB | • 18B5, 19A5 |
| Außenwirtschaftliche Beziehungen und Globalisierung:<br>• Außenwirtschaftliche Abhängigkeit Deutschlands, Außenwert der Währung, Internationale Arbeitsteilung | • 18A5, 20A5 |

PRÜFUNGSAUFGABEN

**Hessen Wirtschaft und Verwaltung**
**Abschlussprüfung Fachoberschule 2018**
Vorschlag A

## Aufgabenstellung

**1** Die Healy GmbH ist ein mittelständisches Unternehmen aus der Nähe von Frankfurt am Main. Das Pharmaunternehmen hat sich auf die Herstellung und den Vertrieb von Arzneimitteln und medizinischen Geräten im mittleren Preissegment spezialisiert, die für die Behandlung und Kontrolle von Diabeteserkrankungen (Blutzuckerkrankheit) nötig sind.
Seit letztem Jahr verkauft ein Konkurrent ein patentiertes Blutzuckermessgerät, das die Messung der Blutzuckerwerte für die Betroffenen sehr vereinfacht hat. Bei der Healy GmbH ist daraufhin der Umsatz mit Blutzuckermessgeräten und den Hilfsmitteln zurückgegangen.
Der Markt für pharmazeutische Arzneimittel und medizinische Geräte unterliegt ständigen Veränderungen und ist stark umkämpft. Daher haben zwei Mitarbeiterinnen und Mitarbeiter aus der Verkaufsabteilung zusätzlich Marketingaufgaben übertragen bekommen.

**1.1** Erklären Sie in diesem Kontext den Begriff Marktforschung und begründen Sie die Bedeutung der Marktforschung für die Healy GmbH mit zwei Argumenten. (3 BE)

**1.2** Die Healy GmbH bevorzugt die Methode der Sekundärforschung.

**1.2.1** Beschreiben Sie den Unterschied zwischen Primär- und Sekundärforschung. (2 BE)

**1.2.2** Erläutern Sie zwei der Gründe, warum die Healy GmbH die Sekundärforschung vorzieht. (2 BE)

**1.3** Nahrungsergänzungsprodukte sind in Deutschland ein stark wachsender Markt. Insbesondere Multivitaminpräparate erfreuen sich großer Beliebtheit. Deshalb hat die Gesellschafterversammlung der Healy GmbH beschlossen, das Unternehmen um dieses Geschäftsfeld zu erweitern. Eine Mitarbeiterin aus der Verkaufsabteilung hat in einer Marktuntersuchung folgende Zusammenhänge zwischen den Preisen und den Absatzmengen herausgearbeitet:

| Preise in € | 2,92 | 3,12 | 3,63 |
|---|---|---|---|
| Absatzmenge in Stück | 325 408 | 295 825 | 240 820 |

Die Mitarbeiterin hat aus der Produktionsplanung die Informationen erhalten, dass die produktbezogenen Fixkosten 159 000 € und die variablen Stückkosten 2,22 € betragen.

**1.3.1** Stellen Sie drei wichtige Gesichtspunkte dar, die das Unternehmen bei der Preisfestlegung berücksichtigen sollte. (3 BE)

**1.3.2** Erklären und begründen Sie eine geeignete Preisstrategie bei der Markteinführung für die Multivitaminpräparate der Healy GmbH. (4 BE)

**1.3.3** Berechnen Sie jeweils den umsatz- und den gewinnmaximalen Preis. Interpretieren Sie Ihre Ergebnisse. (5 BE)

**1.3.4** Es soll untersucht werden, welche Auswirkungen eine Preiserhöhung von 3,12 € auf 3,63 € haben könnte.
Berechnen Sie die Preiselastizität der Nachfrage und bewerten Sie Ihr Ergebnis. (3 BE)

**1.4** Die Healy GmbH will ihr Multivitaminpräparat als Markenprodukt einführen.

**1.4.1** Damit die Healy GmbH ihr Multivitaminpräparat auf dem Markt platzieren kann, müssen Entscheidungen über eine Markierung getroffen werden.
Nennen Sie drei unterschiedliche Möglichkeiten, mithilfe derer das Produkt als Marke gestaltet werden kann. (3 BE)

**1.4.2** Erläutern Sie drei Vorteile, die sich bei der Einführung des Multivitaminpräparats als Marke für die Healy GmbH ergeben. (3 BE)

**2** Durch die Aufnahme von Multivitaminpräparaten in ihr Produktionsprogramm stehen bei der Healy GmbH einige Veränderungen an.

**2.1** Die Mitarbeiterinnen und Mitarbeiter im Produktions- und Verpackungsbereich erhalten Akkordlohn. Im Rahmen der Produktionsprogrammveränderung soll die bisherige Akkordlohnberechnung neu strukturiert werden.

**2.1.1** Nennen Sie drei Arbeitsplatzvoraussetzungen, damit die Bezahlung nach Akkordlohn umgesetzt werden kann. (3 BE)

**2.1.2** Beschreiben Sie drei Vorteile des Akkordlohns. (3 BE)

**2.1.3** Aus betriebswirtschaftlichen Gründen soll vom Geldakkord zum Zeitakkord gewechselt werden. Der Produktionsleiter sagt hierzu in der Betriebsversammlung: *„Die Lohnhöhe wird sich nach der Umstellung nicht verändern."*

Folgende Angaben zum Lohn eines Verpackungsmitarbeiters liegen vor:
- Mindestlohn: 12 € pro Stunde
- Akkordzuschlag: 25 %
- Normalleistungen: 50 Packungen pro Stunde
- Ist-Leistung: 400 Packungen an einem 8-Stunden-Tag

Weisen Sie rechnerisch die Aussage des Produktionsleiters anhand des oben genannten Beispiels nach. (6 BE)

**2.2** Die Gesellschafter der Healy GmbH würden gerne eine breite Palette von unterschiedlichen Vitaminpräparaten in das Produktionsprogramm aufnehmen. Der Produktionsleiter erklärt aber, dass die Produktionskapazitäten zurzeit nicht ausreichen, um alle Produktwünsche umsetzen zu können.

Der Produktionsleiter stellt die monatlichen Produktionsdaten (Material 1) als Entscheidungshilfe zur Verfügung.

**2.2.1** Berechnen Sie das optimale Produktionsprogramm. (8 BE)

**2.2.2** Interpretieren Sie Ihr Ergebnis aus Aufgabe 2.2.1 und diskutieren Sie zwei mögliche Lösungsalternativen. (3 BE)

**2.2.3** Durch die Aufnahme von Vitaminpräparaten hat die Healy GmbH ihr Produktionsprogramm erweitert.
Erläutern Sie zwei mögliche negative Auswirkungen für die Produktion. (2 BE)

**3** Sie sind Finanzbuchhalterin oder Finanzbuchalter bei der Healy GmbH und müssen Geschäftsvorfälle buchen.
Die Buchungen erfolgen nach dem Nettoverfahren.

**3.1** Erstellen Sie die Buchungssätze mit den Bezeichnungen der verwendeten Konten und den Eurobeträgen.
- Für die Produktion der Vitaminpräparate werden 5 000 Packungen Vitaminkonzentrat für netto 2 270 € auf Ziel geliefert. Der Lieferant hat zusätzlich eine Transportkostenpauschale von 120 € (netto) berechnet.
- Bei der Prüfung der Vitaminkonzentrate wurde festgestellt, dass 1 000 Packungen zu 454 € (netto) beschädigt sind. Deshalb sendet die Healy GmbH diesen Teil der Lieferung wieder zurück. Der Lieferant stellt eine Gutschrift aus.
- Die Gehäuse der Blutzuckermessgeräte bezieht die Healy GmbH als Bauteile von einem Zulieferer. Bei der letzten Lieferung wurden 200 Gehäuseteile über 1 050 € (netto) nicht in der bestellten Farbe geliefert. Der Liefereingang wurde bereits verbucht. Im Nachhinein hat der Lieferant der Healy GmbH einen Preisnachlass von 20 % auf den ursprünglichen Kaufpreis zugestanden und eine Gutschrift ausgestellt.

- Ein Händler hat von der Healy GmbH vor zwei Wochen eine Lieferung über 50 Starter-Sets Blutzuckermessgeräten zu 1 600 € (netto) erhalten. Nun zahlt der Händler die Rechnung per Banküberweisung unter Abzug von 2 % Skonto. (8 BE)

**3.2** Bei der Beschaffung von Werkstoffen und Handelswaren fallen neben den Anschaffungskosten häufig auch Bezugskosten an.

**3.2.1** Nennen Sie drei verschiedene Arten von Bezugskosten. (3 BE)

**3.2.2** Bei den Werkstoffeinkäufen werden in der Buchhaltung die Bezugskosten üblicherweise gesondert erfasst.
Begründen Sie die Vorgehensweise. (2 BE)

**4** Die Healy GmbH hat einen Geschäftsführer (Herr Sommer) und eine Gesellschafterversammlung, die aus vier Mitgliedern mit folgenden Kapitaleinlagen besteht:
- Frau Mutlow: 702 000 €
- Herr Stjerna: 468 000 €
- Herr Zenn: 360 000 €
- Frau Yilmaz: 270 000 €

**4.1** Beschreiben Sie die Funktion der Gesellschafterversammlung und nennen Sie drei Rechte, die die Gesellschafterversammlung hat. (4 BE)

**4.2** Im letzten Jahr hat die Healy GmbH einen Jahresgewinn von 643 500 € erwirtschaftet. In der Satzung sind keine besonderen Regelungen zur Gewinnverteilung vereinbart worden. Berechnen Sie den Gewinnanteil jedes Gesellschafters gemäß den gesetzlichen Regelungen. (4 BE)

**4.3** Für ihre Vitaminprodukte bezieht die Healy GmbH von einem Lieferanten Rohstoffe im Wert von 36 000 € brutto. Die Zahlungsbedingungen lauten: 40 Tage netto Kasse, bei Zahlung innerhalb von 14 Tagen 2 % Skonto. Die Healy GmbH möchte Skonto in Anspruch nehmen und muss aber dafür ihr Geschäftskonto überziehen. Ihre Hausbank verlangt für Überziehungen zurzeit einen Jahreszinssatz von 9,5 %.

**4.3.1** Berechnen Sie den Überweisungsbetrag an den Lieferanten nach Abzug von Skonto. (1 BE)

**4.3.2** Berechnen Sie die anfallenden Überziehungszinsen für den in Anspruch genommenen Geschäftskontokredit, wenn die Zahlung am 14. Tag nach der Rechnungserstellung erfolgt. (3 BE)

**4.3.3** Berechnen Sie den Finanzierungsgewinn, wenn Skonto unter Inanspruchnahme des Geschäftskontokredits ausgenutzt wird. (1 BE)

**4.3.4** Ermitteln Sie den Jahreszinssatz des Lieferantenkredits. (1 BE)

**5** Viele Lieferantinnen und Lieferanten und auch einige Kundinnen und Kunden der Healy GmbH haben ihren Sitz im Ausland. Deshalb ist der Geschäftsführer Herr Sommer immer sehr interessiert, wenn Zahlen über die deutsche Außenwirtschaft veröffentlicht werden.

**5.1** Im Zusammenhang mit dem Außenhandel werden oft die Begriffe Zahlungsbilanz und Handelsbilanz genannt.
Erläutern Sie diese Begriffe. (2 BE)

**5.2** Beschreiben Sie anhand von Material 2 die Entwicklung des deutschen Außenhandels in den letzten zehn Jahren und interpretieren Sie diese Situation. (3 BE)

**5.3** Setzen Sie sich mit zwei Folgen des deutschen Außenhandels in Material 2 auseinander. (4 BE)

**5.4** Erläutern Sie drei mögliche Auswirkungen von Wechselkursveränderungen auf die Healy GmbH. (3 BE)

**5.5** Um mehr Sicherheit bei der Planung der Geschäfte zu haben, sind für den Geschäftsführer Herrn Sommer auch Informationen über Preisentwicklungen wichtig. Die Inflationsrate im Monat Juli 2017 betrug 1,7 %.
Beschreiben Sie, wie diese Zahl ermittelt wird. (2 BE)

**5.6** Beschreiben Sie die Entwicklung der Inflationsrate anhand von Material 3 und erörtern Sie vor dem Hintergrund der Ziele der Europäischen Zentralbank zwei mögliche Ursachen des Verlaufs. (3 BE)

**5.7** Diskutieren Sie drei mögliche Auswirkungen von steigenden Inflationsraten auf Unternehmen wie die Healy GmbH. (3 BE)

## Material 1 — Monatliche Produktionsdaten

| Produktpackung je 30 Kapseln | Absetzbare Menge (Packungen) | Verkaufspreis in € je Packung | Variable Kosten je Packung in € | Fertigungszeit in Stunden je Packung |
|---|---|---|---|---|
| Multivitaminpräparat | 30 000 | 3,63 | 2,22 | 0,15 |
| Vitamin C-Produkt | 55 000 | 2,99 | 2,12 | 0,20 |
| Vitamin B-Komplex | 40 000 | 3,75 | 2,40 | 0,25 |
| Vitamin D 3 | 37 500 | 4,10 | 3,70 | 0,25 |

Die Maschinenauslastung ist auf 14 500 Maschinenstunden beschränkt.

## Material 2

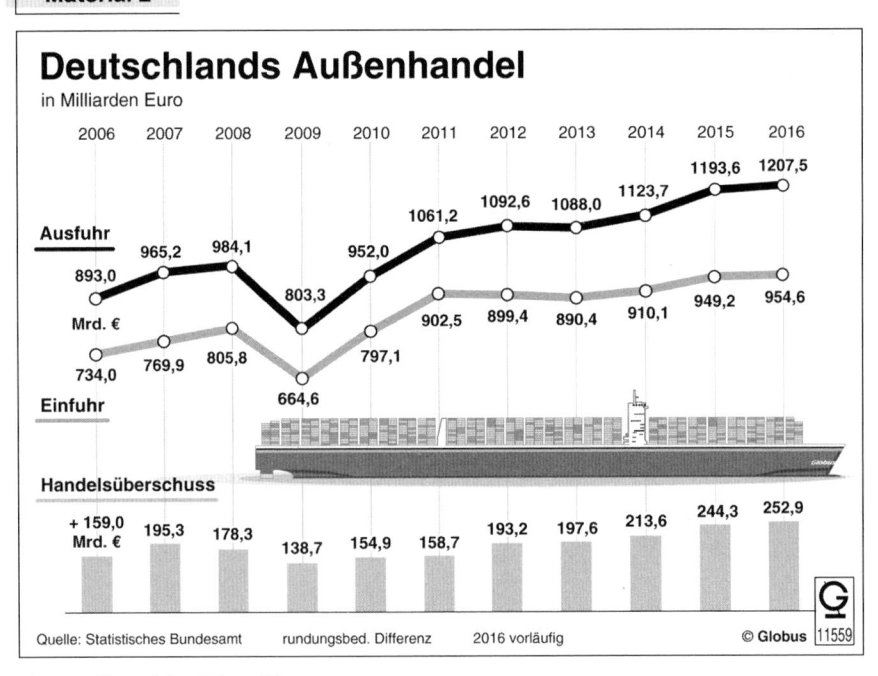

### Deutschlands Außenhandel
in Milliarden Euro

| Jahr | 2006 | 2007 | 2008 | 2009 | 2010 | 2011 | 2012 | 2013 | 2014 | 2015 | 2016 |
|---|---|---|---|---|---|---|---|---|---|---|---|
| Ausfuhr | 893,0 | 965,2 | 984,1 | 803,3 | 952,0 | 1061,2 | 1092,6 | 1088,0 | 1123,7 | 1193,6 | 1207,5 |
| Einfuhr | 734,0 | 769,9 | 805,8 | 664,6 | 797,1 | 902,5 | 899,4 | 890,4 | 910,1 | 949,2 | 954,6 |
| Handelsüberschuss | +159,0 | 195,3 | 178,3 | 138,7 | 154,9 | 158,5 | 193,2 | 197,6 | 213,6 | 244,3 | 252,9 |

Quelle: Statistisches Bundesamt — rundungsbed. Differenz — 2016 vorläufig — © Globus 11559

*picture-alliance/ dpa-infografik*

**Material 3**  Inflationsrate
(Veränderung zum Vorjahresmonat in %)

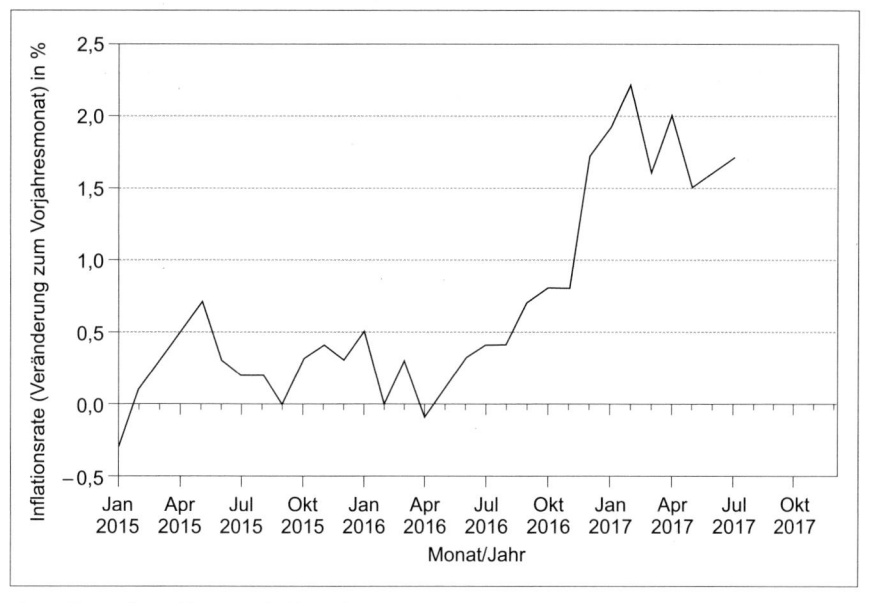

*eigene Darstellung, Daten nach: Destatis*

## Lösungsvorschlag

**1.1** Bei der Marktforschung handelt es sich um eine systematische und wissenschaftliche Erhebung von marktrelevanten Daten, die nach der Erhebung aufbereitet und ausgewertet werden. Auf der Grundlage der erhobenen Daten werden anschließend die Unternehmensentscheidungen getroffen.

Eine Begründung für eine Marktforschung durch die Healy GmbH besteht darin, dass das Unternehmen frühzeitige Trendentwicklungen erkennen kann. Solche Trends können Chancen für das Unternehmen bedeuten und Risiken minimieren. Ein weiterer wichtiger Grund ist, dass das Unternehmen gezielte Entscheidungen z. B. hinsichtlich der unternehmerischen Ausrichtung treffen kann.

**1.2.1**

> **TIPP** Die Bezeichnung „Primärforschung" bedeutet in etwa „zuerst vorhandene Forschung", während „Sekundärforschung" in etwa „nachträglich hinzukommende Forschung" bedeutet. Mit diesem Wissen kann man sich leicht merken, zu welchem Zeitpunkt die Forschung durchgeführt wird. Zudem kann man sich so Vor- und Nachteile der jeweiligen Forschung ableiten.

Bei der Primärforschung handelt es sich um Forschung, deren Daten direkt am betrachteten Markt erhoben werden. Man spricht aus diesem Grund auch von einer „**Feldforschung**". Die Primärforschung ist durch die Erhebung zumeist auch aufwendiger als die Sekundärforschung. Bei der Sekundärforschung handelt es sich um eine Forschung, bei der auf bereits vorliegende Daten zurückgegriffen wird. Aus diesem Grund nennt man die Sekundärforschung auch „**Schreibtischforschung**".

**1.2.2** Da die Daten in der Sekundärforschung bereits vorliegen, muss weniger Zeit als in der Primärforschung aufgewendet werden. Ein weiterer Grund sind die Kosten bei der Sekundärforschung. Diese sind in der Regel geringer als in der Primärforschung. Als mittelständisches Unternehmen verfügt die Healy GmbH nicht über die finanziellen Mittel, eine kostenintensive Primärforschung zu betreiben. Zudem liegen die benötigten Daten, wie z. B. Absatzstatistiken, bereits gut aufbereitet vor. Eine weitere Erhebung ist somit nicht sinnvoll.

**1.3.1** Bei der Ermittlung der Preise ist es wichtig zu beachten, dass neben den anfallenden Kosten für die Produkte möglichst auch ein **Gewinn** erzielt werden soll. Neben den eigenen Kosten gilt es zudem aus der Kostenperspektive zu beachten, dass die **Preise der Konkurrenten** eine Preisobergrenze für die eigenen Produkte darstellen sollten, sofern man nicht über eine entsprechende Marktstellung verfügt. Mit Blick auf die Marktstellung der Kunden gilt es auf einem Käufermarkt zu beachten, dass die **Zahlungsbereitschaft der Kunden** bei der

Preisgestaltung ebenfalls berücksichtigt werden sollte. Wenn das Unternehmen über ein gutes **Image** verfügt und Markenprodukte mit hoher **Qualität** vertreibt, kann auch ein höherer Preis als bei Konkurrenzprodukten durchgesetzt werden.

1.3.2 Bei der Einführung der neuen Produkte kann die Healy GmbH auf die sogenannte „**Penetrationsstrategie**" zurückgreifen. Hier werden die Produkte mit einem niedrigen Preis angeboten, um viele Nachfrager zu generieren. Nach und nach könnte dann der Preis angehoben werden. In der Regel greift man auf die Penetrationsstrategie zurück, wenn bereits ähnliche Produkte auf dem Markt verfügbar sind.

Aus der Aufgabenstellung geht hervor, dass der Verkauf von Nahrungsergänzungsmitteln, insbesondere von Vitaminpräparaten, in Deutschland stetig wächst. Somit handelt es sich um Produkte, die bereits auf dem Markt verfügbar sind. Demnach würde es sich für die Healy GmbH anbieten, die Penetrationsstrategie zu nutzen, um für sich Marktanteile zu sichern.

1.3.3

| Preise in € | 2,92 | 3,12 | 3,63 |
|---|---|---|---|
| Absatzmenge in Stück | 325 408 | 295 825 | 240 820 |
| Umsatz in € (= Preis · Absatzmenge) | 2,92 · 325 408 = 950 191,36 | 3,12 · 295 825 = 922 974,00 | 3,63 · 240 820 = 874 176,60 |
| Fixkosten in € (produktbezogen) | 159 000,00 | 159 000,00 | 159 000,00 |
| variable Gesamtkosten in € (= variable Stückkosten · Absatzmenge) | 2,22 · 325 408 = 722 405,76 | 2,22 · 295 825 = 656 731,50 | 2,22 · 240 820 = 534 620,40 |
| Gesamtkosten in € (= Fixkosten + variable Gesamtkosten) | 159 000,00 + 722 405,76 = 881 405,76 | 159 000,00 + 656 731,50 = 815 731,50 | 159 000,00 + 534 620,40 = 693 620,40 |
| Gewinn in € (= Umsatz – Kosten) | 950 191,36 – 881 405,76 = 68 785,60 | 922 974,00 + 815 731,50 = 107 242,50 | 874 176,60 + 693 620,40 = **180 556,20** |

Bei einem Preis von 2,92 € wäre die Absatzmenge zwar am höchsten, allerdings würde der Gewinn am geringsten ausfallen. Der Gewinn bei einem Preis von 3,12 € würde zwar steigen, allerdings würde auch hier nicht der höchste Gewinn erwirtschaftet werden. Bei einem Preis von 3,63 € würde die Healy GmbH den größten Gewinn erzielen.

## 1.3.4

> **TIPP** Die Preiselastizität der Nachfrage gibt an, wie empfindlich Kunden auf Preisveränderungen reagieren. Je höher die Preiselastizität ausfällt, desto stärker reagieren Nachfrager auf Preisänderungen. Dabei gilt es sich zu merken, dass bei gleicher Preis- und Mengenänderung die Preiselastizität 1 beträgt. Liegt die Preiselastizität bei größer als 1, so ist die Mengenänderung stärker als die Preisänderung. Ist die Preiselastizität kleiner 1, ist die Mengenänderung schwächer als die Preisänderung. In einem Grenzfall kann die Preiselastizität auch 0 betragen. In einem solchen Fall reagieren Kunden gar nicht bzw. kaum auf Preisänderungen.

$$\text{Preiselastizität} = \frac{\text{relative Mengenänderung in \%}}{\text{relative Preisänderung in \%}}$$

$$= \frac{\left(\dfrac{240\ 820\ \text{Stück} - 295\ 825\ \text{Stück}}{295\ 825\ \text{Stück}}\right) \cdot 100}{\left(\dfrac{3{,}63\ € - 3{,}12\ €}{3{,}12\ €}\right) \cdot 100}$$

$$= \frac{-18{,}59\ \%}{16{,}35\ \%} = -1{,}14 = (-)\ 1{,}14$$

Im vorliegenden Fall liegt eine **elastische Nachfrage** vor. Die Kunden reagieren somit negativ auf die Preisveränderung und damit lässt sich auch der Umsatzrückgang erklären.

**1.4.1** Beispielhaft können folgende Möglichkeiten genannt werden, wenngleich auch Kombinationen möglich sind:
- Wortmarke
- Buchstabenmarke
- Bildmarke
- Slogans
- Zahlen, Zeichen, Farben

**1.4.2** Durch eine Kennzeichnung als Marke ist ein **Wiedererkennungswert** gegeben. Es kann somit eine bessere Abhebung von Konkurrenzprodukten gewährleistet werden. Zudem kann die Healy GmbH durch die Marke gezielt ein **bestimmtes Image** aufbauen. Ein weiterer Vorteil besteht darin, dass die Healy GmbH einen **Preiswettbewerb mit der Konkurrenz** durch die Marke vermeiden könnte. Mithilfe der Marke wird ein bestimmter Zusatznutzen bzw. Mehrwert für die Kunden deutlich. Dies könnte beispielsweise durch eine höhere Qualität erfolgen.

## 2.1.1

> **TIPP** Bei „Nennen" handelt es sich immer um die reine Wissensabfrage, ohne dass zusätzliche Erklärungen nötig sind.
> In dieser Aufgabenstellung geht es darum, die Voraussetzungen für Akkordarbeiten zu nennen, da Akkord nicht bei jeder Tätigkeit machbar ist. Es sollen drei der folgenden Voraussetzungen genannt werden:

- Die Arbeitsleistung muss messbar sein.
  (Der Mitarbeiter X hat in einer Stunde 3 Stück gefertigt – Mitarbeiter Y in der gleichen Zeit 2.)
- Das Arbeitstempo kann durch den Mitarbeiter beeinflusst werden.
  (Dies schließt z. B. die Arbeit am Fließband aus.)
- Die auszuführenden Arbeiten müssen sich ständig und exakt wiederholen.
- Die notwendige Bearbeitungszeit für einen Arbeitsgang (Vorgabezeit) wurde durch Arbeitszeitstudien ermittelt.

## 2.1.2

> **TIPP** Welche Vorteile bringt der Akkordlohn mit sich? Warum kann diese Art der Entlohnung durchaus Sinn machen? In dieser Aufgabenstellung geht es darum, dass Sie sich darüber Gedanken machen. Es sollen drei Beispiele beschrieben werden (also bitte in vollständigen Sätzen). Mögliche Antworten wären z. B.:

- Wenn ein Mitarbeiter mehr leistet (mehr produziert als vorgegeben), bekommt er auch mehr Geld als Mitarbeiter, die weniger leisten (**Leistungsgerechtigkeit**).
- Durch das Wissen, dass man bei mehr Leistung mehr Lohn bekommt, ist ein höherer **Leistungsanreiz** vorhanden – im Vergleich mit anderen Lohnformen ist hier sogar der höchste Leistungsanreiz zu verzeichnen.
- Aufgrund des vorhandenen Leistungsanreizes muss der Unternehmer kaum **Arbeitskontrollen** durchführen – sie sind weitgehend überflüssig.

## 2.1.3

> **TIPP** Ganz allgemein: Das Ergebnis von Geld- und Zeitakkord ist immer identisch! Hier geht es vor allem darum, dass Sie dies rechnerisch auch beweisen können.
> Hierzu sind jeweils folgende Rechenschritte nötig:

Geldakkord:
  Mindestlohn
  + Akkordzuschlag
  = Akkordrichtsatz

$$\text{Stückakkordsatz} = \frac{\text{Akkordrichtsatz}}{\text{Normalleistung}}$$

Tagesverdienst = Stückakkordsatz · Tagesleistung

Zeitakkord:
  Mindestlohn
  + Akkordzuschlag
  = Akkordrichtsatz

$$\frac{\text{Zeitakkordsatz}}{\text{(in min/Stück)}} = \frac{60 \text{ Minuten}}{\text{Normalleistung}}$$

$$\frac{\text{Minutenfaktor}}{\text{(in €/min)}} = \frac{\text{Akkordrichtsatz}}{60}$$

Tagesverdienst = Zeitakkordsatz · Minutenfaktor · Tagesleistung

Geldakkord:
| | |
|---|---|
| Mindestlohn | 12,00 € |
| + Akkordzuschlag | 3,00 € |
| = Akkordrichtsatz | 15,00 € |

$$\text{Stückakkordsatz} = \frac{15{,}00 \text{ €}}{50 \text{ Packungen}}$$
$$= 0{,}30 \text{ €}$$

Tagesverdienst = 0,30 € · 400
            = 120 €

Zeitakkord:
| | |
|---|---|
| Mindestlohn | 12,00 € |
| + Akkordzuschlag | 3,00 € |
| = Akkordrichtsatz | 15,00 € |

$$\frac{\text{Zeitakkordsatz}}{\text{(in min/Stück)}} = \frac{60 \text{ Minuten}}{50 \text{ Packungen}}$$
$$= 1{,}2 \text{ min/Stück}$$

$$\frac{\text{Minutenfaktor}}{\text{(in €/min)}} = \frac{15{,}00 \text{ €}}{60}$$
$$= 0{,}25 \text{ €/min}$$

Tagesverdienst = 1,2 · 0,25 · 400
            = 120 €

**TIPP** Wichtig: Achten Sie darauf, dass Sie in der Prüfung zuerst immer die allgemeine Formel hinschreiben und anschließend mit den entsprechenden Daten der Aufgabe füllen, z. B.

$$\text{Stückakkordsatz} = \frac{\text{Akkordrichtsatz}}{\text{Normalleistung}} = \frac{15{,}00 \text{ €}}{50 \text{ Packungen}} = 0{,}30 \text{ €}$$

## 2.2.1

**TIPP** Immer dann, wenn ein Unternehmen nur eine bestimmte Maschinenkapazität zur Verfügung hat und die Auftragslage die vorhandenen Möglichkeiten übersteigt, muss das Unternehmen entscheiden, welche Produkte in welcher Anzahl produziert werden können. Das Hilfsmittel, das bei dieser Entscheidung helfen kann, ist die Berechnung des optimalen Produktionsprogramms. Hierbei wird der Stückdeckungsbeitrag auf einen Vergleichswert von i. d. R. einer Minute berechnet. D. h. wie hoch ist der Stückdeckungsbeitrag bei einer Produktionszeit von z. B. einer Minute. Der hierdurch neu entstandene Wert heißt relativer (Stück-) Deckungsbeitrag.

$$\text{Relativer Stückdeckungsbeitrag} = \frac{\text{absoluter Stückdeckungsbeitrag}}{\text{Fertigungszeit je Einheit}}$$

Achten Sie darauf, dass der relative Deckungsbeitrag zwar häufig auf eine Minute berechnet wird – aber, wie z. B. in dieser Aufgabe, die Fertigungszeit in Stunden angegeben ist. Da auch die Maschinenkapazität in Stunden angegeben ist, macht es keinen Sinn, die Werte erst in Minuten umzurechnen.

Vorgehen bei der Berechnung des optimalen Produktionsprogramms:
1. Berechnung des Stückdeckungsbeitrags (Verkaufspreis je Einheit – variable Kosten je Einheit)
2. Berechnung des relativen Deckungsbeitrags (Stück db/Fertigungszeit in Stunden)
3. Rangfolge der Produktion definieren (das Produkt mit dem höchsten relativen db zuerst)

|  |  |  | 1. | 2. | 3. |
|---|---|---|---|---|---|
| Produktpackung je 30 Kapseln | Verkaufspreis je Packung in € | Variable Kosten je Packung in € | Stückdeckungsbeitrag in € | Relativer Deckungsbeitrag in € | Rangfolge |
| Multivitaminpräparat | 3,63 | 2,22 | 1,41 | 9,40 | 1. |
| Vitamin C-Produkt | 2,99 | 2,12 | 0,87 | 4,35 | 3. |
| Vitamin B-Komplex | 3,75 | 2,40 | 1,35 | 5,40 | 2. |
| Vitamin D 3 | 4,10 | 3,70 | 0,40 | 1,60 | 4. |

> **TIPP**
> 4. Aufstellen einer neuen Tabelle mit veränderter Reihenfolge
> 5. Berechnung, wie viel Zeit durch die Produktion der Produkte von der Maschinenzeit verbraucht wird (Absetzbare Menge · Fertigungszeit je Einheit)
> 6. Eintragen der möglichen produzierten Menge und der kumulierten Produktionszeit
> 7. Wiederholen von 5. und 6. bis kumulierte Produktionszeit = Maschinenkapazität (wenn die verwendete Produktionszeit irgendwann nicht mehr reicht, um alle absetzbaren Produkte herzustellen → verbleibende Produktionszeit : Fertigungszeit je Einheit = Produzierte Menge)

5.

| Produktpackung je 30 Kapseln Produktionsreihenfolge | Absetzbare Menge in Stk | Produzierte Menge in Stk | Fertigungszeit je Einheit in h | Verwendete Produktionszeit in h | Kumulierte Produktionszeit in h |
|---|---|---|---|---|---|
| Multivitaminpräparat | 30 000 | 30 000 (6.) | 0,15 | 4 500 | 4 500 (6.) |
| Vitamin B-Komplex | 40 000 | 40 000 (6.) | 0,25 | 10 000 | 14 500 (6.) |
| Vitamin C-Produkt | 55 000 | – | – | – | – |
| Vitamin D 3 | 37 500 | – | – | – | – |

### 2.2.2

> **TIPP** Eine reine Berechnung wie in 2.2.1 ist zwar ein Anfang, allerdings muss man auch in der Lage sein, das erhaltene Ergebnis zu interpretieren. Dies ist eine Teilaufgabe der 2.2.2.

Interpretation:
Laut der Berechnungen aufgrund des Produktionsengpasses sollte bei gleichbleibenden Preisen und Produktionsmengen nur die Produktion der Produkte „Multivitaminpräparat" sowie „Vitamin B-Komplex" erfolgen. Für die Produkte „Vitamin C-Produkt" und „Vitamin D 3" bleibt keine Produktionskapazität mehr übrig.

> **TIPP** Der zweite Teil der Aufgabenstellung betrifft die „Diskussion". Welche Lösungsmöglichkeiten aus diesem Dilemma existieren und was gibt es dabei jeweils zu bedenken?

Diskussion:
- Wie sind die Arbeitsabläufe bei der Healy GmbH? Arbeiten die Mitarbeiter z. B. in einer 5-Tage-Woche, wäre u. U. die Möglichkeit zu prüfen, ob die Produktion zumindest vorübergehend auf eine 7-Tage-Woche z. B. im Schichtsystem umgestellt werden kann.
- Könnte man einen Teil der Produkte auch von anderen Herstellern produzieren lassen? Hier besteht Klärungsbedarf, ob freie Kapazitäten vorhanden sind. Wenn die Healy GmbH die Präparate extern produzieren lässt, müssten sie die Rezeptur offenlegen. Es wäre zu klären, ob dies sinnvoll ist und ob es sich finanziell überhaupt lohnt.
- Hat die Healy GmbH noch weitere Produkte mit ähnlichen Fertigungsstraßen, die man für die Fertigung der Vitaminpräparate nutzen könnte? Wie lange dauert der Umbau, welche Kosten entstehen, wie begegnet man den anderen Kunden? Diese Option macht nur Sinn, wenn der relative db dieser Produkte geringer ist als der lt. optimalem Produktionsprogramm nicht produzierten Produkte.

**2.2.3**

**TIPP** Jede getroffene Entscheidung hat Konsequenzen. Die Entscheidung der Healy GmbH, die Vitaminpräparate mit ins Produktionsprogramm aufzunehmen, zieht entsprechend auch Konsequenzen nach sich. In dieser Aufgabe sollen Sie zwei mögliche negative Auswirkungen für die Produktion erläutern.

Mögliche negative Auswirkungen könnten u. a. sein:
- Eine Veränderung in der hergestellten Produktpalette führt automatisch auch zu notwendigen **Anpassungen an den vorhandenen Maschinen**. Hierdurch entstehen zusätzliche **Kosten**.
- Es macht einen erheblichen Unterschied, ob zwei oder zehn Produkte hergestellt werden. Die **Planung** der Produktion sowie die **Steuerung** des Fertigungsprozesses werden deutlich **schwieriger** und insgesamt komplexer.

**3**

**TIPP** In der Buchführung werden zum Teil unterschiedliche, aber durchaus erlaubte Buchungsmethoden (z. B. **bestands- oder aufwandsorientierte** Buchung) angewendet. Grundsätzlich gilt, auch wenn ein Verfahren genannt ist, von dem Sie noch nichts gehört haben:
Stellen Sie die Buchungssätze so auf, wie Sie dies im Unterricht gelernt haben! Bislang wurden immer beide Methoden als Lösung akzeptiert.
Ein Unterschied, den Sie kennen sollten, ist: Wenn von Grundbuch gesprochen wird ist ein Buchungssatz gemeint, während es im Hauptbuch um Buchen in T-Konten geht.

In der Aufgabenstellung 3 wird der Begriff „Nettoverfahren" verwendet. Hier folgt eine kurze Unterscheidung:

Nettoverfahren

Verbindlichkeiten a. LL    an    Bank
                                 Nachlässe
                                 Vorsteuer

Bruttoverfahren

Das „Rausrechnen" der Steuer erfolgt in einem gesonderten Buchungssatz.

1. Buchungssatz

Verbindlichkeiten a. LL    an    Bank
                                 Nachlässe

2. Buchungssatz

Nachlässe                  an    Vorsteuer

In dieser Lösung finden Sie die Buchungssätze im bestandsorientierten Verfahren – das bedeutet, dass davon ausgegangen wird, dass die Produkte vor der Produktion ins Lager gehen.
Beim aufwandsorientierten Verfahren geht man davon aus, dass die Produkte zeitnah in der Produktion verwendet werden.

## 3.1

**TIPP** Im ersten Buchungssatz ist von der Lieferung von Vitaminkonzentrat für die Produktion die Rede. Bei dem Vitaminkonzentrat handelt es sich um einen Rohstoff. Auf Ziel im Einkauf sind immer die Verbindlichkeiten a. LL. Ein weiterer wichtiger Punkt ist die Erwähnung der Transportkostenpauschale. Da es sich um Kosten handelt, die im Einkauf entstehen, um das Produkt überhaupt zu bekommen, handelt es sich um Bezugskosten. Der letzte Hinweis ist netto. Vergessen Sie nicht, die Steuer zu buchen.

Rohstoffe        2 270,00 €
Bezugskosten      120,00 €
Vorsteuer         454,10 € (NR 1)    an    Verbindlichkeiten a. LL    2 844,10 €
NR 1: $0{,}19 \cdot (2\,270{,}00\ € + 120{,}00\ €) = 454{,}10\ €$

**TIPP** Im zweiten Buchungssatz wird ein Teil der Lieferung zurückgesendet. Die Healy GmbH erhält dafür eine Gutschrift. Eine Gutschrift erfolgt i. d. R. auf die vorhandenen Verbindlichkeiten, die entsprechend geringer werden. Bei Rücksendungen wird der Buchungssatz einfach umgedreht. Die Bezugskosten bleiben aber (außer es würde etwas anderes in der Aufgabenstellung stehen) unberührt.

| | | | | |
|---|---|---|---|---|
| Verbindlich-<br>keiten a. LL | 540,26 € (NR 1) | an | Rohstoffe<br>Vorsteuer | 454,00 €<br>86,26 € (NR 2) |

NR 1: 1,19 · 454,00 € = 540,26 €
NR 2: 540,26 € – 454,00 € = 86,26 €

**TIPP** Im folgenden Buchungssatz geht es um Fremdbauteile, die bei der Healy GmbH weiter verbaut werden. Diese wurden geliefert und der Wareneingang verbucht. Im Nachhinein erhält die Healy GmbH aufgrund der Fehllieferung einen Preisnachlass in Höhe von 20 %.
Der folgende Buchungssatz ist zwar nicht Teil der Lösung, hilft jedoch zu verstehen, wie sich die Lösung zusammensetzt. Es handelt sich um die Eingangsbuchung der Fremdbauteile:

| | | | | |
|---|---|---|---|---|
| Fremdbauteile | 1 050,00 € | | | |
| Vorsteuer | 199,50 € | an | Verbindlichkeiten | 1 249,50 € |

Im Gegensatz zu einer Rücksendung ist es hier nicht möglich, den Buchungssatz einfach 1 : 1 zu drehen, da der Bestand an Fremdbauteilen nicht weniger wird. Stattdessen wird das Konto Nachlässe (für Fremdbauteile) eingesetzt.

| | | | | |
|---|---|---|---|---|
| Verbindlich-<br>keiten a. LL | 249,90 € (NR 1) | an | Nachlässe (für<br>Fremdbauteile)<br>Vorsteuer | 210,00 € (NR 2)<br><br>39,90 € (NR 3) |

NR 1: 0,2 · 1 249,50 € = 249,90 €
NR 2: 249,90 € · 100 / 119 = 210,00 €
NR 3: 249,90 · 19 / 119 = 39,90 €

**TIPP** Im letzten Buchungssatz hat die Healy GmbH Produkte (Umsatzerlöse für eigene Erzeugnisse) verkauft. Die dazugehörige Rechnung ist eine Forderung. Denken Sie an die dazugehörigen Steuern (netto). Im letzten Satz wird noch Skonto ausgewiesen. Da es sich hier um einen Verkauf handelt, müssen Sie das Konto Erlösberichtigung berücksichtigen.
Am einfachsten ist es, wenn Sie im ersten Schritt Ihren normalen Buchungssatz für den Verkauf von eigenen Erzeugnissen aufschreiben:

| | | | | |
|---|---|---|---|---|
| Forderungen a. LL | 1 904,00 € | an | Umsatzerlöse für<br>eigene Erzeugnisse<br>Umsatzsteuer | 1 600,00 €<br><br>304,00 € |

Im Anschluss daran notieren Sie sich den Buchungssatz, den der Kunde durch Bezahlen der Rechnung ohne Abzug des Skontos auslöst:

| | | | | |
|---|---|---|---|---|
| Bank | 1 904,00 € | an | Forderungen | 1 904,00 € |

Bedingt durch das Skonto wird der Kunde aber nicht den kompletten Forderungsbetrag bezahlen, weshalb eine Differenz zwischen der Bank und der gebuchten Forderung gibt. Diese Differenz wird über die Konten Erlösberichtigung und

Umsatzsteuer ausgeglichen.
Entsprechend lautet der Buchungssatz in der Lösung:

Bank                1 865,92 € (NR 1)
Erlösberichtigung      32,00 € (NR 2)
Umsatzsteuer            6,08 € (NR 3)   an   Forderungen       1 904,00 €

NR 1: 1 904,00 € − (1 904,00 € · 2 / 100) = 1 865,92 €
NR 2: 38,08 € · 100 / 119 = 32,00 €
NR 3: 38,08 € · 19 / 119 = 6,08 €

**TIPP** Um die Werte für die Erlösberichtigung und die Umsatzsteuer herauszufinden, bedenken Sie, dass die beiden Konten gemeinsam 2 % = 38,08 € ausmachen. Dies entspricht 119 %. Entsprechend müssen Sie für die Erlösberichtigung 100 % und für die Umsatzsteuer 19 % berechnen.

### 3.2.1

**TIPP** Da in dieser Aufgabe der Operator „Nennen" steht, können Sie Ihre Lösung stichwortartig aufschreiben.

Unter den Bezugskosten versteht man die Anschaffungsnebenkosten. Sie erhöhen die Anschaffungskosten. Zu den Bezugskosten gehören die Fracht, Verpackung, Transportversicherungen, Einfuhrzölle, Lagerkosten, …

### 3.2.2

**TIPP** In dieser Aufgabe geht es darum, dass Sie begründen sollen, warum es sinnvoll ist, dass die Bezugskosten auf einem eigenen Konto gebucht werden. Bedenken Sie, dass eine Begründung gerne etwas ausführlicher sein darf. Entsprechend könnte die Lösung zu dieser Aufgabe in etwa so aussehen:

Diese Vorgehensweise erleichtert die Kontrolle der Höhe der Bezugskosten sowie deren Entwicklung und Zusammensetzung. Da sie auf einem gesonderten Konto gebucht werden, wird auch die Aussagekraft der Buchführung insgesamt verbessert und die Überwachung der Wirtschaftlichkeit damit leichter. Außerdem wird auch die Bezugskalkulation aussagekräftiger, da Bezugskosten Bestandteil der Anschaffungskosten sind und somit problemlos berücksichtigt werden können.

**4.1** In einer Gesellschafterversammlung beraten sich die Gesellschafter zum einen über ihre Interessen und zum anderen bündeln sie ihre Rechte. Die Gesellschafterversammlung stellt zudem das **oberste Willensbildungsorgan** einer GmbH dar. Es nehmen alle Anteilseignerinnen und Anteilseigner teil.

Als Rechte können z. B. die Feststellung sowie die Verwendung des Jahresgewinns oder auch die Bestellung des Geschäftsführers genannt werden. Weiterhin können in der Gesellschaftervertretung auch Prokuristen und Handlungsbevollmächtigte bestellt werden.

Weitere Rechte sind:
- Bestimmung über Satzungsänderungen
- Kontrolle der Geschäftsführung
- Auflösung der GmbH

**4.2**

> **TIPP** Da im Gesellschaftervertrag keine besonderen Regelungen für die Gewinnverteilung vereinbart wurden, gilt hier die gesetzliche Regelung. Diese richtet sich nach den Anteilen der Gesellschaftereinlagen. Es muss also zunächst prozentual berechnet werden, welcher Gesellschafter mit welcher Einlage zu der Erwirtschaftung des Gewinns beigetragen hat.

Summe der Gesellschaftereinlagen
$= 702\,000\,€ + 468\,000\,€ + 360\,000\,€ + 270\,000\,€ = 1\,800\,000\,€$

prozentualer Anteil von Frau Mutlow
$= \dfrac{702\,000\,€}{1\,800\,000\,€} \cdot 100 = 39\,\%$

Gewinnanteil von Frau Mutlow
$= 39\,\% \cdot 643\,500\,€ = \underline{\underline{250\,965\,€}}$

prozentualer Anteil von Herrn Stjerna
$= \dfrac{468\,000\,€}{1\,800\,000\,€} \cdot 100 = 26\,\%$

Gewinnanteil von Herrn Stjerna
$= 26\,\% \cdot 643\,500\,€ = \underline{\underline{167\,310\,€}}$

prozentualer Anteil von Herrn Zenn
$= \dfrac{360\,000\,€}{1\,800\,000\,€} \cdot 100 = 20\,\%$

Gewinnanteil von Herrn Zenn
$= 20\,\% \cdot 643\,500\,€ = \underline{\underline{128\,700\,€}}$

prozentualer Anteil von Frau Yilmaz
$= \dfrac{270\,000\,€}{1\,800\,000\,€} \cdot 100 = 15\,\%$

Gewinnanteil von Frau Yilmaz
$= 15\,\% \cdot 643\,500\,€ = \underline{\underline{96\,525\,€}}$

**4.3.1** Skonto $= \dfrac{36\,000\ € \cdot 2}{100} = 720\ €$

Überweisungsbetrag $= 36\,000\ € - 720\ € = 35\,280\ €$

**4.3.2** Tage $= 40\text{ Tage} - 14\text{ Tage} = 26\text{ Tage}$

$Z = \dfrac{K \cdot p \cdot t}{100 \cdot 360} = \dfrac{35\,280\ € \cdot 9{,}5 \cdot 26\text{ Tage}}{100 \cdot 360\text{ Tage}} = 242{,}06\ €$

**4.3.3** Finanzierungsgewinn = Skonto – Kosten des Bankkredits
= 702,00 € – 242,06 € = 477,94 €

**4.3.4** 26 Tage = 2 %
360 Tage = x %

$x = \dfrac{2}{26} \cdot 360 = 27{,}69\ \%$ p. a. Effektivzinssatz

**5.1**

> **TIPP** Wenn Sie im Aufgabenteil der gesamtwirtschaftlichen Entwicklung etwas von Außenhandel hören, sollten Sie immer auch an das magische Viereck denken und das damit verbundene außenwirtschaftliche Gleichgewicht. Selbst wenn Sie mit den zu erläuternden Begriffen direkt nichts anfangen können, wissen Sie jedoch aus dem Bereich Rechnungswesen, was eine Bilanz ist.

Die Handelsbilanz lässt sich schon vom Begriff her recht leicht herleiten, denn im allgemeinen Sprachgebrauch handelt man, wenn man Waren kauft oder verkauft. Da es in diesem Fall um den Außenhandel geht, ist damit jeglicher Handel mit Waren zwischen dem In- und dem Ausland gemeint (Warenimport und Warenexport). Hierzu zählt jedoch z. B. auch die Lohnveredelung. Die Handelsbilanz ist eine Unterbilanz der sogenannten Leistungsbilanz.

Die Zahlungsbilanz umfasst alle Transaktionen (Zahlungsströme) zwischen dem In- und Ausland dar. Sie stellt den internationalen Kapital-, Waren- und Dienstleistungsverkehr gegenüber.

**5.2**

> **TIPP** In den Prüfungen geschieht es häufiger, dass Statistiken oder auch Zeitungsartikel analysiert werden müssen. In diesem Fall soll die Entwicklung des deutschen Außenhandels beschrieben und interpretiert werden. Die Lösung könnte so aussehen:

**Beschreibung:**
Die Grafik des Statistischen Bundesamtes von 2016 zeigt die Entwicklung des deutschen Außenhandels zwischen 2006 und 2016. Es werden die Werte der Ausfuhr und der Einfuhr einander direkt als Linien gegenübergestellt. Außerdem finden sich im unteren Bereich noch die Werte des Handelsüberschusses. Die aufgeführten Werte sind in Milliarden Euro angegeben. Es ist erkennbar, dass sowohl der Export als auch der Import im Laufe der Jahre mit den Ausnahmejahren 2009 sowie 2010 (Konjunktureinbruch) und 2013 zugenommen haben (Export von 893 auf 1 207,5 Mrd. € und Import von 734 auf 954,6 Mrd. €). Hieraus ist erkennbar, dass die Zunahme zwar den kompletten Außenhandel betrifft – Deutschland aber insgesamt mehr exportiert als importiert. Dies schlägt sich auch in den Zahlen des Handelsüberschusses nieder, die von 159 Mrd. € auf 252,9 Mrd. € gestiegen sind.

**Interpretation:**
In Deutschland werden mehr Waren hergestellt, als verbraucht werden. Diese werden exportiert und in anderen Ländern verkauft. Auf der anderen Seite bedeutet dies jedoch auch, dass es Länder gibt, in denen mehr importiert als exportiert wird. Somit existiert ein außenwirtschaftliches Ungleichgewicht.

5.3

> **TIPP** Welche Folgen können Sie aus der Grafik bzw. Ihrer Auswertung ableiten? Achten Sie bei der Beantwortung einer solchen Frage darauf, dass Sie die Folgen nicht nur für Deutschland, sondern auch für das exportierende/importierende Land mit einbeziehen.

**Mögliche Folgen:**
- Je mehr man hier produziert und hier oder im Ausland verkauft, umso mehr Arbeitsplätze werden auch geschaffen. Dieser positive Effekt im Inland kann einen negativen Effekt im Ausland bedeuten, da die dort eingekauften Produkte nicht vor Ort hergestellt werden und somit dem dortigen Arbeitsmarkt nicht zugutekommen. Dies trifft vor allem dann zu, wenn es sich um Produkte handelt, die eigentlich auch vor Ort hergestellt werden, die ausländischen Produkte aber bevorzugt werden.
- Für die Produktion werden häufig Vorprodukte genutzt, die im Ausland hergestellt und nach Deutschland importiert werden. Wenn bei einem exportorientierten Land wie Deutschland aufgrund einer höheren Nachfrage mehr exportiert wird, werden auch mehr Vorprodukte (Importe) benötigt. Dies wirkt sich positiv auf das Wachstum der Wirtschaft im Ausland aus.
- Ein höherer Handelsüberschuss führt zu höheren Einkommen im exportierenden Land. Somit kann auch die Nachfrage nach importierten Produkten steigen. Dies kann zu einer Produktionserhöhung und somit zu einem höheren Beschäftigungsstand im Ausland führen.

- Länder, die sehr viel importieren, müssen sich damit auseinandersetzen, dass sie die Rechnungen bezahlen müssen. Wenn viel Geld ins Ausland fließt, muss sich das Land überlegen, wie es künftige Rechnungen zahlen kann. Die Geldmenge zu steigern stellt keine gute Alternative dar. Ein Schuldenschnitt würde verhindern, dass sich ein Land zukünftig Geld leihen kann (oder nur erschwert). Von daher bleibt nur die Anpassung der Wirtschaftsstruktur.
- Die wirtschaftliche Entwicklung eines exportorientierten Landes ist in besonderem Maße von der wirtschaftlichen Entwicklung anderer Länder abhängig. Wenn die Nachfrage dort zurückgeht, leidet auch die Wirtschaft des exportorientierten Landes.

**5.4**

> **TIPP** Im Außenhandel sollte man sich auch immer darüber Gedanken machen, ob die Rechnung in der heimischen oder der Fremdwährung beglichen werden soll. Welche Auswirkungen haben Wechselkursschwankungen (hier speziell auf die Healy GmbH)?

Der Wechselkurs stellt das Werteverhältnis zwischen zwei Währungen dar, das ständig Schwankungen unterliegt.

Wenn für die gleiche Menge importierter Güter mehr inländische Währung bezahlt werden muss, handelt es sich um eine **Abwertung des Euro**. Die Healy GmbH müsste dann für importierte Rohstoffe mehr bezahlen. Hier sollte darauf geschaut werden, ob ein inländischer Lieferant letztlich günstiger liefern kann. Auf der anderen Seite müssen Unternehmen im Ausland weniger Geld für Produkte aus dem Inland bezahlen. Dadurch könnte die Healy GmbH mehr Produkte ins Ausland verkaufen.

Auf der anderen Seite steht die **Aufwertung des Euro**. Hier gilt: Importierte Produkte werden günstiger (Healy GmbH müsste weniger zahlen), aber Güter werden für das Ausland teurer (Healy GmbH müsste die Preise senken, um wettbewerbsfähig zu bleiben).

**5.5** Steigt das Preisniveau einer Wirtschaft, spricht man von Inflation. Die Feststellung, inwiefern sich die Preise verändern, trifft das Statistische Bundesamt. Dieses wertet die Preise eines fiktiven Warenkorbs (ca. 650 Produkte eines durchschnittlichen Haushalts) für einen bestimmten Zeitraum aus und vergleicht diese mit früheren Werten. Die Anpassung aufgrund sich ändernder Konsumgewohnheiten erfolgt alle fünf Jahre.

## 5.6

> **TIPP** Auch bei dieser Aufgabe geht es um das Beschreiben einer Grafik. Zusätzlich sollen aber noch zwei Ursachen für den Verlauf in Verbindung mit den Zielen der EZB diskutiert werden.

**Beschreibung:**
Die Grafik zeigt den Verlauf nach Quartalen der Inflationsrate zwischen Januar 2015 und Oktober 2017. Es lässt sich erkennen, dass die Inflationsrate von 01/2015 – 08/2016 nur geringe Preisanstiege verzeichnet hat. Anschließend sind die Preise deutlich nach oben gegangen. Die niedrigste Rate war 01/2015 mit einem Wert unter 0. Der höchste Wert wurde im 1. Quartal 2017 mit einem Wert über 2 erreicht.

**Erörterung:**
Das Ziel der EZB ist es, dass Preissteigerungen nahe 2 % liegen sollen, aber nicht darüber.
Eine Ursache für die Steigerung der Inflationsrate ab 09/2016 könnte sein, dass Unternehmen mehr Geld für Löhne, Energiekosten, Rohstoffe, ... ausgeben müssen. Diese Kosten geben die Unternehmen an die Kunden weiter (angebotsinduzierte Inflation).
Der Leitzins der EZB liegt derzeit bei 0,00 %. Hierdurch wird es auch für den Endkonsumenten günstiger, Kredite zu erhalten, aber Geld zu sparen lohnt sich nicht, da die Inflationsrate höher ist als ein möglicher Zins, den man auf einem Bankkonto erhält. Das Geld verliert real an Wert. Entsprechend groß ist die Nachfrage nach Produkten, wodurch die Preise steigen (nachfrageinduzierte Inflation).
Ein Mittel, das der EZB bei der expansiven Geldpolitik zur Verfügung steht, besteht darin, Anleihen aufzukaufen. Hierdurch wird zusätzliches Geld auf den Markt gegeben. Durch die höhere vorhandene Geldmenge kann eine geldmengenbedingte Inflation entstehen.

## 5.7

> **TIPP** Was bedeutet eine höhere Inflation für ein Unternehmen? Denken Sie während der Prüfung immer daran, dass Sie hier als Unternehmer agieren. Welche Konsequenzen können Sie sich vorstellen?

**Diskussion:**
- Wenn die Preise steigen, werden die Mitarbeiter mehr Lohn fordern. Wenn diese mehr Geld erhalten, müssen die Preise angepasst werden, damit die Gewinnmarge bleibt. Das Spiel beginnt dann von vorne (Lohn-Preis-Spirale).

- Vor allem Unternehmen mit vielen Maschinen müssen diese regelmäßig ersetzen (reinvestieren). Wenn die Preise steigen, haben die Unternehmen hierfür jedoch weniger Kapital zur Verfügung.
- Wenn die Preise insgesamt steigen, fällt es Unternehmen leichter, Preissteigerungen durchzusetzen.
- Wie sich die Preise in der Zukunft entwickeln, lässt sich nur schwer vorhersagen. Dies kann zu Unsicherheiten bei den Unternehmen z. B. bezüglich Investitionsvorhaben führen.

**Hessen Wirtschaft und Verwaltung**
**Abschlussprüfung Fachoberschule 2018**
Vorschlag B

## HERAUSFORDERUNGEN EINER UNTERNEHMENSGRÜNDUNG

**Aufgabenstellung**

**1** Die Geschwister Mascha und Marco Luz beabsichtigen, ein Unternehmen mit dem Namen Luz Solar zu gründen, um Sonnenbrillengestelle aus nachhaltigen und vor allem leichten Materialien herzustellen. Firmensitz und Produktionsstätte soll eine leerstehende Halle ihrer Eltern in Kaufungen in Nordhessen sein.
Sowohl Mascha als auch Marco Luz wollen zunächst das Unternehmen in Nebentätigkeit aufbauen. Sie bringen beide jeweils 8 000 € in die Unternehmung ein. Bis auf einige wenige Aushilfskräfte möchten die Geschwister die Produktion und den Vertrieb weitgehend selbst übernehmen.

**1.1** Bei einer Unternehmensgründung wird zwischen persönlichen, sachlichen und rechtlichen Voraussetzungen unterschieden.
Beschreiben Sie zwei persönliche und zwei sachliche Voraussetzungen einer Unternehmensgründung. (4 BE)

**1.2** Nennen Sie zwei Behörden und Organisationen, bei denen die Geschwister ihren Betrieb ggf. anmelden müssen. (2 BE)

**1.3** Die Geschwister Luz haben sich als Rechtsform für die Gesellschaft des bürgerlichen Rechts (GbR) entschieden.
Diskutieren Sie anhand von zwei Aspekten die Eignung dieser Rechtsform für die Unternehmensgründung durch die Geschwister Luz. (5 BE)

**1.4** Die Luz Solar GbR eröffnet am 11. April ein Girokonto bei der örtlichen Regionalbank. Der Guthabenzinssatz beträgt 0,6 % p. a., der Sollzinssatz beträgt 13,5 % p. a.

**1.4.1** Beschreiben Sie anhand von vier Merkmalen einen Kontokorrentkredit. (4 BE)

**1.4.2** Für die Zeit vom 11. bis 20. April weist das Kontokorrentkonto ein Guthaben von +3 000 € aus. Vom 20. bis 30. April beträgt der Sollsaldo −4 000 €.
Berechnen Sie die Zinszahlung an die Bank für den Monat April. (5 BE)

**2** Das Unternehmen will je ein Modell aus Holz, Kork und Papier fertigen. Die Kork- und Papiergestelle werden aus Materialresten erstellt, sodass die Materialkosten relativ gering sind. Die Produktionsplanung ist weitgehend abgeschlossen. Wegen des Brillendesigns und des Vertriebs besteht jedoch noch Unsicherheit. Die Geschwister Luz wenden sich deshalb der Marktforschung zu, um besser Entscheidungen treffen zu können.

**2.1** Da für diese neuartigen Brillen bisher kaum Marktinformationen vorliegen, entscheidet sich die Luz Solar GbR für die Durchführung einer Primärforschung.

**2.1.1** Beschreiben Sie die Marktforschungsmethoden Beobachtung, Befragung und Experiment. (6 BE)

**2.1.2** Die Luz Solar GbR möchte mithilfe der Primärforschung für jede der folgenden Fragen aussagekräftige Antworten erhalten.
Begründen Sie jeweils eine geeignete Methode (Beobachtung, Befragung oder Experiment).
- Wo würde die Zielgruppe die Brillen kaufen?
- Wie viel Prozent der Zielgruppe halten die Form für modern?
- Wie ist der Tragekomfort der Papierbrille im Alltag? (6 BE)

**2.2** Die Luz Solar GbR sucht einen geeigneten Weg, um ihre Produkte zu verkaufen. Die beiden Gründer interessieren sich vor allem für den direkten Vertrieb.

**2.2.1** Beschreiben Sie das Konzept des direkten Vertriebs. (1 BE)

**2.2.2** Nennen Sie je einen Vorteil und einen Nachteil dieser Vertriebsform. (2 BE)

**2.2.3** Herr Luz schlägt die Eröffnung des ersten Ladengeschäftes nahe der Universität in Kassel vor. Bewerten Sie diesen Vorschlag. (2 BE)

**2.3** Um die Bekanntheit des Namens Luz Solar zu steigern, soll eine Anzeige in einem Stil-Magazin geschaltet werden. Es stehen drei Magazine zur Auswahl (Material 1). Zielgruppe sollen vor allem 18- bis 40-jährige Frauen sein. Sie reisen gerne, sind aufgeschlossen, experimentierfreudig und nachhaltig[1] eingestellt.

**2.3.1** Berechnen Sie den Tausender-Kontaktpreis[2] aller drei Magazine. (6 BE)

**2.3.2** Entscheiden Sie sich mithilfe Ihrer Ergebnisse aus Aufgabe 2.3.1 und den Informationen aus Material 1 begründet für eines der Magazine. (2 BE)

---

1 Nachhaltigkeit ist das Prinzip, nach dem nicht mehr verbraucht werden darf, als jeweils nachwachsen, sich regenerieren, künftig wieder bereitgestellt werden kann.
2 auch: Tausend-Kontakte-Preis oder Tausenderpreis

**3** Die Luz Solar GbR erwirbt zur besseren Bearbeitung von Aufträgen und der Gestaltung einer eigenen Internetseite einen leistungsstarken Computer im Wert von 1 299 € netto. Dieser Computer soll nun abgeschrieben werden.

**3.1** Beschreiben Sie den Begriff Abschreibung. (3 BE)

**3.2** Nennen Sie einen Faktor, der Einfluss auf die Höhe des Abschreibungswertes hat. (1 BE)

**3.3** Berechnen Sie unter Verwendung der Informationen aus Material 2 den jährlichen Abschreibungsbetrag und den Abschreibungssatz bei einer linearen Abschreibung des Computers. (2 BE)

**3.4** Beschreiben Sie die Auswirkung der Abschreibung auf die Gewinn- und Verlustrechnung. (1 BE)

**3.5** Der Verkauf der Sonnenbrillen aus Papier und Kork hat erfolgreich begonnen. Sie werden zu einem Nettopreis von 49 € angeboten.
Buchen Sie hierzu die folgenden Geschäftsfälle.
- Verkauf von 100 Sonnenbrillen an ein Ladengeschäft in Stuttgart auf Ziel. Es wird ein Neukundenrabatt von 10 % gewährt. Die Lieferung ist kostenlos.
- Verkauf einer einzelnen Sonnenbrille auf Ziel an eine Privatkundin
- Die Kundin aus dem vorherigen Geschäftsfall sendet die Sonnenbrille zurück, da sie ihr nicht gefällt. (6 BE)

**4** Die Gestellrohlinge der Korkbrillen der Luz Solar GbR werden aus 1 m² großen Korkmatten ausgeschnitten. Es können 40 Stück aus einer Korkmatte geschnitten werden. Der Hersteller bietet an, die Rohlinge bereits ausgeschnitten zu einem Stückpreis von 5 € anzuliefern oder die Korkmatten zu einem Stückpreis von 80 € zu liefern. Der Luz Solar GbR würden für das Schneiden pro Rohling 0,50 € an variablen Kosten entstehen. Für eine Schneidemaschine und den Personaleinsatz entstünden dem Unternehmen fixe Kosten in Höhe von 1 500 € pro Jahr.

**4.1** Bestimmen Sie die Produktionsmenge pro Jahr, ab der sich die Eigenfertigung der Gestellrohlinge für die Luz Solar GbR lohnt. (2 BE)

**4.2** Nennen Sie drei Argumente, die unabhängig von den Kosten für den Fremdbezug sprechen. (3 BE)

**4.3** Der Herstellungsprozess der Holzbrillen wird in Material 3 beschrieben. Erläutern Sie unter Angabe geeigneter Beispiele aus Material 3 drei wesentliche betriebswirtschaftliche Elementarfaktoren (Produktionsfaktoren). (6 BE)

**4.4** Die Luz Solar GbR benötigt für die Produktion der Holzbrillen seltene, sehr teure und hochwertige Edelholzplatten, die aus zertifizierten Wäldern Südostasiens per Schiff nach Deutschland gebracht werden. Die Beschaffung erweist sich aufgrund der schlechten Infrastruktur als äußerst schwierig. Lieferungen können zwischen sechs Wochen und sechs Monaten unterwegs sein. Im Lager können die Platten platzsparend untergebracht werden. Für das kommende Jahr liegt folgende Bedarfsprognose vor:

| | |
|---|---|
| Januar/Februar | 126 Stück |
| März/April | 172 Stück |
| Mai/Juni | 148 Stück |
| Juli/August | 120 Stück |
| September/Oktober | 181 Stück |
| November/Dezember | 129 Stück |

**4.4.1** Die Luz Solar GbR sucht nach einem geeigneten Bestellverfahren. Beschreiben Sie das Bestellpunktverfahren und das Bestellrhythmusverfahren. (4 BE)

**4.4.2** Berechnen Sie den durchschnittlichen monatlichen Bedarf des kommenden Jahres. (2 BE)

**4.4.3** Die Luz Solar GbR entscheidet sich bei den Holzplatten für das Bestellpunktverfahren. Begründen Sie diese Wahl unter Berücksichtigung der obigen Angaben über die Edelholzplatten und deren Bedarf. (3 BE)

**4.4.4** Der eiserne Bestand an Holzplatten wird von 100 Stück auf 150 Stück erhöht. Beurteilen Sie den Einfluss dieser Maßnahme auf die Wahl des Bestellverfahrens. (2 BE)

**5** Die große Beliebtheit der Produkte der Luz Solar GbR lässt die Geschwister Luz über eine Erweiterung der Produktion nachdenken. Zusätzliche Arbeitskräfte sollen eingestellt werden. Die Geschwister wollen daher die allgemeine volkswirtschaftliche Situation näher betrachten.

**5.1** Im Bundesland Hessen (6,167 Millionen Einwohner) gibt es Erwerbspersonen, die sich aus 2 180 000 Arbeitnehmerinnen und Arbeitnehmer sowie 320 000 Selbstständigen zusammensetzen, bei einer Arbeitslosenquote von 5,1 %[3].

**5.1.1** Berechnen Sie die Zahl der registrierten arbeitslosen Personen. (2 BE)

**5.1.2** Bewerten Sie die Aussagekraft der amtlichen Arbeitslosenstatistik. (3 BE)

---

[3] Daten nach: Bundesagentur für Arbeit; ifo Institut

**5.2** Beschreiben Sie die strukturelle und die konjunkturelle Arbeitslosigkeit und nehmen Sie zu folgender Aussage Stellung:
„*Die strukturelle Arbeitslosigkeit ist bedrohlicher für eine Volkswirtschaft als die konjunkturelle Arbeitslosigkeit.*" (4 BE)

**5.3** Angenommen, die Bundesregierung hat beschlossen, dass Unternehmen, die ab dem 1. Juli 2018 zusätzliche Arbeitsplätze schaffen, einen Zuschuss zu den Lohnnebenkosten über die Dauer von bis zu drei Jahren und in Höhe von 50 % auf die Lohnnebenkosten erhalten, die der Arbeitgeberin bzw. dem Arbeitgeber entstehen.
Bewerten Sie diese Maßnahme zur Senkung der Arbeitslosigkeit. (2 BE)

**5.4** Zur Produktion werden einige Universal- und Spezialmaschinen wie Schleifmaschinen und Fräsen auf Kredit gekauft. Mit besonderem Interesse beobachten die Geschwister Luz deshalb das Verhalten der Europäischen Zentralbank (EZB) und deren Auswirkungen auf private Unternehmen.
Nennen Sie eine wesentliche Aufgabe der EZB. (1 BE)

**5.5** Aus internen Papieren der EZB geht hervor, dass eine Erhöhung des Leitzinses von 0 % auf 0,5 % geplant ist. Bisher wurde für die deutsche Volkswirtschaft im Jahr 2018 ein Leistungsbilanzüberschuss von 7,5 %, ein Wirtschaftswachstum von 1,5 %, eine Inflationsrate von 0,5 % und eine Arbeitslosenquote von 5,3 %[4] prognostiziert.

**5.5.1** Erklären Sie den Leitzins. (2 BE)

**5.5.2** Entwickeln Sie eine Wirkungskette, die die Auswirkungen der Leitzinserhöhung auf zwei Ziele des Magischen Vierecks aufzeigt. (6 BE)

---

[4] https://www.welt.de/wirtschaft/article163912081 (abgerufen am 31.07.2017), Inflationswert aus didaktischen Gründen angepasst

## Material 1 — Angaben Printkampagne

Für die Printkampagne stehen folgende Zeitschriften zur Auswahl:

|  | Gentleman's Log | StyleUrbanism | Female Fashion |
|---|---|---|---|
| Verkaufte Ausgaben in Stück | 38 200 | 22 460 | 31 000 |
| Anzahl der Leser pro verkaufte Ausgabe | 2,4 | 3,1 | 1,8 |
| Kosten einer 1/8-Seitenbelegung | 720,00 € | 580,00 € | 640,00 € |
| Alter der Leserschaft in Jahren | 30 bis 55 | 16 bis 25 | 18 bis 35 |
| Themen | Herrenmode<br>Benimmregeln<br>Rasur & Bärte | Style-Guides<br>Caps & Mützen<br>Accessories | Kleidungstrends<br>Schminktipps<br>Accessoires |

## Material 2 — Auszug aus der AfA-Tabelle für die allgemein verwendbaren Anlagegüter

| Anlagegüter | Nutzungsdauer in Jahren |
|---|---|
| Peripheriegeräte (Drucker, Scanner, Bildschirme u. ä.) | 3 |
| Personal Computer | 3 |
| Personenkraftwagen | 6 |
| Photovoltaikanlagen | 20 |
| Plattenbänder | 14 |
| Poliermaschinen, mobil | 5 |
| Poliermaschinen, stationär | 13 |
| Präsentationsgeräte | 8 |

*eigene Zusammenstellung, Daten nach: BMF*

## Material 3 — Herstellungsprozess Holzbrillen

Die Holzbrillen werden aus Edelholz hergestellt, das in Platten geliefert wird. Die Gestellrohlinge werden mit Präzisionsmaschinen und individuell gefertigten Werkzeugen ausgefräst. Die Frontpartie wird ebenso mehrstufig bearbeitet wie die Brillenbügel, die aus dünneren Bambusplatten gestanzt oder gefräst werden. Zur Stabilität und Federsteifigkeit der Bügel werden Metalleinlagen in die gefrästen Bügel „geschossen". Die fertigen Gestelle werden in Schüttelfässern mit einer Politur aus Bienenwachs überzogen. Die Gestelle werden anschließend per Hand poliert. Mit einer automatisierten Schleifmaschine werden die angelieferten Brillenglasrohlinge aus Kunststoff in die passende Form gebracht. Dabei wird mithilfe einer Wasserkühlung verhindert, dass sich die Gläser verformen. Anschließend werden die Gläser per Hand in die Gestelle eingesetzt. Herr Luz arbeitet gemeinsam mit einer Teilzeitkraft in der Produktion. Frau Luz übernimmt die Überwachung und Planung.

*geändert nach: Klaus Kloske: Brillenfassung: Fertigung in vielen Schritten, http://www.optik-partner-kloske.de/brillen/fertigung-in-vielen-schritten*

# Lösungsvorschlag

## 1.1

> **TIPP** Während persönliche Voraussetzungen allein die Persönlichkeiten der Gründerinnen und Gründer betrachten, handelt es sich bei sachlichen Voraussetzungen um Aspekte, welche den Gegenstand oder die Dienstleistungen, die das betrachtende Unternehmen produzieren bzw. anbieten möchte, betrifft. Somit kann, bevor eine Beantwortung der Aufgabenstellung stattfindet, bereits eine Vorüberlegung stattfinden. Hierbei sollte man sich folgende Fragen stellen:
> 1. Welche Einstellung muss eine Gründerin/ein Gründer zu seinem Vorhaben besitzen?
> 2. Welche Gegebenheiten sind auf dem Markt, in den die Gründerin/der Gründer eindringen möchte, vorherrschend?

**persönlichen Voraussetzungen:**

1. Die Gründer einer Unternehmung sollten eine hohe Einsatzbereitschaft mitbringen. Gerade zu Beginn eines Unternehmens wird viel gearbeitet, um Ware zu produzieren, Kunden für sich zu gewinnen, das Produkt/die Dienstleistung bekannt zu machen etc. In diesem Zusammenhang ist auch eine hohe Belastbarkeit in körperlicher als auch psychischer Hinsicht nötig. Somit sollten Gründerinnen und Gründer körperlich und geistig fit und belastbar sein.
2. Weiterhin sollten Gründerinnen und Gründer Durchhaltevermögen zeigen. Zu Beginn eines Unternehmens läuft es nicht immer rund und somit haben es Gründerinnen und Gründer nicht immer leicht. Sie müssen zeigen, dass sie auch unter widrigen Bedingungen an ihr Produkt/ihre Dienstleistung glauben.

**sachlichen Voraussetzungen:**

1. Der Standort für das Unternehmen spielt eine große Rolle. Hierbei sind z. B. die Erreichbarkeit von Kunden, Mietausgaben oder die Erreichbarkeit für Lieferanten wichtig. Je nach Unternehmen muss über einen geeigneten Standort klug entschieden werden.
2. Das Finden von leistungsfähigen Lieferanten ist entscheidend. Die Verlässlichkeit in puncto Lieferzeiten sowie die Qualität der gelieferten Produkte sind enorm wichtig für das Einhalten von eigenen Lieferterminen oder auch das Halten der eigenen Qualität.

**1.2** Ein Unternehmen muss bei folgenden Behörden angemeldet werden bzw. bei folgenden Organisationen Eintragungen vornehmen lassen:
- Gewerbeamt
- Finanzamt
- Handwerks- oder Industrie- und Handelskammer
- Berufsgenossenschaft
- Amtsgericht: Eintragung in das Handelsregister

**1.3**

> **TIPP** Bei der Aufgabenstellung ist es nicht nur entscheidend, die Vor- und Nachteile zu diskutieren. Im Anschluss der Pro- und Kontra-Argumente sollte abschließend ein Vorschlag zum weiteren Vorgehen gegeben werden.

Bei der Gesellschaft des bürgerlichen Rechts (GbR) handelt es sich um einen recht formlosen Zusammenschluss von Personen. Dies stellt auch gleichzeitig einen ersten großen Vorteil der Unternehmung dar – sowohl die Gründung als auch die Auflösung sind relativ schnell und kostengünstig durchführbar. Ein weiterer Vorteil ist, dass weder eine Mindesteinlage noch strengere Dokumentationspflichten durch das Handelsgesetzbuch (HGB) verpflichtend sind. Gleichzeitig sind die Geschwister mit der GbR jedoch verpflichtet, sich in das Handelsregister eintragen zu lassen.

Ein großer Nachteil ist die Tatsache, dass die Geschwister mit ihrem gesamten Privatvermögen haften. Vorteilhaft kann hierbei jedoch sein, dass bei entsprechend hohem Privatvermögen die Kreditwürdigkeit ebenfalls als hoch zu betrachten ist. Die Vollhaftung stellt jedoch ein deutliches Risiko dar, da gerade der Kauf von Produktionsanlagen etc. zu Beginn enorme Verbindlichkeiten verursacht. Ein weiterer Nachteil könnte sein, dass Entscheidungen einstimmig getroffen werden müssen. Dies kann zu einem zeitlichen Verlust führen, da hier Für und Wider hinsichtlich verschiedener Entscheidungen abgewogen und diskutiert werden muss.

Die Gründung einer Gesellschaft des bürgerlichen Rechts (GbR) ist zu Beginn sinnvoll. Jedoch sollte darüber nachgedacht werden, bei steigendem Investitionsbedarf und der Expansion des Unternehmens eine Umfirmierung vorzunehmen. Hier bietet es sich im Verlauf an, eine Unternehmergesellschaft (UG) zu wählen.

**1.4.1** Bei einem Kontokorrentkredit es handelt sich um einen kurzfristigen Kredit des kontoführenden Kreditinstituts. So kann ein Unternehmen das Konto bis zu einem zuvor festgelegten Betrag „überziehen", ohne dass hierfür ein Kreditantrag o. Ä. gestellt werden muss. Der zuvor festgelegte Betrag ist jedoch abhängig von der Kreditwürdigkeit des betrachteten Unternehmens. Der Kontokorrentkredit deckt demnach einen kurzfristigen zusätzlichen Kapitalbedarf ab.

Grundsätzlich ist der Kontokorrentkredit jedoch mit sehr hohen Kosten verbunden und sollte im Normalfall nicht in Anspruch genommen werden.

**1.4.2**

> **TIPP** In der Finanzmathematik werden zur Vereinfachung für ein Jahr 360 Tage angenommen. Demnach rechnet man auch mit 30 Tagen pro Monat. Falls bei der Bearbeitung mit der exakten Anzahl an Tagen gerechnet wird, ist dies nicht als falsch zu betrachten. Grundsätzlich bietet sich jedoch die oben beschriebene Vorgehensweise bei solchen Aufgaben an.

Zinstage für Guthabenzinsen: 20 Tage − 11 Tage = 9 Tage
Zinstage für Sollzinsen:    30 Tage − 20 Tage = 10 Tage

$$\text{Guthabenzinsen} = 3\,000{,}00 \; € \cdot 0{,}6\,\% \cdot \frac{9 \text{ Tage}}{360 \text{ Tage}} = 0{,}45\,€$$

$$\text{Sollzinsen} = 4\,000{,}00 \; € \cdot 13{,}5\,\% \cdot \frac{10 \text{ Tage}}{360 \text{ Tage}} = 15{,}00\,€$$

Zinsaufwand = Sollzinsen − Guthabenzinsen = 15,00 € − 0,45 € = 14,55 €

**2.1.1** Bei der Marktforschung handelt sich um die systematische und wissenschaftliche Beobachtung und Analyse von Märkten. Bei der **Beobachtung** werden Daten über einen längeren Zeitraum hinweg erhoben. Es handelt sich um Daten, die ein von außen erkennbares Verhalten erfassen. Hierbei kann beispielsweise das Kaufverhalten oder auch die Mimik beim Betrachten der Produkte untersucht werden.
Bei der **Befragung** werden Kundinnen und Kunden oder auch Expertinnen und Experten zu bestimmten Produkten befragt. Die Antworten sollen insbesondere die Meinungen und Ansichten darstellen. Befragungen können entweder schriftlich, mündlich, telefonisch oder computergestützt durchgeführt werden. Sie enthalten entweder offene und/oder geschlossene Fragestellungen.
**Experimente** werden durchgeführt, um z. B. Verpackungen, Preise, Produkte, Werbemittel etc. zu testen. Man unterscheidet hierbei zwischen Labor- und Feldexperimenten. Während Ersteres unter labortypischen Voraussetzungen im kleinen Umfeld stattfindet, sind Feldexperimente unter realitätsnahen Umgebungen zu finden. Tests in realen Märkten können hier als Beispiel genannt werden.

**2.1.2** Wo würde die Zielgruppe die Brillen kaufen?
Für die Beantwortung der ersten Frage bietet sich eine Befragung an. Es sollte jedoch beachtet werden, dass sich die Aussagen der Kundinnen und Kunden nicht mit dem tatsächlichem Kaufverhalten decken müssen. Ein Experiment ist

vermutlich für das betrachtete Unternehmen nicht geeignet, da es sehr kostenintensiv ist und die Luz Solar GbR aktuell nicht über die finanziellen Mittel verfügt.

Wie viel Prozent der Zielgruppe halten die Form für modern?
Auch bei der Beantwortung dieser Fragestellung bietet sich eine Befragung an. Die Meinung und Ansicht der potenziellen Kundinnen und Kunden gegenüber dem Produkt stehen hier im Fokus.

Wie ist der Tragekomfort der Papierbrille im Alltag?
Die vermutlich beste Antwortfindung liegt in einem Produkttest (Experiment) in Verbindung mit einer anschließenden Befragung. Hierbei tragen ausgewählte Personen über einen längeren Zeitraum das Produkt im Alltag und können anschließend ihre Erfahrungen mit dem Unternehmen teilen. Somit können Verbesserungsvorschläge entstehen.

**2.2.1** Beim direkten Vertrieb wird komplett auf Absatzmittler verzichtet. Der Produzent eines Produktes vertreibt seine Produkte durch eigene Absatzwege. Hierbei sind beispielhaft eigene Ladengeschäfte oder auch ein Fabrikverkauf zu nennen. Der Hersteller tritt also ohne Zwischenwege in einen direkten Kontakt zum Endabnehmer.

**2.2.2** Als mögliche **Vorteile** können folgende Aspekte genannt werden:
- Man hat vollständige Kontrolle und Einflussnahme auf die Präsentation der Produkte und Beratung der Kundinnen und Kunden sowie die Intensität der Verkaufsbemühungen.
- Man kann die Kommunikation mit den Kundinnen und Kunden direkt verfolgen und entsprechende Verbesserungen bzw. Anpassungen vornehmen.
- Durch den Wegfall von Absatzmittlern fällt die Gewinnspanne höher aus.

Als mögliche **Nachteile** können folgende Aspekte genannt werden:
- In der Regel wird durch einen direkten Vertrieb (z. B. Geschäftsläden) mehr Kapital gebunden.
- Die Hersteller haben mit dem direkten Vertrieb einen höheren administrativen und/oder logistischen Aufwand.
- Absatzmittler haben häufig das entsprechende Know-how für eine Massendistribution. Dieses Know-how fällt durch den direkten Vertrieb weg.

**2.2.3** Unter den aktuellen Voraussetzungen ist es möglicherweise nicht sinnvoll, ein Ladengeschäft zu eröffnen. Aktuell gibt es keine dauerhaft angestellten Mitarbeiterinnen und Mitarbeiter. Auch Mietverträge müssten zuvor ausgehandelt werden. Demnach bestehen zum aktuellen Zeitpunkt wenige Verpflichtungen für die Gründer. Das Anmieten von Geschäftsflächen und auch das Einstellen von Mitarbeiterinnen und Mitarbeitern würde die Situation grundlegend verändern, da die beiden Gründer ihr Unternehmen nebenberuflich betreiben. Die

Anwesenheit im Geschäftsbereich kann somit nicht gewährleistet werden. Zusätzlich verfügt das Unternehmen lediglich über drei Modelle, was ein Ladengeschäft als unverhältnismäßig aussehen lässt. Zudem werden lediglich potenzielle Kundinnen und Kunden in und um Kassel erreicht. Demgegenüber steht jedoch eine positive Betrachtung des Direktvertriebs. Studierende können als Zielgruppe ausgemacht werden und eventuell kann eine günstige Ladenfläche in Universitätsnähe gefunden werden. Weiterhin könnte ein Teil des Verkaufsraumes auch als Produktionsstätte umstrukturiert werden, wodurch z. B. die Personalkosten nicht ins Gewicht fallen würden.

**2.3.1** Tausenderkontaktpreis (TKP) $= \dfrac{\text{Preis der Schaltung}}{\text{Reichweite}} = \dfrac{\text{Preis der Schaltung}}{\text{Leser in Tausend}}$

$= \dfrac{\text{Preis der Schaltung}}{\text{Auflage} \cdot \text{Leser pro Ausgabe}}$

TKP Gentleman's Log $= \dfrac{720{,}00 \ €}{38\,200 \ \text{Stück} \cdot 2{,}4 \ \text{Leser pro Ausgabe}} \cdot 1\,000 \ \text{Leser}$

$= 7{,}85 \ €$

TKP StyleUrbanism $= \dfrac{580{,}00 \ €}{22\,460 \ \text{Stück} \cdot 3{,}1 \ \text{Leser pro Ausgabe}} \cdot 1\,000 \ \text{Leser}$

$= 8{,}33 \ €$

TKP Female Fashion $= \dfrac{640{,}00 \ €}{31\,000 \ \text{Stück} \cdot 1{,}8 \ \text{Leser pro Ausgabe}} \cdot 1\,000 \ \text{Leser}$

$= 11{,}47 \ €$

**2.3.2**

**TIPP** Der Tausenderkontaktpreis gibt an, wie viel ein Unternehmen für 1 000 Sichtkontakte einer Werbeschaltung zahlen muss. Je niedriger der Tausenderkontaktpreis ausfällt, desto besser ist es für das Unternehmen. Es sollte aber nicht nur der Preis ausschlaggebend sein, da lediglich berechnet wird, wie viel 1 000 Sichtkontakte kosten. Die Betrachtung und Abstimmung auf die Zielgruppe spielen eine entscheidende Rolle.

Betrachtet man einzig den Preis, so sollte man sich für das Magazin *Gentleman's Log* entscheiden, da dieser mit 7,85 € am günstigsten ist. Die Leser des Magazins *Gentleman's Log* entsprechen im Alter, Geschlecht oder den Interessen jedoch keineswegs der Zielgruppe des Unternehmens. Somit erscheint dort eine Werbung als nicht sinnvoll. Aus Kostengründen kann man sich auch für das Magazin *StyleUrbanism* entscheiden. Das Alter und die Interessen stimmen mit der Zielgruppe zumindest weitestgehend überein. Bei genauerer Betrachtung stellt man jedoch fest, dass die Zielgruppe des Unternehmens mit dem Magazin *Female Fashion* eher angesprochen werden kann. Der Preis ist hier zwar am höchsten, dennoch erreicht man damit die betrachtete Zielgruppe besser.

**3.1** Unter Abschreibung versteht man einen Wertverlust von Anlagevermögen durch die Nutzung, natürlichen Verschleiß, den technischen Fortschritt oder außergewöhnliche Ereignisse (z. B. Brand). Die Wertminderung wird planmäßig über die gewöhnliche Nutzungsdauer verteilt. Diese ist an einer von der Finanzverwaltung ausgegebenen AfA-Tabelle (Absetzung für Abnutzung) orientiert.

**3.2**

> **TIPP** „Nennen" ist die einfachste Antwortmöglichkeit, da es hier um reine Wissensabfragen geht. Hier im Speziellen soll ein Faktor genannt werden, der Einfluss auf die Höhe der Abschreibung hat. Denken Sie z. B. daran, wie Sie die lineare Abschreibung berechnen. Ein Bereich ist ausreichend zum Lösen dieser Aufgabenstellung.

- Anschaffungs- bzw. Herstellkosten
- Nutzungsdauer (abhängig von der Art des Anlageguts)

**3.3**

> **TIPP** Achten Sie darauf, dass Sie, wenn Sie in der Prüfung etwas berechnen, immer auch die verwendete Formel mit aufschreiben. Dies gehört zum vollständigen Lösungsweg und führt bei Nichtbeachtung dazu, dass Ihnen vielleicht wertvolle Punkte verloren gehen.

> **TIPP** In der Anlage 2 ist ein Auszug aus der AfA-Tabelle angegeben. Sie müssen im ersten Schritt entscheiden, welche Nutzungsdauer in diesem Fall angewendet werden muss. Da es sich um einen Computer handelt (siehe 3), wird laut AfA-Tabelle die Nutzungsdauer drei Jahre betragen (Personalcomputer).

> **TIPP** In der Aufgabenstellung wird der Anschaffungswert mit 1.299 € netto angegeben. Wichtig ist, dass die Abschreibung immer vom Netto-Wert erfolgt. Achten Sie in den Aufgabenstellungen der Prüfung bitte im besonderen Maße hierauf.
> Da kein gesondertes Kaufdatum angegeben ist, können Sie davon ausgehen, dass Sie wirklich die lineare (Kaufdatum: Januar) und nicht die zeitanteilige Abschreibung (Kaufdatum: Februar–Dezember) anwenden sollen.

Berechnung des Abschreibungsbetrags:

$$\text{Abschreibungsbetrag} = \frac{\text{Anschaffungskosten}}{\text{Nutzungsdauer in Jahren}} = \frac{1\,299{,}00\ €}{3} = 433{,}00\ €$$

Berechnung des Abschreibungssatzes:

$$\text{Abschreibungssatz} = \frac{100\ \%}{\text{Nutzungsdauer in Jahren}} = \frac{100}{3} = 33{,}33\ \%$$

## 3.4

**TIPP** Diese Aufgabe kommt häufiger in kurzer oder verlängerter Form in der Prüfung vor. Letztlich geht es darum, dass Sie wissen, welche Auswirkungen (kausale Zusammenhänge) sich aus der Abschreibung ergeben.

Eine Abschreibung ist ein Aufwand. Aufwendungen werden über das Gewinn- und Verlustkonto abgeschlossen. Je höher die Aufwendungen, desto geringer der Gewinn.

## 3.5

**TIPP** In dieser Aufgabenstellung geht es um das Erstellen von Buchungssätzen. Wichtig ist, dass ein Nettopreis von 49,00 € angegeben ist, auf den sich alle drei zu erstellenden Buchungssätze beziehen.

Im ersten Buchungssatz verkauft man eine große Menge von 100 Stück. Hierbei muss der Rabatt berücksichtigt werden. Wichtig ist aber, dass der Rabatt im Buchungssatz selbst nicht berücksichtigt wird, sondern sich nur in den Werten niederschlägt.

Die hierfür notwendige Berechnung sieht folgendermaßen aus:

|   | 100 Sonnenbrillen kosten | 4 900,00 € | (= 100 · 49,00 €) |
|---|---|---|---|
| − | 10 % Rabatt | 490,00 € | (= 4 900 € · 10/100) |
| = | Umsatz | 4 410,00 € | |

Der Buchungssatz lautet entsprechend:

| Forderungen a. L L | 5 247,90 € | an | Umsatzerlöse für eigene Erzeugnisse | 4 410,00 € |
|---|---|---|---|---|
| | | | Umsatzsteuer | 837,90 € |

**TIPP** Der zweite Buchungssatz sieht, von den Werten abgesehen, genauso aus. Wichtig ist, dass Sie darauf achten, dass die genannte Privatperson keinen Rabatt erhält. Entsprechend lautet der Buchungssatz:

| | | | | |
|---|---|---|---|---|
| Forderungen a. LL | 58,31 € | an | Umsatzerlöse für eigene Erzeugnisse | 49,00 € |
| | | | Umsatzsteuer | 9,31 € |

> **TIPP** Der dritte Buchungssatz muss sich auf den vorherigen beziehen, da die Kundin die Brille zurücksendet. Generell gilt: Bei Rücksendungen wird der Buchungssatz einfach umgedreht (die Beträge nicht unbedingt – in Abhängigkeit davon, ob alles oder nur ein Teil zurückgesendet wird).

| | | | | |
|---|---|---|---|---|
| Umsatzerlöse für eigene Erzeugnisse | 49,00 € | | | |
| Umsatzsteuer | 9,31 € | an | Forderungen a. LL | 58,31 € |

**4.1**

> **TIPP** Die Frage, die sich ein Unternehmen immer wieder mal stellen muss, ist die, ob es sinnvoller ist, Produkte selbst herzustellen oder von anderen herstellen zu lassen (Eigenfertigung oder Fremdbezug bzw. „make or buy"). In dieser Aufgabenstellung soll die Produktionsmenge bestimmt werden, ab der sich die Eigenfertigung lohnt.
> Hierzu ist es hilfreich, zuerst die Werte, die gegeben sind, entsprechend zu notieren:
> Korkmatte = 1 m² = 40 Stück Rohlinge
> Fremdbezug = 5,00 € je Rohling
> Kosten einer Korkmatte = 80,00 € je Korkmatte
> Variable Kosten für Schneiden = 0,50 €
> Fixe Kosten = 1 500,00 €
> Klar ist: Es wird ein Teil bestellt – entweder die Korkmatte oder die fertig geschnittenen Rohlinge! Es geht hier um das Schneiden der Rohlinge aus der Korkmatte.
> Da eine Korkmatte 80,00 € kostet und hieraus 40 Rohlinge geschnitten werden, wird je Rohling ein Betrag von 80,00 € / 40 = 2,00 € mit einkalkuliert.

Kosten der Eigenfertigung:
= 1 500,00 € *(fixe Kosten)* + 0,50 € · x *(variable Kosten Schneiden xX)*
+ 2,00 € · x *(variable Kosten Rohling xX)*

Kosten des Fremdbezugs:
= 5,00 € · x *(Kosten eines fertigen Rohlings xX)*

Diese Kosten werden jetzt gegenübergestellt und nach x aufgelöst:

$1\,500{,}00\ € + 2{,}50\ € \cdot x = 5{,}00\ € \cdot x \quad | \ -2{,}50\ € \cdot x$

$\phantom{1\,500{,}00\ € + 2{,}50\ € \cdot x = }1\,500{,}00\ € = 2{,}50\ € \cdot x \quad | \ :2{,}50\ €$

$\phantom{1\,500{,}00\ € + 2{,}50\ € \cdot x = }x = \underline{\underline{600}}$

> **TIPP** Achten Sie darauf, dass hiermit die Aufgabe noch nicht gelöst ist. Es fehlt noch der Hinweis, ab wann die Eigenfertigung günstiger ist. Bei einer Menge von 600 Stück ist es egal, ob man Eigenfertigung betreibt oder die Rohlinge fremd bezieht. Wenn die Menge unter 600 liegt, ist der Fremdbezug günstiger.

Bei einer Menge ab 601 Stück ist die Eigenfertigung kostengünstiger.

**4.2**

> **TIPP** Nicht immer sollte man ausschließlich aufgrund der vorhandenen Zahlen eine Entscheidung fällen. Es gibt bei „make or buy" durchaus Gründe, die trotz der Werte gegen eine Eigenfertigung sprechen.
> Hierzu zählen u. a. folgende Gründe:

- Wenn ein Unternehmen Eigenfertigung betreibt, müssen auch entsprechend Maschinen gekauft und Mitarbeiter eingestellt werden. Wenn die Nachfrage ausbleibt, entstehen zusätzliche Kosten, da diese kurzfristig nicht abgebaut werden können.
- Ähnlich sieht es aus, wenn eine deutliche Zunahme der Nachfrage existiert. Kurzfristig ist das Unternehmen nicht flexibel. Ein kurz- oder mittelfristiger Produktionsausbau ist häufig nicht oder nur schwer möglich. Dies wäre bei Fremdbezug deutlich einfacher.
- Das Unternehmen, von dem man das benötigte Produkt beziehen kann, verfügt u. U. aufgrund seiner Erfahrung über ein besseres Vorwissen, was sich u. U. in der Qualität widerspiegelt.

**4.3**

> **TIPP** In dieser Aufgabe ist in Material 3 der Herstellungsprozess der Holzbrillen beschrieben. Hieraus sollen drei betriebswirtschaftliche Elementarfaktoren erkannt und beschrieben werden. Achten Sie bitte darauf, dass Sie den jeweils genannten Faktor im ersten Schritt erklären. Zu den Elementarfaktoren zählen die Betriebsmittel (z. B. Fuhrpark oder Gebäude), die Werkstoffe (Rohstoffe, Hilfsstoffe, Betriebsstoffe und bezogene Teile) sowie die ausführende Arbeit.

**Rohstoffe**
Hauptbestandteile eines Produkts, die direkt darin einfließen
Hier sind es die Edelholzplatten für die Brillen.

**Betriebsmittel**
Gesamte technische Ausstattung des Unternehmens
Ein Beispiel wären hier die Schleif- und Fräsmaschinen oder auch die Wasserkühlung.

**Ausführende Arbeit**
Menschliche Arbeitsleistung, die zur Produktion benötigt wird
Sowohl Herr Lutz als auch die Teilzeitkraft handeln ausführend.

**4.4.1** **Bestellpunktverfahren:**
Beim Bestellpunktverfahren wird mit Erreichen des Meldebestands eine neue Bestellung ausgelöst. Hiermit lässt sich gut auf einen unterschiedlich hohen Verbrauch von Beständen reagieren. I. d. R. sind die Bestellmengen entsprechend der optimalen Bestellmenge gleich hoch.

**Bestellrhythmusverfahren:**
Beim Bestellrhythmusverfahren werden die Bestellungen zu vorher definierten festen Terminen ausgelöst. Zu diesen Bestellungen kommt es immer – egal wie viel zu diesen Zeitpunkten bereits verbraucht wurde. Die Bestellmengen sind jedoch je nach Verbrauch unterschiedlich.

**4.4.2**

> **TIPP** In dieser Aufgabe soll aufgrund der Zahlen bei 4.4 der durchschnittliche monatliche Bedarf berechnet werden. Die angegebenen Werte sind jedoch jeweils auf zwei Monate bezogen. Achten Sie bei einer solchen Berechnung entsprechend darauf, dass Sie, wenn Sie die Summe der Werte durch 6 teilen, das Ergebnis für 2 Monate hätten, was aber nicht der Aufgabenstellung entspricht!

$$\text{Durchschnittlicher monatlicher Bedarf} = \frac{\text{Summe der zweimonatigen Bedarfsmengen}}{\text{Anzahl der Monate}}$$

$$= \frac{126 + 172 + 148 + 120 + 181 + 129}{12} = 73$$

### 4.4.3

> **TIPP** Bei den benötigten Holzplatten handelt es sich laut 4.4 um seltene, sehr teure und hochwertige Edelholzplatten aus Südostasien, die per Schiff nach Deutschland gebracht werden. Die Lieferung kann aufgrund der schlechten Infrastruktur zwischen sechs Wochen und sechs Monaten in Anspruch nehmen. Die Lagerung erfolgt platzsparend – die benötigten Stückzahlen schwanken zwischen 120 und 181 Stück für jeweils zwei Monate.
> Hier geht es darum, dass Sie die Entscheidung des Unternehmens für das Bestellpunktverfahren begründen. Warum hat sich das Unternehmen entsprechend entschieden?

**Begründung:**
Die Holzplatten sind als Rohstoff ein essenzieller Bestandteil der Brillen. Selbst wenn eine Lieferung schneller da sein sollte, stellt dies aufgrund der platzsparenden Beschaffenheit kein großes Problem dar. Ein leeres Lager wiederum hätte Produktions- und Lieferengpässe zur Folge. Diesbezüglich ist eine genaue Beschaffungsüberwachung sinnvoll. Diese Faktoren gemeinsam begründen die Entscheidung für das Bestellpunktverfahren.

### 4.4.4

> **TIPP** Nur weil hier Zahlen angegeben sind, bedeutet dies nicht, dass Sie automatisch etwas rechnen müssen. In diesem Fall geht es darum, die Zusammenhänge zu verstehen und zu beurteilen.

Generell führt eine Erhöhung des eisernen Bestands (eiserne Reserve, Sicherheitsbestand) dazu, dass die Sicherheit bis zur nächsten Lieferung erhöht ist, was zu einer Verringerung der genauen und kontinuierlichen Überwachung der Bestände führt.

Eine Erhöhung ist aber auch dann sinnvoll, wenn mit der Lieferung größere Risiken verbunden sind. Da hier ein stark schwankender monatlicher Bedarf vorliegt und der Lieferweg viel Zeit benötigt, sollte man es sich trotz der Erhöhung der eisernen Reserve sehr überlegen, ob das Bestellrhythmusverfahren hier Sinn macht.

### 5.1.1

> **TIPP** Häufig ist es so, dass die Arbeitslosenquote berechnet wird. Dies wurde in dieser Aufgabe abgeändert, denn die Quote ist bereits gegeben. Hier wird nach der Zahl der arbeitslosen Personen gesucht.

Gegeben sind folgende Werte:
Arbeitslosenquote = 5,1 %
Selbstständige = 320 000
Arbeitnehmer = 2 180 000

Die Zahl der Erwerbspersonen entspricht 2 500 000 (= Selbstständige + Arbeitnehmer).

Die allgemeine Formel zur Berechnung der Arbeitslosenquote lautet:

$$\text{Arbeitslosenquote} = \frac{\text{Zahl der arbeitslosen Personen}}{\text{Zahl der Erwerbspersonen}}$$

Wenn die oben angegebenen Werte in die Formel eingetragen und aufgelöst werden, entsteht:

$$5,1\,\% = \frac{\text{Zahl der arbeitslosen Personen}}{2\,500\,000} \quad | \cdot 2\,500\,000$$

Zahl der arbeitslosen Personen = <u>127 500</u>

> **TIPP** Denken Sie daran, dass 5,1 % = 0,051 entspricht.

### 5.1.2

Die Arbeitslosenzahl und die Arbeitslosenquote werden monatlich von der Bundesagentur für Arbeit (BA) ermittelt. Hiernach ist arbeitslos, wer bei der Bundesagentur für Arbeit als arbeitslos registriert, Arbeit suchend und weniger als 15 Stunden in der Woche beschäftigt ist. Nicht in der Statistik enthalten sind jedoch z. B. Jugendliche ohne Ausbildungsplatz, die weiter zur Schule gehen oder eine berufsvorbereitende Maßnahme besuchen, arbeitswillige Personen, die sich um die Kindererziehung kümmern und sich nicht arbeitslos melden, und ältere Arbeitnehmer*innen, die vorzeitig aus dem Erwerbsleben ausscheiden. Dies muss bei der Bewertung der Aussagekraft der Statistik berücksichtigt werden.

### 5.2

> **TIPP** Es gibt verschiedene allgemeine Gründe, warum Arbeitslosigkeit existiert. Neben z. B. der saisonalen Arbeitslosigkeit (Eisverkäufer im Winter) sollen in dieser Aufgabenstellung die strukturelle sowie die konjunkturelle Arbeitslosigkeit beschrieben werden.

**Strukturelle Arbeitslosigkeit:**
Die Wirtschaftsstruktur hat sich verändert. Dieser Strukturwandel entsteht durch zahlreiche Einflussfaktoren, wie z. B. politische und weltwirtschaftliche Einflüsse. Räumliche Entfernungen spielen kaum noch eine Rolle. Hierdurch werden von Unternehmen u. a. Standortvorteile wie ein günstigerer Lohn genutzt. So fallen in einzelnen Ländern komplette Zweige weg (wie z. B. der Bereich „Nähen" in Deutschland).

**Konjunkturelle Arbeitslosigkeit:**
Eine konjunkturelle Arbeitslosigkeit liegt vor, wenn die gesamtwirtschaftliche Nachfrage nach Waren und Dienstleistungen zurückgeht.

**Stellungnahme:**
Das Verschwinden von Arbeitsplätzen durch strukturelle Veränderungen in der Wirtschaft ist fast immer von Dauer, zumindest aber langfristig.
Bei der konjunkturellen Arbeitslosigkeit tritt eine Veränderung der Beschäftigungszahlen immer auch mit den Veränderungen im Konjunkturverlauf auf. Entsprechend groß oder aber auch klein fallen die Arbeitslosenzahlen aus.
Der Aussage, dass die strukturelle Arbeitslosigkeit als die bedrohlichere anzusehen ist, muss zugestimmt werden, da die weggefallenen Berufe oder Wirtschaftszweige durch andere ersetzt werden müssen, um allen Menschen eine entsprechende Lebens- und Arbeitsgrundlage zu bieten.

**5.3**

**TIPP** Beim Bewerten geht es immer darum, die verschiedenen Seiten einer Aussage zu beleuchten (also immer: Auf der einen Seite ..., auf der anderen Seite ...).

Zu den Lohnnebenkosten zählen die Anteile des Arbeitgebers zu den Sozialversicherungen (Krankenversicherung, Pflegeversicherung, Rentenversicherung, Arbeitslosenversicherung, Unfallversicherung), Kosten für Berufs- und Schutzkleidung, Gehaltszuschüsse, ...

**Bewertung:**
Auf der einen Seite kann ein Unternehmen durch diese Maßnahme die Lohnkosten senken. Dies führt dazu, dass das Unternehmen unter Umständen auch mehr Mitarbeiter einstellt, als dies ursprünglich geplant war. Dies könnte dazu führen, dass aufgrund der Verfügbarkeit des Geldes mehr Nachfrage auf dem Markt existiert, was wiederum die Wirtschaft ankurbelt.
Auf der anderen Seite wird es aber auch Unternehmen geben, die sowieso Mitarbeiter eingestellt hätten. Durch die Maßnahmen hätten diese Unternehmen insgesamt auch mehr Geld zur Verfügung, das sie wiederum für neue Investitionen nutzen können.

Allerdings ist auch zu bedenken, dass über einen solchen Zuschuss die Wettbewerbsfähigkeit eines Unternehmens künstlich erhalten bleibt, sich Unternehmen auch daran gewöhnen, ... Wenn die drei Jahre auslaufen, ist ein erneuter Anstieg der Arbeitslosenzahlen wahrscheinlich.

**5.4**

> **TIPP** „Nennen" ist immer die einfachste Form der Beantwortung einer Fragestellung, da es sich hier um eine reine Abfrage von erlerntem Wissen handelt. Bei dieser Aufgabe geht es um die Aufgaben, die die EZB hat. Es soll eine genannt werden. Hier sehen Sie eine dazugehörige Auswahl:

- Gewährleistung der Preisniveaustabilität (unter 2 %, aber nahe 2 %)
- Verwaltung der offiziellen Währungsreserven der Mitgliedsstaaten
- Durchführung von Devisengeschäften
- Versorgung der Volkswirtschaft mit Geld

**5.5.1** Der Leitzins ist der Zins, zu dem sich Geschäftsbanken Geld bei der EZB leihen (refinanzieren) können. Die Geschäftsbanken haben hierfür Sicherheiten wie z. B. Wertpapiere (Wertpapierpensionsgeschäft) zu hinterlegen. Dieser Zinssatz wird von den Geschäftsbanken an die jeweiligen Kunden weitergegeben. Somit kann die EZB die Investitions- und Konsumgüternachfrage in der Eurozone mit beeinflussen.

**5.5.2**

> **TIPP** Das magische Viereck besteht aus den Zielen, die im „Gesetz zur Förderung der Stabilität und des Wachstums der Wirtschaft" (Stabilitätsgesetz) im Jahr 1967 definiert wurden:
> - Stetiges und angemessenes Wirtschaftswachstum
> - Hohes Beschäftigungsniveau
> - Stabiles Preisniveau
> - Außenwirtschaftliches Gleichgewicht
>
> In dieser Aufgabenstellung sollen Sie sich die Wirkung einer Leitzinserhöhung auf zwei dieser Ziele betrachten. Überlegen Sie dabei, was passiert, wenn eine bestimmte Sache eintritt. Vergessen Sie nicht, Ihre Lösung mit den Vorgaben aus der Aufgabenstellung in Verbindung zu bringen. In dieser Musterlösung sind zwei Wirkungsketten genannt. Natürlich steht es Ihnen frei, auch eine der anderen beiden zu verwenden.

**Stabilität des Preisniveaus:**
Durch die Erhöhung des Leitzinses werden die Kosten für Kredite bei den Geschäftsbanken durch Unternehmen oder Privatpersonen teurer. Die entsprechende Nachfrage wird geringer. Dies führt dazu, dass die im Umlauf befindliche Geldmenge geringer wird. Hierdurch nimmt auf der einen Seite die Kaufkraft einer einzelnen Einheit zu, aber gleichzeitig wird, da weniger nachgefragt wird, die Inflation sinken. Die Maßnahme stellt somit eine Gefahr zum Erreichen des wirtschaftspolitischen Ziels dar, da die Inflation in der Aufgabenstellung nur bei 0,5 % liegt.

**Hohes Beschäftigungsniveau:**
Durch die Erhöhung des Leitzinses werden Investitionen teurer. Um die Gewinnmarge zu erhalten, müssen die Unternehmen ihre Produktpreise neu kalkulieren und nach oben korrigieren. Zusätzlich sind auch Privatpersonen zurückhaltender bei der Beantragung eines neuen Kredits. Hierdurch könnte es zu einer geringeren Nachfrage kommen. Bei gleichbleibender Produktion werden die Lager entsprechend voll und die Unternehmen werden Mitarbeiter entlassen. Die Maßnahme stellt somit eine Gefahr zum Erreichen des wirtschaftspolitischen Ziels dar, obwohl sie laut Aufgabenstellung mit 5,3 % als relativ niedrig angesehen werden kann.

**Hessen Wirtschaft und Verwaltung**
**Abschlussprüfung Fachoberschule 2019**
Vorschlag A

## Aufgabenstellung

**1** Die Ingenieurin Jennifer Albrecht arbeitete bisher für ein Unternehmen, welches Einwegbecher aus Kunststoff für Getränke herstellt. Dieses Material ist ihrer Meinung nach nicht zukunftsträchtig, da der Einsatz mineralölbasierter Einwegbecher ein zunehmend negatives Image hat. Da ihr Arbeitgeber anderer Ansicht ist, beschließt Frau Albrecht, ein eigenes Unternehmen zur Herstellung moderner Einwegbecher zu gründen.

**1.1** Um beurteilen zu können, ob der Markt für nachhaltigere Einwegbecher attraktiv ist, betreibt Frau Albrecht Sekundärforschung.

**1.1.1** Berechnen Sie mithilfe der Informationen in Material 1 das Marktvolumen, den absoluten Marktanteil des Marktführers und den Marktsättigungsgrad im Jahr 2018. (3 BE)

**1.1.2** „*Das Marktvolumen reicht nicht aus, um die Attraktivität eines Marktes zu beurteilen.*"
Begründen Sie diese Aussage. (3 BE)

**1.2** Frau Albrecht möchte unabhängig von den Daten aus Aufgabe 1.1 Primärforschung betreiben.

**1.2.1** Beschreiben Sie einen Vorteil und einen Nachteil der Primärforschung. (4 BE)

**1.2.2** Frau Albrecht möchte eine Datenerhebung mittels einer Befragung in Form einer Vollerhebung durchführen, um Antworten auf die folgenden Fragen zu erhalten:
- Wie viel sind die Kundinnen und Kunden bereit, mehr für die nachhaltige Verpackung zu zahlen?
- Für wie viele Kundinnen und Kunden wäre die nachhaltige Verpackung der entscheidende Grund, bei einem bestimmten Anbieter ein Getränk zum Mitnehmen zu bestellen?

Bewerten Sie diese Vorgehensweise. (3 BE)

**1.3** Bestärkt von den Ergebnissen der Primärforschung entwickelt Frau Albrecht einen einzigartigen, leicht herzustellenden Einwegbecher aus Baumharz. Sie überlegt, ob sie den Becher auf dem Gesamtmarkt für Einwegbecher zu einem niedrigen oder einem hohen Preis anbieten sollte.

**1.3.1** Erklären Sie je eine Voraussetzung der Hochpreis- und der Niedrigpreisstrategie. Entscheiden Sie sich anschließend für eine der beiden Strategien. (4 BE)

**1.3.2** Als Preiseinführungsstrategie für den neuartigen Baumharzbecher entscheidet sich Frau Albrecht für die Penetrationsstrategie.
Beschreiben Sie diese Strategie und bewerten Sie Frau Albrechts Wahl dieser Strategie. (6 BE)

**2** Nach den ersten Marketingüberlegungen gründet Frau Albrecht das Unternehmen DuraPak e. K. und mietet eine kleine Halle mit Büro an. Frau Albrecht bringt 100 000 € als Eigenkapital in die Unternehmung ein. Sie stellt Frau Hille als Mitarbeiterin und Herrn Alb als Mitarbeiter auf Teilzeitbasis ein.

**2.1** Frau Albrecht hat sich für eine Einzelunternehmung entschieden.

**2.1.1** Beschreiben Sie die Gründungsformalitäten. (3 BE)

**2.1.2** Die Angestellte Frau Hille soll in Abwesenheit von Frau Albrecht Lieferverträge abschließen können.
Beurteilen Sie, ob dies bei der Rechtsform der Einzelunternehmung möglich ist. (2 BE)

**2.1.3** Das Unternehmen generiert im ersten Jahr einen Verlust von 5 200 €.
Erläutern Sie die Verteilung des Verlustes auf Frau Albrecht, Frau Hille und Herrn Alb. (2 BE)

**2.2** Zum Erwerb geeigneter Maschinen benötigt die Unternehmung zusätzliches Kapital in Höhe von 7 000 €. Von einer Bank erhält Frau Albrecht folgende Darlehensangebote:
- Annuitätendarlehen: Annuität 1 506,73 €, Laufzeit 5 Jahre
- Fälligkeitsdarlehen: Nominalzins 2,5 %, Laufzeit: 5 Jahre

**2.2.1** Beschreiben Sie die Kapitalherkunft und die Eigentumsverhältnisse des Kapitals bei der Finanzierungsform Darlehen. (4 BE)

**2.2.2** Beschreiben Sie das Annuitäten- und das Fälligkeitsdarlehen. (4 BE)

**2.2.3** Berechnen Sie jeweils die Gesamtbelastung des Annuitäten- und des Fälligkeitsdarlehens. (4 BE)

**3** Die DuraPak e. K. bestellt bei der Rahmus AG Naturkautschuk für die Herstellung von Deckeln. Die Rahmus AG fordert zusätzlich zum Nettokaufpreis Bezugskosten.

**3.1** Geben Sie zwei mögliche Beispiele für Bezugskosten an. (2 BE)

**3.2** Buchen Sie die folgenden Geschäftsvorfälle mit der Bezeichnung der verwendeten Konten und den entsprechenden Euro-Beträgen.
- Die DuraPak e. K. erhält für den Kauf von Naturkautschuk eine Rechnung in Höhe von 420 € netto zuzüglich 30 € Beschaffungskosten.
- 10 % des Kautschuks ist brüchig und entspricht nicht den Anforderungen der Produktion für Lebensmittelverpackungen. Die DuraPak e. K. sendet sie deshalb umgehend zurück. Die Bezugskosten bleiben davon unberührt.
- Da weitere Teile des Materials fehlerhaft sind, gewährt die Rahmus AG eine Gutschrift von 15 % auf den noch zu zahlenden Rechnungsbetrag. (6 BE)

**3.3** Buchen Sie die folgenden Geschäftsfälle in die T-Konten-Vorlagen in Material 2.
- Die DuraPak e.K. bestellt eine weitere Charge Kautschuk im Wert von 476 €, brutto und erhält einen Sofortrabatt von 5%. Es fallen keine Bezugskosten an.
- Die DuraPak e.K. bezahlt die Rechnung aus dem vorherigen Geschäftsvorfall. (4 BE)

**4** Frau Albrecht stellt ihre Becher aus speziellem Baumharz her, das hitzebeständig und spülmaschinenfest ist. Das Grundmaterial ist ein von ihr entwickeltes Granulat, das neben dem Baumharz verschiedene stabilisierende Stoffe enthält.

**4.1** Das Unternehmen hat bisher keine Anlagen zur Herstellung dieses Granulats angeschafft und so wird diskutiert, ob das Material selbst hergestellt oder bei einem Fremdunternehmen in Auftrag gegeben werden soll. Die variablen Kosten betragen bei Eigenfertigung pro Kilogramm 4,20 € und die fixen Kosten 4 200 €. Der Bezugspreis bei Fremdbezug beträgt pro Kilogramm 6,30 €. Das Unternehmen benötigt jährlich zunächst 2 Tonnen. Perspektivisch wird mit einem Bedarf von 3,5 Tonnen gerechnet.

**4.1.1** Ermitteln Sie mithilfe der Angaben in Material 3 die Kosten für die Eigenfertigung und den Fremdbezug.
Stellen Sie Ihre Ergebnisse grafisch dar. (7 BE)

**4.1.2** Berechnen Sie die kritische Menge und interpretieren Sie das Ergebnis. (3 BE)

**4.1.3** Geben Sie jeweils an, ob es sich um einen Vorteil der Eigenfertigung oder des Fremdbezugs handelt. (4 BE)
- Geringe Kapitalbindung
- Höhere Flexibilität bei Nachfrageänderungen
- Wegfall von Beschaffungszeiten
- Hoher Einfluss auf die Qualitätssicherung (4 BE)

**4.1.4** Entscheiden Sie sich, basierend auf den Ergebnissen aus Aufgabe 4.1.2 und der Unternehmenssituation, für die Eigenfertigung oder den Fremdbezug. (3 BE)

**4.2** Bei der DuraPak e. K. und ihren Lieferanten kommen eine Reihe von Fertigungstypen zum Einsatz.

**4.2.1** Geben Sie bei den folgenden Beispielen den Fertigungstyp (d. h. nach der Produktionsmenge) an.
- Ein Zulieferer stellt für alle Becher eine neutrale Kartonverpackung her.
- Die UrMetall GmbH stellt für die DuraPak e. K. eine Spezialmaschine zur Weiterverarbeitung des Baumharzgranulats her.
- Geschäftskunden der DuraPak e. K. können online die Farbe und Gestaltung ihrer Becher selbst bestimmen, wenn sie mindestens 2 000 Stück kaufen.
- Die DuraPak e. K. stellt neben den Getränkebechern auch Suppenschüsseln für Restaurants und Lieferdienste her. (4 BE)

**4.2.2** Stellen Sie die Massenfertigung unter Einbezug je eines Vor- und Nachteils der Einzelfertigung gegenüber. (4 BE)

**5** Frau Albrecht hat in einer Zeitung einen Artikel über den aktuellen Stand der deutschen Volkswirtschaft gefunden. Als Unternehmensgründerin schaut sie sich diesen mit besonderem Interesse an.

**5.1** Insbesondere die Aktivitäten der Europäischen Zentralbank (EZB) haben eine besondere Bedeutung. (2 BE)

**5.1.1** Eine Aufgabe der EZB ist die Leitzinspolitik.
Nennen Sie vier weitere Aufgaben der EZB. (4 BE)

**5.1.2** Erklären Sie die Bedeutung des Leitzinses. (2 BE)

**5.1.3** Skizzieren Sie die Folgen einer Leitzinssenkung in einer Wirkungskette und leiten Sie dabei die Folgen für die DuraPak e. K her. (4 BE)

**5.2** Die Bundesregierung setzt mehrere Maßnahmen um, die den Zielen im Magischen Sechseck dienen sollen.
Geben Sie jeweils das wirtschaftspolitische Ziel an (*Hinweis:* nicht Umweltschutz), das betroffen ist, und beurteilen Sie jeweils die Zielbeziehung zum Ziel Umweltschutz.

**a** Der Mindestlohn steigt zum 1. Januar 2020 auf 9,35 €.

**b** Fahrzeuge, die mindestens teilelektrisch betrieben werden, erhalten staatliche Zuschüsse.

**c** Die Bundeskanzlerin besucht den US-Präsidenten, um auf eine Entspannung im Handelsstreit hinzuwirken. (9 BE)

## Material 1 — Marktsituation für nachhaltige produzierte Einwegbecher (2017/2018)

| Wettbewerber | Umsatzerlös 2018 in Millionen Euro |
| --- | --- |
| Portable KG | 2,3 |
| Fairtig UG | 1,9 |
| Besserbecher e. K. | 1,4 |
| Sonstige | 74 |

Das Marktpotenzial beträgt 21 Millionen Euro.

## Material 2 — T-Konten-Vorlagen DuraPak e. K.

S　　　　　　　　　　Rohstoffe　　　　　　　　　　H

S　　　　　　　　　　Vorsteuer　　　　　　　　　　H

S　　　　　　　　　　Bank　　　　　　　　　　H

S　　　　　　　　Verbindlichkeiten a. L L　　　　　　　　H

**Material 3**  Vergleich Eigenfertigung und Fremdbezug Baumharzgranulat

| Menge in Tonnen | Eigenfertigung | | | Fremdbezug |
|---|---|---|---|---|
| | Fixe Kosten in € | Variable Kosten in € | Gesamtkosten in € | Gesamtkosten in € |
| 0,5 | | | | |
| 1,5 | | | | |
| 2,5 | | | | |
| 3,0 | | | | |

# Lösungsvorschlag

**1.1.1** Marktvolumen in Mio. € = Summe der Umsatzerlöse der Marktteilnehmer
= 2 300 000 € + 1 900 000 € + 1 400 000 €
+ 7 400 000 € = 13 000 000 €

absoluter Marktanteil der Portable KG $= \dfrac{\text{Umsatzerlöse der Portable KG}}{\text{Marktvolumen}} \cdot 100\,\%$

$= \dfrac{2\,300\,000\ \text{€}}{13\,000\,000\ \text{€}} \cdot 100\,\% = 17{,}69\,\%$

Marktsättigungsgrad $= \dfrac{\text{Marktvolumen}}{\text{Marktpotenzial}} \cdot 100\,\%$

$= \dfrac{13\,000\,000\ \text{€}}{21\,000\,000\ \text{€}} \cdot 100\,\% = 61{,}90\,\%$

**1.1.2** Die Aussage *„Das Marktvolumen reicht nicht aus, um die Attraktivität eines Marktes zu beurteilen"* ist korrekt. Das Marktvolumen stellt vielmehr die aktuelle Situation des Gesamtmarktes dar. Um die Attraktivität besser zu analysieren, werden mehr Daten benötigt. Hierzu bietet es sich an, Daten über die Mitbewerber in Erfahrung zu bringen. Antworten auf die insgesamte Wettbewerbssituation sollten gefunden werden. Zudem ist es wichtig, in Erfahrung zu bringen, wie die relativen und absoluten Marktanteile der Wettbewerber sind. Auch zukünftige Entwicklungen sollten betrachtet werden. So spielt das Marktpotenzial eine entscheidende Rolle für die Attraktivität eines Marktes.

**1.2.1**

> **TIPP** Bei der Bearbeitung ist es wichtig, dass die Beschreibung der Primärforschung in eigenen Worten erfolgt. Zudem sollten Sie darauf achten, die zu beschreibenden Sachverhalte fachsprachlich und strukturiert zu verdeutlichen.

Die **Vorteile** in der Primärforschung liegen einerseits in der Erhebung selbst. Mithilfe der Primärforschung können Daten **gezielter** erhoben werden und somit kann man präziser auf die jeweiligen Bedürfnisse des Unternehmens eingehen. Andererseits ist die **Aktualität** der Daten ein weiterer wichtiger Vorteil in der Primärforschung. Da diese extra erhoben werden, sind sie auch aktuell und zeigen keine Analysedaten der Vergangenheit an.

**Nachteilig** im Rahmen der Primärforschung ist gewiss der **intensive Zeitaufwand**. Die Planung, Entwicklung von Marktforschungsinstrumenten sowie die eigentliche Durchführung nehmen viel Zeit in Anspruch. In diesem Zusammenhang lässt sich auch ein zweiter Nachteil anführen – der **Kostenaufwand**. Dieser ist im Rahmen der Primärforschung in der Regel erheblich höher als in der Sekundärforschung.

### 1.2.2

> **TIPP** Bei der Aufgabenstellung gilt es zu beachten, dass man zur Beantwortung der Fragestellung zu unterschiedlichen Einschätzungen kommen kann. Es ist entscheidend zu wissen, dass eine Vollerhebung der Erhebung der Daten einer Grundgesamtheit entspricht und nicht einer Stichprobe.
> Eine Frage kann grundsätzlich für eine Vollerhebung geeignet sein, während sich eine andere Frage nicht für eine Vollerhebung anbietet. Im vorliegenden Fall werden in der Vollerhebung also alle (potenziellen) Kundinnen und Kunden des Unternehmens befragt. Hier gilt es nun zu betrachten, ob sich die Fragestellungen für eine Vollerhebung anbieten.

Hinsichtlich der ersten Frage „Wie viel sind die Kundinnen und Kunden bereit, mehr für die nachhaltige Verpackung zu zahlen?" scheint eine Befragung durchaus möglich, wenngleich man die Antworten kritisch betrachten sollte. Es gilt nämlich zu beachten, dass Menschen ihr wertmäßiges Kaufverhalten nicht richtig einschätzen oder es nicht wahrheitsgemäß preisgeben möchten. Andererseits lassen sich mit Bezug auf die zweite Fragestellung keine beobachtbare Motive von Kundinnen bzw. Kunden ermitteln.

Ein Vollerhebung ist im vorliegenden Fall insgesamt nicht sinnvoll. Die Erhebung der Daten aller potenziellen Kundinnen und Kunden wäre für das Vorhaben **zu zeit- und kostenintensiv.**

### 1.3.1

Als grundsätzliche Voraussetzungen für die **Hochpreisstrategie** können folgende Aspekte genannt werden:
- Nachvollziehbarkeit: Ein hoher Preis muss für die Kundinnen und Kunden nachvollziehbar sein. Er sollte entsprechend mit einer höheren Qualität oder exklusiven Eigenschaften des Produktes begründet werden können.
- Mangelnde Preisbewusstheit: Ein höherer Preis sollte nicht auf Kundinnen bzw. Kunden treffen, die hohen Wert auf günstige Preise legen.
- Starkes Marketing: Das Marketing sollte es schaffen, das Alleinstellungsmerkmal des Produktes zu verdeutlichen. Wenn dies deutlich wird, schauen Kundinnen und Kunden in der Regel über einen höheren Preis hinweg.

Als grundsätzliche Voraussetzungen für die **Niedrigpreisstrategie** können folgende Aspekte genannt werden:
- Günstige Kostenstruktur: Im Vergleich zur Konkurrenz sollte das Unternehmen über günstigere Kostenstrukturen verfügen. Andernfalls kann eine Niedrigpreisstrategie nachteilig für das Unternehmen sein.
- Mengendegression berücksichtigen: Durch die Produktion von großen Mengen werden die anfallenden Kosten auf eine große Anzahl an Produkten verteilt. Somit werden die Gesamtkosten je Stück niedriger, was sich positiv auf den Verkaufspreis auswirken kann.

- Hohe Preiselastizität: Die Preiselastizität der Nachfrage gibt an, wie sehr sich die Nachfrage ändert, wenn sich der Preis eines bestimmten Produktes verändert. Im Sinne der Niedrigpreisstrategie würde dies bedeuten, dass man den Preis verringert und die Nachfrage nach dem Produkt deutlich höher wird.

Die Wahl sollte im vorliegenden Fall auf eine Höchstpreisstrategie fallen. Das Unternehmen bietet bei seinem Produkt die **Besonderheit des Baumharzes** als **Produkteigenschaft**, was als Alleinstellungsmerkmal betrachtet werden kann. In der heutigen Zeit kommt Nachhaltigkeit eine immer größer werdende Bedeutung zu, sodass Kundinnen und Kunden eher bereit sind, aufgrund der Produkteigenschaft einen höheren Preis zu bezahlen.

**1.3.2**

> **TIPP** Relevant ist hier die Begründung, ob die ausgewählte Penetrationsstrategie geeignet oder nicht geeignet ist. Demnach kann man sich mit der richtigen Begründung sowohl für als auch gegen die Penetrationsstrategie entscheiden.

Die Penetrationsstrategie bewirkt, dass mithilfe eines günstigen Preises für ein Produkt und den damit verbundenen höheren Absatzzahlen in relativ kurzer Zeit ein solider Marktanteil aufgebaut wird. Im Zeitverlauf kann der Preis schrittweise angehoben werden. Die Penetrationsstrategie wird in der Praxis häufig bei Dienstleistungen oder Produkten angewendet, die wiederholt in Anspruch genommen bzw. gekauft werden.

**Für die Penetrationsstrategie** spricht der wiederholte Konsum der nachhaltigen Einwegverpackungen, da es sich um ein Verbrauchsgut handelt. Sollte das Unternehmen also das Ziel verfolgen, schnell einen soliden Marktanteil aufzubauen, ist die Penetrationsstrategie durchaus geeignet.

**Gegen die Penetrationsstrategie** spricht das Alleinstellungsmerkmal des Produktes. Da es keine Produkte auf dem Markt gibt, die ähnlich sind, lohnt sich ein Ausnutzen dieses Vorteils für das Unternehmen. Mit einem hohen Preis sind auch die Entwicklungskosten schnell wieder finanziert. Dies spricht für die Skimmingstrategie.

**2.1.1** Die Gründung der Einzelunternehmung erfolgt formlos. Eine Eintragung in das Handelsregister ist in der Regel erforderlich. Der Rechtsformzusatz ist zwingend notwendig. Die Bezeichnung muss nicht mehr als den Vor- und Familiennamen enthalten.

**2.1.2** Bei dieser Rechtsform ist es möglich, dass Frau Hille eine Vertretungsvollmacht erhält und die Lieferverträge abschließen kann. Hierzu muss Frau Albrecht ihr lediglich diese Vertretungsvollmacht (z. B. in Form einer Prokura) erteilen.

**2.1.3** Den Verlust muss Frau Albrecht als Einzelunternehmerin vollständig sowohl mit dem Betriebs- als auch mit dem Privatvermögen selbst tragen. Die Angestellten sind hier nicht betroffen. Ein etwaiger Gewinn würde jedoch ebenfalls vollständig Frau Albrecht zustehen.

**2.2.1** Ein Darlehen ist der Fremdfinanzierung zuzuordnen, da Kapital in das Unternehmen eingebracht wird, welches weiterhin den Gläubigern gehört. Da das Kapital von außen und nicht durch die Geschäftstätigkeit des Unternehmens kommt, spricht man ebenfalls von einer Außenfinanzierung.

**2.2.2** Beim **Annuitätendarlehen** zahlt der Schuldner während der gesamten Laufzeit einen gleichbleibenden Betrag an den Gläubiger. Dieser Betrag, auch Annuität genannt, setzt sich aus zwei Bestandteilen zusammen – der Tilgungszahlung und der Zinszahlung. Da man über die Laufzeit hinweg den Darlehensbetrag tilgt und dieser somit immer kleiner wird, werden die Zinsen immer weniger. Da die Annuität jedoch immer gleich bleibt, muss im gleichen Zeitraum die Tilgungszahlung höher werden.

Beim **Fälligkeitsdarlehen** werden zunächst nur Zinsen gezahlt, die Tilgung erfolgt erst später. Erst am Ende muss der Darlehensbetrag in voller Höhe zuzüglich der im letzten Jahr anfallenden Zinsen gezahlt werden.

**2.2.3** **Annuitätendarlehen:**

Gesamtbelastung = Annuität pro Jahr · Laufzeit
= 1 506,76 € · 5 Jahre = 7 533,65 €

**Fälligkeitsdarlehen:**

| Jahr | Darlehen am Jahresanfang in € | Tilgungs- zahlung in € | Zins- zahlung in € | Fälligkeits- betrag in € |
|---|---|---|---|---|
| 1 | 7 000,00 | 0,00 | 175,00 | 175,00 |
| 2 | 7 000,00 | 0,00 | 175,00 | 175,00 |
| 3 | 7 000,00 | 0,00 | 175,00 | 175,00 |
| 4 | 7 000,00 | 0,00 | 175,00 | 175,00 |
| 5 | 7 000,00 | 7 000,00 | 175,00 | 7 175,00 |
| | Σ | 7 000,00 | 875,00 | 7 875,00 |

### 3.1

> **TIPP** Unter Bezugskosten versteht man die Anschaffungsnebenkosten – also alle Aufwendungen, die bis zum eigenen Lager entstehen.
> Laut Aufgabenstellung sollten zwei mögliche Beispiele für Bezugskosten angegeben werden.

Beispiele hierfür sind Verpackung, Versicherung, Transport, Zölle, Fracht, Rollgeld, Zwischenlagerkosten

### 3.2

> **TIPP** Bei dieser Aufgabenstellung ist es nötig, drei verschiedene Buchungssätze zu erstellen. Achten Sie darauf, dass zu einem vollständigen Buchungssatz immer auch die €-Beträge gehören.
> Das Beispielunternehmen stellt Einwegbecher her. Dies ist wichtig zu beachten, da im ersten Geschäftsfall Naturkautschuk gekauft wird. Dies stellt für das Unternehmen einen **Rohstoff** dar. Der Hinweis **netto** zeigt auf, dass Sie beim Erstellen des Buchungssatzes an die **Vorsteuer** (Einkauf) denken müssen. Zusätzlich ist noch das Buchen der Beschaffungskosten notwendig. Diese werden über das Konto **Bezugskosten für Rohstoffe** gebucht. Da es sich um eine Rechnung handelt, die bezahlt werden muss (man also verpflichtet ist, diese zu begleichen), handelt es sich um **Verbindlichkeiten**. Hieraus entsteht der Buchungssatz:

| | | | | | |
|---|---|---|---|---|---|
| Rohstoffe | 420,00 € | | | | |
| Bezugskosten für Rohstoffe | 30,00 € | | | | |
| Vorsteuer | 85,50 € | (NR) | an | Verbindlichkeiten a. LL | 535,50 € |

NR: $450 \cdot 19 / 100 = 85,50$ €

> **TIPP** Im zweiten Geschäftsfall wird ein Teil der Rohstoffe wegen Qualitätsmängeln zurückgesendet. Generell gilt, dass der Einkaufsbuchungssatz bei einer Rücksendung einfach umgedreht wird. Wichtig ist hier der Hinweis in der Aufgabenstellung, dass die Bezugskosten von der Rücksendung unberührt bleiben. Achten Sie bei der Berechnung des Rohstoff-Wertes darauf, dass Sie nur 10 % der gekauften Rohstoffe zurücksenden.

| | | | | |
|---|---|---|---|---|
| Verbindlichkeiten a. LL | 49,98 € | an | Rohstoffe | 42,00 € |
| | | | Vorsteuer | 7,98 € |

**TIPP** Beim dritten Geschäftsfall geht man davon aus, dass man zwar den Rest der Rohstoffe behält, auf diesen allerdings eine Gutschrift erhält. Bedenken Sie, dass Sie hierbei nicht von dem vollständigen ursprünglichen Rechnungsbetrag ausgehen dürfen, sondern nur von dem Teil, den man behalten hat. In der Aufgabenstellung ist nicht definiert, ob die Gutschrift auch auf die Bezugskosten angewendet wird oder nicht. In diesem Fall sind zwei Lösungen möglich:

1. Gutschrift auch auf die Bezugskosten

| | |
|---|---|
| ursprüngliche Verbindlichkeiten | 535,50 € |
| − Abzug Vbl durch Rücksendung | 49,98 € |
| = restliche Verbindlichkeiten | 485,52 € |

Berechnung der Gutschrift in Höhe von 15 %
$\Rightarrow 485,52 \, € \cdot 15/100 = 72,83 \, €$

**TIPP** Diese 72,83 € werden im Buchungssatz von den noch vorhandenen Verbindlichkeiten abgebucht. Auf der anderen Seite kann man aber nicht einfach Rohstoffe abziehen, da dies bedeuten würde, dass der Bestand an Rohstoffen kleiner wird. Aus diesem Grund gibt es im Bereich Einkauf das Konto Nachlässe für Rohstoffe. Der Betrag von 72,83 € besteht aber nicht ausschließlich aus den Nachlässen, sondern er beinhaltet auch einen Anteil der Vorsteuer und der Bezugskosten (die bislang nur im ersten Buchungssatz berücksichtigt wurden).

| Verbindlich-keiten a. LL | 72,83 € | an | Nachlässe für Rohstoffe | 56,70 € |
|---|---|---|---|---|
| | | | Bezugskosten | 4,50 € (NR 1) |
| | | | Vorsteuer | 11,63 € (NR 2) |

NR 1: $30,00 \, € \cdot 15/100 = 4,50 \, €$
NR 2: $72,83 \, € \cdot 19/119 = 11,63 \, €$

2. Gutschrift ohne Berücksichtigung der Bezugskosten

**TIPP** Wenn man davon ausgehen würde, dass aufgrund dessen, dass die Bezugskosten außen vor bleiben (und nichts Anderweitiges in der Aufgabenstellung steht), ist folgende Rechnung nötig:

| | |
|---|---|
| ursprüngliche Verbindlichkeiten | 535,50 € |
| $\Rightarrow$ *hierin sind die Bezugskosten + anteilige Vorsteuer enthalten* | |
| − Bezugskosten + anteilige Vorsteuer | 35,70 € |
| = ursprüngliche Vbl ohne Bezugskosten | 499,80 € |
| − Reduktion Vbl durch Rücksendung | 49,98 € |
| = restliche Verbindlichkeiten | 449,82 € |

Berechnung der Gutschrift in Höhe von 15 %
⇒ 449,82 € · 15 / 100 = 67,47 €

Hieraus entsteht folgender Buchungssatz:

| Verbindlich-keiten a. LL | 67,47 € | an | Nachlässe für Rohstoffe | 56,70 € (NR 3) |
|---|---|---|---|---|
| | | | Vorsteuer | 10,77 € (NR 4) |

NR 3: 67,47 € · 100 / 119 = 56,70 €
NR 4: 67,47 € × 19 / 119 = 10,77 €

**3.3**

**TIPP** In der Aufgabenstellung 3.3 sollen Sie die Geschäftsfälle in die T-Konten eintragen. Hierfür ist es i. d. R. sinnvoll, zuerst die entsprechenden Buchungssätze zu erstellen. Achten Sie auf brutto und Sofortrabatt. Wenn nichts anderes angegeben ist, handelt es sich um einen Kauf auf Ziel.

1. Buchungssatz:

| Rohstoffe | 380,00 € | | | |
|---|---|---|---|---|
| Vorsteuer | 72,20 € | an | Verbindlich-keiten a. LL | 452,20 € |

2. Buchungssatz:

**TIPP** Bezahlen der Rechnung. Auch hier gilt: Wenn nichts anderes angegeben ist, wird eine Rechnung durch Banküberweisung getätigt.

| Verbindlich-keiten a. LL | 452,20 € | an | Bank | 452,20 € |
|---|---|---|---|---|

**TIPP** Bei dieser Aufgabenstellung sollte abgeprüft werden, ob Sie in der Lage sind, Geschäftsfälle ordnungsgemäß in T-Konten einzutragen. Lassen Sie sich nicht davon verunsichern, wenn in der Aufgabenstellung weder ein Hinweis auf die Anfangsbestände steht noch das Abschließen der Konten erwähnt wird. Dies war hier nicht gefragt.

| S | Rohstoffe | | H |
|---|---|---|---|
| Verbindlichkeiten (Fall 1) | 380,00 € | | |

| S | Vorsteuer | | H |
|---|---|---|---|
| Verbindlichkeiten (Fall 1) | 72,20 € | | |

| S | Bank | | H |
|---|---|---|---|
| | | Verbindlichkeiten (Fall 2) | 452,20 € |

| S | Verbindlichkeiten a. L L | | H |
|---|---|---|---|
| Bank (Fall 2) | 452,20 € | Rohstoffe / Vorsteuer (Fall 1) | 452,20 € |

### 4.1.1

**TIPP** In dieser Aufgabenstellung geht es um die Fragestellung, ob die Eigenfertigung oder der Fremdbezug präferiert werden sollte. Hierzu ist eine Rechnung nötig. Als Hilfsmittel wird eine auszufüllende Tabelle mitgeliefert. Achten Sie jedoch darauf, dass die Gewichtsangaben unterschiedliche Einheiten betreffen.

| | | Eigenfertigung | | | Fremdbezug |
|---|---|---|---|---|---|
| Menge in Tonnen | Menge in kg | fixe Kosten in € | variable Kosten in € | Gesamtkosten in € | Gesamtkosten in € |
| 0,5 | 500 | 4 200,00 | 2 100,00 | 6 300,00 | 3 150,00 |
| 1,5 | 1 500 | 4 200,00 | 6 300,00 | 10 500,00 | 9 450,00 |
| 2,5 | 2 500 | 4 200,00 | 10 500,00 | 14 700,00 | 15 750,00 |
| 3,0 | 3 000 | 4 200,00 | 12 600,00 | 16 800,00 | 18 900,00 |

**TIPP** Der zweite Aufgabenteil besteht aus dem Erstellen einer dazugehörigen Grafik. Achten Sie dabei darauf, dass Sie die Grafik entsprechend beschriften. Es muss für einen unbeteiligten Dritten klar sein, welche Bedeutung Ihrem Diagramm zukommt.
Für Ihr Diagramm brauchen Sie die Werte und Überschriften der Spalten: Menge in Tonnen, Eigenfertigung – Gesamtkosten in € sowie Fremdbezug – Gesamtkosten in €. Sie werden sehen, dass beim Eintragen der Werte ein Schnittpunkt zwischen der Eigen- und der Fremdfertigung existiert. Dieser liegt zwischen 1,5 und 2,5 Tonnen.

**make or buy**

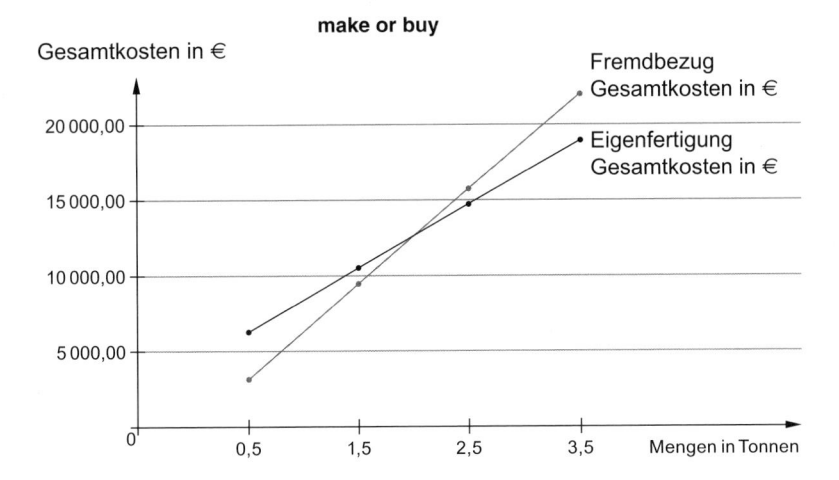

Gesamtkosten in €

*Diagramm: Fremdbezug Gesamtkosten in € und Eigenfertigung Gesamtkosten in €, aufgetragen über Mengen in Tonnen (0,5 bis 3,5); y-Achse 5 000,00 bis 20 000,00 €.*

### 4.1.2

> **TIPP** Durch das Berechnen in der Tabelle und die anschauliche Darstellung im Diagramm kann man zwar in etwa sagen, wo der Schnittpunkt zwischen Eigenfertigung und Fremdbezug liegt, aber nicht, wo genau. Hierfür ist die Berechnung der kritischen Menge nötig. Die kritische Menge gibt an, an welchem Punkt (bei welcher Menge) es egal ist, ob man Fremdbezug oder Eigenfertigung wählt, da hier der Preis des Produktes gleich hoch ist.
> Um den Punkt bestimmen zu können, müssen die Eigenfertigung und der Fremdbezug einander gegenübergestellt werden.

Kosten der Eigenfertigung:    fixe Kosten + variable Kosten je Stück · Stück
$$= 4\,200{,}00 + 4{,}20\,x$$

Kosten des Fremdbezugs:    Bezugspreis · Stück
$$= 6{,}30\,x$$

> **TIPP** Zum Gleichstellen werden diese beiden Gleichungen durch ein Gleichheitszeichen verbunden und nach x aufgelöst:

$$4\,200{,}00\,€ + 4{,}20\,€ \cdot x = 6{,}30\,€ \cdot x \quad | -4{,}20\,€ \cdot x$$
$$4\,200{,}00\,€ = 2{,}10\,€ \cdot x \quad | :2{,}10\,€$$
$$\underline{\underline{x = 2\,000\text{ kg}}}$$

> **TIPP** Der zweite Teil der Aufgabenstellung betrifft das Interpretieren des Ergebnisses. Was bedeutet das Ergebnis von 2 000 Stück?

Bei einer Verbrauchsmenge von größer als 2 000 kg ist die Eigenfertigung günstiger. Bei einer Verbrauchsmenge von kleiner als 2 000 kg ist der Fremdbezug günstiger. Bei einer Verbrauchsmenge von 2 000 kg sind die Kosten der Eigenfertigung und des Fremdbezugs gleich hoch.

**4.1.3**

> **TIPP** Überlegen Sie bei einer solchen Aufgabe immer zuerst, was die einzelnen Begriffe bedeuten.

**Geringe Kapitalbindung:**
Man hat nur wenig Geld in z. B. Maschinen investiert.
Vorteil – Fremdbezug

**Höhere Flexibilität bei Nachfrageänderungen:**
Wenn die Nachfrage plötzlich einbricht, bleiben bei der Eigenfertigung die Kosten erhalten.
Vorteil – Fremdbezug

**Wegfall von Beschaffungszeiten:**
Zeit, die man mit einkalkulieren muss, bis die Produkte vom Produzenten geliefert werden.
Vorteil – Eigenfertigung

**Hoher Einfluss auf die Qualitätssicherung:**
Wenn man das Produkt selbst herstellt, kann man im Zweifel direkt während der Fertigung eingreifen oder sie anpassen.
Vorteil – Eigenfertigung

**4.1.4** Das Unternehmen benötigt derzeit jährlich 2 000 kg. Das bedeutet, dass es zu diesem Zeitpunkt eigentlich egal wäre, ob es Eigenfertigung betreibt oder das benötigte Granulat fremd bezieht.
Der Fremdbezug hätte jedoch den Vorteil, dass flexibler agiert werden könnte und man weniger Kapital in die Maschinen investieren müsste. Perspektivisch ist allerdings geplant, dass das Unternehmen einen Bedarf von 3 500 kg hat. In diesem Fall wäre es sinnvoll, direkt mit der Eigenfertigung loszulegen, zumal es um ein selbst entwickeltes Produkt geht, welches besonders geschützt werden sollte.

### 4.2.1

> **TIPP** Sie können vier unterschiedliche Fertigungstypen unterscheiden. Der Unterschied liegt in der Herstellungsmenge. Wenn Sie nur ein Teil, das speziell auf den Kunden zugeschnitten ist, fertigen (Unikat), dann handelt es sich um eine Einzelfertigung. Bei der Serienfertigung wird das gleiche Produkt in einer begrenzten Anzahl hergestellt. Davon unterschieden wird die Sortenfertigung. Hierbei wird das gleiche Produkt aber z. B. in unterschiedlichen Farben hergestellt. Wenn ein Produkt in einer sehr großen Stückzahl hergestellt wird, spricht man von der Massenfertigung.
> In der Aufgabe 4.2.1 sind verschiedene Beispiele genannt. Diese sollen den verschiedenen Fertigungstypen zugeordnet werden.

- Ein Zulieferer stellt für alle Becher eine neutrale Kartonverpackung her.
  Massenfertigung
- Die UrMetall GmbH stellt für die DuraPak e.K. eine Spezialmaschine zur Weiterverarbeitung des Baumharzgranulats her.
  Einzelfertigung
- Geschäftskunden der DuraPak e.K. können online die Farbe und Gestaltung ihrer Becher selbst bestimmen, wenn sie mindestens 2 000 Stück kaufen.
  Sortenfertigung
- Die DuraPak e.K. stellt neben den Getränkebechern auch Suppenschüsseln für Restaurants und Lieferdienste her.
  Serienfertigung

### 4.2.2

> **TIPP** Bei dieser Aufgabenstellung geht es um das Wissen um verschiedene Vor- und Nachteile, die die Fertigungstypen (hier: Einzelfertigung und Massenfertigung) mit sich bringen. Stellen Sie einen Vergleich zwischen den beiden Fertigungstypen, ausgehend von der Massenfertigung, her.

Die Massenfertigung ist darauf ausgelegt, große Mengen eines Produktes herzustellen. Hierauf sind die kompletten Planungen und Organisationsstrukturen ausgelegt. Dies bietet, im Vergleich zur Einzelfertigung, einen enormen Kostenvorteil durch ein hohes Maß an möglicher Automation, die wiederum schnelleres Arbeiten ermöglicht und den Einsatz von weniger geschultem Personal begünstigt. Leider ist es jedoch nicht möglich, spezielle Kundenwünsche im Produktionsprozess zu berücksichtigen. Entsprechend schwierig gestaltet sich das gezielte Ansprechen der Kunden.

### 5.1.1

> **TIPP** „Nennen" bedeutet für Sie im Prüfungsablauf eine reine Wissensabfrage. Im Rahmen dieser Aufgabenstellung geht es um die Aufgaben, die die Europäische Zentralbank zu bewältigen hat. Die wichtigste Aufgabe ist allerdings bereits genannt – somit müssen Ihnen vier weitere Aufgaben einfallen. In der Prüfung genügt die reine Nennung der Aufgaben – eine Erklärung ist nicht nötig.

- Die gemeinsame Geldpolitik festlegen und ausführen
- Tätigen von Devisengeschäften
- Verwalten und Halten der offiziellen Währungsreserven der Mitgliedsstaaten
- Ausgabe des Euro-Papiergeldes
- Aufsicht über Kreditinstitute
- Förderung des Funktionierens des reibungslosen Zahlungsverkehrs

### 5.1.2

> **TIPP** Im Gegensatz zur Lösung der Aufgabe 5.1.1 müssen Sie hier auf vollständige, zusammenhängende Sätze achten. Stellen Sie sich vor, Sie müssten den Begriff bzw. die Bedeutung des Begriffs „Leitzins" einer Person verständlich machen, die noch nie davon gehört hat.

Die Festlegung des Leitzinses gehört zu den Aufgaben der Europäischen Zentralbank. Der Leitzins ist der Zins, zu dem sich Kreditinstitute (Banken) bei der EZB Geld leihen können. Sinkt der Leitzins, werden auch die Kredite der Kunden günstiger, da die Banken diesen Vorteil weitergeben können. Nachteilig ist jedoch, dass die Zinsen, die Kunden für Geldanlagen bei den Banken erhalten, auch weniger werden – es lohnt sich für Kunden also auch aufgrund der Inflationsrate mehr, das Geld auszugeben (Mittel, um Konjunktur anzukurbeln). Den gegenteiligen Effekt gibt es, wenn der Leitzins steigt (Kredite werden teurer, Sparen lohnt sich mehr). Somit beeinflusst die EZB indirekt die Stabilität der Preise.

### 5.1.3

> **TIPP** Während es bei der 5.1.2 vorwiegend um das Erklären des eigentlichen Leitzinsbegriffs ging, soll hier speziell dargelegt werden, wie sich eine Senkung des Leitzinses auf die DuraPak e.K. auswirken würde. Es soll eine Wirkungskette skizziert werden. Achten Sie auch darauf, die Situation entsprechend herzuleiten:

Bei der DuraPak e.K. handelt es sich noch um ein sehr junges Unternehmen, in dem vermutlich noch Investitionen (entsprechend neue Kredite) nötig sind.
- Die Geschäftsbanken können sich günstiger Geld leihen (refinanzieren).
- Hierdurch senken sie die Zinsen auf Kredite und Geldanlagen.
- Dadurch werden mehr Unternehmen einen Kredit aufnehmen (die nachfragewirksame Geldmenge steigt).
- Dadurch, dass mehr Geld im Umlauf ist, steigt die Nachfrage.
- Wenn mehr nachgefragt wird, muss mehr produziert werden (Produktion wird ausgeweitet).
- Hierdurch werden mehr Mitarbeiter benötigt (die Beschäftigung steigt).

**5.2**

> **TIPP** Das magische Sechseck ist die Erweiterung des magischen Vierecks, welches aus den Zielen des Gesetzes zur Förderung der Stabilität und des Wachstums der Wirtschaft (Stabilitätsgesetz) entstanden ist.
> Die Ziele, die im magischen Viereck vorkommen, sind:
> - Hoher Beschäftigungsstand
> - Stabilität des Preisniveaus
> - Stetiges und angemessenes Wirtschaftswachstum
> - Außenwirtschaftliches Gleichgewicht
>
> Ergänzt wurde das magische Viereck um zwei weitere Ziele zum magischen Sechseck:
> - Schutz der natürlichen Umwelt
> - Gerechte Einkommens- und Vermögensverteilung
>
> Die Aufgabenstellung umfasst hier zwei Bereiche. Zum einen sollen die Beispiele a)–c) einem der fünf verbliebenen Ziele (außer Umweltschutz) zugewiesen werden – zum anderen sollen Sie die Zielbeziehung (Zielharmonie, Zielkonflikt, Zielneutralität) zwischen Ihrer Zuordnung und dem Ziel Umweltschutz beurteilen.

a) Der Mindestlohn steigt zum 1. Januar 2020 auf 9,35 €.

Ziel: Gerechte Einkommens- und Vermögensverteilung

Beurteilung: Es handelt sich um Zielneutralität oder einen Zielkonflikt. Wenn die Mitarbeiter mehr Geld zur Verfügung haben, werden sie in einer verbrauchsorientierten Gesellschaft mehr Geld ausgeben, was sich negativ auf den Umweltschutz auswirken kann.

b) Fahrzeuge, die mindestens teilelektrisch betrieben werden, erhalten staatliche Zuschüsse.

Ziel: Stetiges und angemessenes Wirtschaftswachstum

Beurteilung: Es handelt sich um eine Zielharmonie. Durch die genannte Maßnahme wird es für potenzielle Kunden attraktiver, sich beim Neuwagenkauf für ein Elektroauto oder Hybrid-Modell zu entscheiden, wodurch der Ausstoß von $CO_2$ reduziert wird. Wie hoch die Wirkung sein wird, ist jedoch fraglich, da die Preise für ein solches Fahrzeug noch deutlich über denen der Verbrennungsmotoren liegen.

c) Die Bundeskanzlerin besucht den US-Präsidenten, um auf eine Entspannung im Handelsstreit hinzuwirken.

Ziel: Außenwirtschaftliches Gleichgewicht

Beurteilung: Es handelt sich um Zielneutralität oder einen Zielkonflikt. Zusätzlicher Außenhandel geht auf Kosten der Umwelt, da die Produkte z. B. mit dem Flugzeug zum Zielort transportiert werden müssen.

**Hessen Wirtschaft und Verwaltung**
**Abschlussprüfung Fachoberschule 2019**
Vorschlag B

**Aufgabenstellung**

1  Die Power to Car KG aus Südhessen stellt Lademöglichkeiten für Elektroautos her. Sie hat drei Grundtypen im Angebot: Es gibt freistehende Ladesäulen oder an einer Wand montierte Ladestationen (Wandladestation) und die neu entwickelten Bodenmatten, bei der das Fahrzeug ohne Kabel und Stecker (induktive Ladetechnik) geladen wird, wenn das Auto darauf steht. Ihre Kundinnen und Kunden sind neben Privathaushalten auch Unternehmen (z. B. Parkhäuser) sowie Städte und Gemeinden.

1.1  Immer mehr Autohersteller bieten Elektroautos an und die Zahl der Neuzulassungen ist in den letzten Jahren deutlich gestiegen. Die Power to Car KG will diesen Trend nicht verpassen und ihre Absatzzahlen stark steigern. Dazu hat das Unternehmen auch innovative Bodenmatten entwickelt, mit denen die Autos kontaktlos geladen werden können.

1.1.1  Die Power to Car KG verfolgt sehr ehrgeizige Ziele, um die Wachstumsstrategien (nach Ansoff) umzusetzen.
Geben Sie die Matrix der Wachstumsstrategien nach Ansoff wieder, an der sich das Unternehmen orientiert, und erläutern Sie den Sinn einer Marketingstrategie im Allgemeinen. (6 BE)

1.1.2  Bestimmen Sie mithilfe der genannten Informationen zwei Wachstumsstrategien (nach Ansoff), die die Power to Car KG umsetzen könnte. (2 BE)

1.1.3  Nennen Sie drei Maßnahmen des Marketing-Mix, die zu einer Ihrer in Aufgabe 1.1.2 gewählten Wachstumsstrategien passen. (3 BE)

1.2  Die Power to Car KG verkauft die gleichen Produkte zu unterschiedlichen Preisen an verschiedene Kundengruppen.

1.2.1  Beschreiben Sie zwei mögliche Formen der Preisdifferenzierung, die die Power to Car KG umgesetzt haben könnte, und begründen Sie anhand von zwei Argumenten diese Vorgehensweise. (6 BE)

1.2.2  Für die Wandladestation „Homefix" wurde in der Vertriebsabteilung eine Preiselastizität von 0,6 ermittelt. Um die Absatzmenge zu erhöhen, wurde der Preis von 1 100 € auf 850 € gesenkt. Berechnen Sie die Mengenänderung gegenüber der bisherigen Absatzmenge von 300 Stück. (5 BE)

**1.2.3** Erklären Sie die Preiselastizität (der Nachfrage) und begründen Sie die Bedeutung dieser Kennzahl für die Power to Car KG. (3 BE)

**2** Die Power to Car KG produziert drei verschiedene Wandladestationen für private Endverbraucherinnen und Endverbraucher.

**2.1** In Material 1 liegen Informationen zu Preisen und Produktionsmengen der Wandladestationen vor. Da eine Maschine defekt ist und diese längerfristig ausfällt, muss die Produktionsabteilung neue Planungsberechnungen durchführen.

**2.1.1** Berechnen Sie das optimale Produktionsprogramm und den Erfolg des Unternehmens, wenn zurzeit die maximale Maschinenkapazität 200 Stunden pro Monat und die monatlichen Fixkosten 85 000 € betragen. (9 BE)

**2.1.2** Erörtern Sie folgende These „*Das optimale Produktionsprogramm ist die beste Entscheidung, die die Power to Car KG in dieser Situation treffen kann.*" (3 BE)

**2.2** Die Power to Car KG muss bei der Berechnung des optimalen Produktionsprogramms fixe und variable Kosten berücksichtigen.
Beschreiben Sie den Unterschied zwischen diesen Kostenarten und nennen Sie jeweils zwei passende Kostenbeispiele, die bei der Produktion der Wandladestationen anfallen können. (6 BE)

**2.3** Die Produktionsmenge der Standardladestecker, die als Zubehör zu den Ladestationen verkauft werden, ist von bisher 4 000 Stück auf 5 500 Stück pro Jahr gesteigert worden. Gleichzeitig haben sich die Gesamtkosten um 15 % erhöht. Die bisherigen Gesamtkosten betrugen 90 000 €. Berechnen Sie die fixen Kosten. (3 BE)

**2.4** Erläutern Sie Einzelkosten und nennen Sie zwei Beispiele, die der Produktgruppe Wandladestation zugeordnet werden können. (4 BE)

**3** Die Power to Car KG hat einen neuen Schweißautomaten für die Produktion angeschafft.

**3.1** Am 3. April erhält die Power to Car KG die Rechnung über den neuen Schweißautomaten. Der Nettopreis beträgt 180 000 €. Zusätzlich muss das Unternehmen noch die Transportversicherung über 250 € (netto), die Versandkosten von 450 € (netto) und die Montagekosten von 1 500 € (netto) bezahlen. Die Rechnung wird von der Power to Car KG am 17. April unter Abzug von 2 % Skonto überwiesen.

**3.1.1** Ermitteln Sie die aktivierungspflichtigen Anschaffungskosten des Schweißautomaten. (2 BE)

**3.1.2** Buchen Sie sowohl den Rechnungseingang am 3. April als auch die Bezahlung des Schweißautomaten am 17. April mit der Bezeichnung der verwendeten Konten und den entsprechenden Euro-Beträgen. (4 BE)

**3.2** Der Schweißautomat darf gemäß AFA-Tabelle linear über sieben Jahre abgeschrieben werden.

**3.2.1** Berechnen Sie die zeitanteilige Abschreibung im Anschaffungsjahr und die folgenden jährlichen Abschreibungsbeträge. (3 BE)

**3.2.2** Buchen Sie die Abschreibung für das erste Abschreibungsjahr mit den entsprechenden Kontenbezeichnungen und den Euro-Beträgen und bewerten Sie die Wirkung dieser Buchung für die Power to Car KG. (4 BE)

**4** Die Power to Car KG wurde von dem Komplementär Herrn Sommer und der Kommanditistin Frau Damian gegründet.

**4.1** Beschreiben Sie drei Vorteile, die die Gesellschafter bewogen haben könnten, eine KG zu gründen. (6 BE)

**4.2** Die Kommanditistin Frau Damian besucht im Auftrag des Unternehmens eine Messe. An einem Messestand wird ihr ein besonders günstiges Angebot zum Einkauf von Ladesteckdosen gemacht. Sie überlegt nicht lange und bestellt diese Bauteile im Wert von 20 000 €.
Beurteilen Sie, ob die Power to Car KG an dieses Rechtsgeschäft gebunden ist, und nennen Sie drei Rechte, die der Kommanditistin, Frau Damian, grundsätzlich gesetzlich zustehen. (5 BE)

**4.3** Herr Sommer ist als Komplementär mit 500 000 € und Frau Damian mit 200 000 € an der KG beteiligt. Im letzten Jahr hat das Unternehmen einen Gewinn von 154 000 € erwirtschaftet. Berechnen Sie die gesetzliche Gewinnverteilung, wenn im Gesellschaftervertrag als angemessenes Verhältnis eine Aufteilung von 3 : 1 zwischen Komplementär und Kommanditistin geregelt ist. (3 BE)

**4.4** Die Power to Car KG braucht dringend Geld, um einen Lieferanten zu bezahlen. Das Geschäftskonto ist bereits überzogen und einen neuen Kredit möchte man nicht aufnehmen. In Rücksprache mit der Buchhaltung wird deshalb die Möglichkeit erwogen, eine Kundenforderung, die erst in 30 Tagen fällig wird, als Finanzierung zu nutzen.
Beschreiben Sie die Form der Finanzierung, die die Buchhaltung vorschlägt, und erläutern Sie zwei Vorteile dieser Finanzierung für die Power to Car KG. (4 BE)

**5** Der Komplementär Herr Sommer hat in der Vergangenheit beobachtet, dass der Umsatz des Unternehmens von der aktuellen wirtschaftlichen Lage abhängt.

**5.1** Erklären Sie den Begriff „Konjunktur" und zeigen Sie einen möglichen Zusammenhang, der die Beobachtung von Herrn Sommer stützen könnte. (4 BE)

**5.2** Beschreiben Sie zwei Konjunkturindikatoren, die der Power to Car KG helfen, frühzeitig einzuschätzen, wie sich ihr Umsatz entwickeln könnte. (4 BE)

**5.3** Begründen Sie anhand von drei der Säulendiagramme in Material 2, in welcher Konjunkturphase sich Deutschland in den Jahren 2017 bis 2019 nach der Einschätzung des Sachverständigenrates befindet. (3 BE)

**5.4** In Deutschland wird der Kauf von elektrisch betriebenen Fahrzeugen (z. B. Elektroautos) und deren Ladestationen durch Kaufprämien bzw. staatliche Zuschüsse gefördert.

Beschreiben Sie die nachfrageorientierte Fiskalpolitik und beurteilen Sie, ob diese Fördermaßnahme ein Beispiel für eine nachfrageorientierte Fiskalpolitik ist. (4 BE)

**5.5** Stellen Sie zwei Grenzen der nachfrageorientierten Fiskalpolitik dar. (4 BE)

## Material 1 — Informationen zur Berechnung des optimalen Produktionsprogramms

| Wandladestation | Loadfast | Homefix | Garagepower |
|---|---|---|---|
| Maximal mögliche Absatzmenge (Stück pro Monat) | 250 | 300 | 100 |
| Preis (€ pro Stück) | 1 200 | 1 100 | 1 500 |
| Variable Stückkosten (€ pro Stück) | 720 | 880 | 1 050 |
| Maschinenproduktionszeit (Minuten pro Stück) | 40 | 20 | 30 |

## Material 2

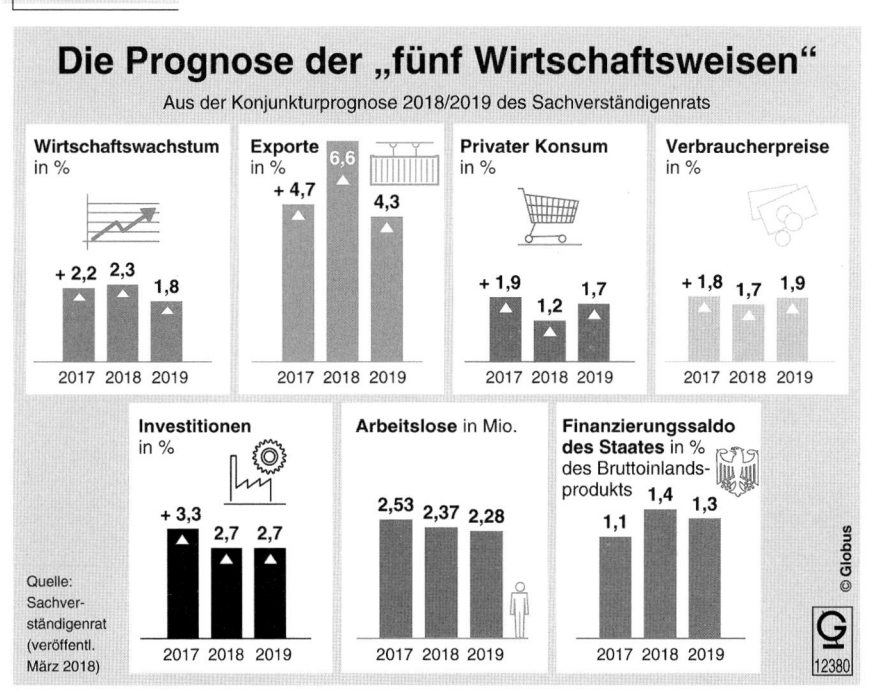

### Die Prognose der „fünf Wirtschaftsweisen"

Aus der Konjunkturprognose 2018/2019 des Sachverständigenrats

**Wirtschaftswachstum in %**
- 2017: +2,2
- 2018: 2,3
- 2019: 1,8

**Exporte in %**
- 2017: +4,7
- 2018: 6,6
- 2019: 4,3

**Privater Konsum in %**
- 2017: +1,9
- 2018: 1,2
- 2019: 1,7

**Verbraucherpreise in %**
- 2017: +1,8
- 2018: 1,7
- 2019: 1,9

**Investitionen in %**
- 2017: +3,3
- 2018: 2,7
- 2019: 2,7

**Arbeitslose in Mio.**
- 2017: 2,53
- 2018: 2,37
- 2019: 2,28

**Finanzierungssaldo des Staates in % des Bruttoinlandsprodukts**
- 2017: 1,1
- 2018: 1,4
- 2019: 1,3

Quelle: Sachverständigenrat (veröffentl. März 2018)

© Globus 12380

*picture-alliance/ dpa-infografik*

# Lösungsvorschlag

**1.1.1** Die vier Kernstrategien in der Produkt-Markt-Matrix nach Ansoff sind Marktdurchdringung, Produktentwicklung/Produktmodifikation, Marktentwicklung sowie die Diversifikation/Innovation. Eine Marktdurchdringungsstrategie sollte in vorhandenen Märkten mit vorhandenen Produkten erfolgen. Die Produktentwicklungsstrategie sollte in vorhandenen Märkten mit neu entwickelten bzw. modifizierten Produkten erfolgen. Bei der Marktentwicklungsstrategie wird versucht, mit vorhandenen Produkten neue Märkte zu erschließen. Bei der Diversifikationsstrategie werden mithilfe von neuen Produkten neue Märkte geschaffen.

Mit der Marketingstrategie werden langfristige Unternehmensziele festgelegt. Die Überlegungen hinsichtlich der Marketingstrategie stellen einen wichtigen Aspekt bei der Erreichung des Unternehmenserfolges dar. Somit ist es für die Power to Car KG von essenzieller Bedeutung, einen eigenen Marketingleitfaden zu besitzen und nach ihm zu wirtschaften.

**1.1.2** Die Power to Car KG versucht ihre Produkte auf einem vorhandenen Markt erfolgreicher zu verkaufen. Aus diesem Grund richtet sich das Unternehmen auf eine Marktdurchdringungsstrategie aus.

Zusätzlich gilt es zu beachten, das mit dem Produkt der Bodenmatten ein neuartiges Produkt vorliegt. Hier handelt es sich also um eine Produktentwicklung. Die Kunden müssen für das Aufladen des Autos lediglich auf die Bodenmatten fahren, sodass ein höherer Nutzen entsteht. Hier könnten neue Käufergruppen angesprochen werden.

**1.1.3** Im Falle der Marktdurchdringung passen folgende mögliche Aspekte zum Unternehmen:
- Die Power to Car KG könnte mehr Werbung schalten. Somit könnte der Bekanntheitsgrad erhöht werden.
- Zudem wären auch Preisanpassungen denkbar. So könnte der Preis gesenkt werden, um weitere Käufergruppen anzusprechen.
- Hinsichtlich des Preises könnte das Unternehmen auch über Einführungsrabatte für das neuartige Produkt der Bodenmatte nachdenken.
- Zudem könnten sich Verkäuferschulungen positiv auf den Absatz des Unternehmens auswirken.
- Letztlich könnten auch neue, zusätzliche Distributionskanäle in Betracht gezogen werden.

**TIPP** Die Nennung von drei der oben genannten Maßnahmen reicht aus.

## 1.2.1

> **TIPP** Im Folgenden werden mehrere Formen der Preisdifferenzierung beschrieben. Zwei davon reichen für die volle Punktzahl aus.

Eine mögliche Form der Preisdifferenzierung könnte darin bestehen, dass die Power to Car KG **personelle Preisdifferenzierungen** vornehmen könnte. Abhängig vom Kundentyp könnten so unterschiedliche Preise aufgerufen werden. Beispielsweise könnten Unterschiede im Preis von Endverbraucher zu Endverbraucher oder auch unterschiedliche Preise für öffentliche Institutionen oder private Unternehmen veranschlagt werden.

Weiterhin könnten unterschiedliche Preise je nach der nachgefragten/abgenommenen Menge verlangt werden. Eine solche **sachliche Preisdifferenzierung** bietet sich beispielsweise dann an, wenn öffentliche Institutionen mehr Ladestationen nachfragen als einzelne Unternehmen.

Eine **räumliche Preisdifferenzierung** kann ebenfalls vollzogen werden. So könnten unterschiedliche Preise im In- und Ausland verlangt werden.

Möglich ist im vorliegenden Fall auch eine **verdeckte Preisdifferenzierung**. Aufgrund von unterschiedlichen Aufmachungen und Abweichungen in der Gestaltung der Ladestationen können unterschiedliche Preise festgesetzt werden. Die Ladestationen weichen dann lediglich in der optischen Gestaltung voneinander ab.

Eine Preisdifferenzierung hat letztlich das Ziel, dass unterschiedliche Kunden auch bereit sind, unterschiedliche Preise zu bezahlen, und mit der Anpassung der Preise werden wohlmöglich mehr Kunden erreicht, was wiederum zu einer Umsatzsteigerung führen könnte. Die unterschiedliche Kaufkraft wird somit bestmöglich ausgenutzt. Diese Form der Preisfestlegung passt entsprechend gut zur Wachstumsstrategie.

Durch eine Preisdifferenzierung kann auch eine gewisse Kundenbindung stattfinden. Treue Kundinnen und Kunden können z. B. belohnt werden. Auch sogenannte Preisköder erreichen ihr Ziel, neue Kunden zu gewinnen, relativ einfach. Ein auf den Preis ausgerichtetes Zielgruppenmarketing ist durch eine Preisdifferenzierung einfacher umzusetzen.

## 1.2.2 Preiselastizität (PE)

$$\text{PE} = \frac{\text{relative Mengenänderung in \%}}{\text{relative Preisänderung in \%}} \cdot (-1)$$

$$= \frac{\frac{\text{neue Menge} - \text{alte Menge}}{\text{alte Menge}}}{\frac{\text{neuer Preis} - \text{alter Preis}}{\text{alter Preis}}} \cdot (-1)$$

$$\text{relative Mengenänderung} = \left(\frac{\text{neuer Preis} - \text{alter Preis}}{\text{alter Preis}}\right) \cdot \text{PE} \cdot (-1)$$

$$= \left(\frac{850\ \text{€} - 1\,100\ \text{€}}{1\,100\ \text{€}}\right) \cdot 0{,}6 \cdot (-1)$$

$$= -0{,}227 \cdot 0{,}6 \cdot (-1) = -0{,}136 \cdot (-1)$$

$$= 0{,}136 = 13{,}6\ \%$$

neue Absatzmenge $= 300\ \text{Stück} \cdot 1{,}136$
$= 340{,}8\ \text{Stück entspricht 341 Stück;}$
Veränderung: $+41\ \text{Stück}$

**1.2.3** Mithilfe der Preiselastizität der Nachfrage kann man berechnen, wie stark bzw. schwach sich die Nachfrage verändert, wenn eine Veränderung am Preis stattfindet. Sofern das Ergebnis größer als 1 ist, reagieren Nachfragerinnen und Nachfrager sehr sensibel auf Preisänderungen. Die Nachfragemengenänderung ist stärker als die prozentuale Veränderung des Preises. Man spricht in diesem Zusammenhang auch von einer **elastischen Nachfrage**. Ein typisches Beispiel sind Güter, die nicht für das tägliche Leben benötigt werden. Ist die Preiselastizität kleiner als 1, dann reagiert die Nachfrage schwächer auf die Preisveränderung. In diesem Zusammenhang spricht man von einer **unelastischen Nachfrage**. In solchen Fällen sind eher Güter des täglichen Bedarfs betroffen.

Wenn die Power to Car KG Preisänderungen vornehmen möchte, was im Rahmen ihrer Wachstumsziele sinnvoll ist, muss sie auch beurteilen können, ob sich der Umsatz tatsächlich erhöht, wenn Preissenkungen vorgenommen werden. Die Kenntnis über die Preiselastizität ist damit enorm wichtig, um Fehlentscheidungen zu vermeiden und ihre Ziele nicht zu gefährden.

**2.1.1**

> **TIPP** In dieser Aufgabenstellung geht es um die Berechnung des optimalen Produktionsprogramms und den damit verbundenen Erfolg, den das Unternehmen erzielen kann. In diesem Zusammenhang wird bei solchen Aufgaben auch immer der Engpass in Form von der möglichen Maschinenstundenzeit mit angegeben. Achten Sie hierbei darauf, dass die mögliche Maschinenlaufzeit und die Produktionszeit je Stück in der gleichen Einheit angegeben sind.
>
> Maximale Maschinenkapazität: 200 Stunden pro Monat
> dies entspricht: 200 Stunden · 60 = 12 000 Minuten
>
> Um eine sinnvolle Produktionsreihenfolge festlegen zu können, werden die Höhen der relativen Deckungsbeiträge miteinander verglichen. Der Unterschied zwischen dem Stückdeckungsbeitrag und dem relativen Deckungsbeitrag ist der zeitliche Faktor. Während beim Stückdeckungsbeitrag die Produktionszeit je Stück keine Rolle spielt, wird dieser Faktor beim relativen db miteinkalkuliert.

Somit ist ein direkter Vergleich zwischen den Produkten bei einer identischen Zeiteinheit möglich (z. B. db je Minute). Hieraus ergibt sich die Formel:

$$\text{relativer Deckungsbeitrag} = \frac{\text{Stückdeckungsbeitrag}}{\text{Produktionszeit je Stück}}$$

**Abkürzungen:**
p = Preis pro Stück
$k_{var}$ = variable Stückkosten
db = Stückdeckungsbeitrag
rel. db = relativer Deckungsbeitrag

| Wandladestation | Loadfast | Homefix | Garagepower |
|---|---|---|---|
| Mögl. Absatzmenge | 250 | 300 | 100 |
| Preis (€ pro Stück) | 1 200,00 € | 1 100,00 € | 1 500,00 € |
| Produktionszeit/Stück | 40 Minuten | 20 Minuten | 30 Minuten |
| Var. Stückkosten (€) | 720,00 € | 880,00 € | 1 050,00 € |
| db (p-$k_{var}$) | 480,00 € | 220,00 € | 450,00 € |
| Relativer Deckungsbeitrag | 12 € pro Minute $\left(\frac{480}{40}\right)$ | 11 € pro Minute $\left(\frac{220}{20}\right)$ | 15 € pro Minute $\left(\frac{450}{30}\right)$ |

| Wandladestation | Loadfast | Homefix | Garagepower |
|---|---|---|---|
| Produktionsreihenfolge | II | III | I |
| Produktionsmenge | 225 | 0 | 100 |
| Verwendete Zeit | 9 000 Minuten | 0 | 3 000 Minuten |
| Verwendete kum. Zeit | 12 000 Minuten | 0 | 3 000 Minuten |

**TIPP** Nachdem die Produktionsreihenfolge festgelegt wurde, müssen Sie berechnen, für wie viele der Produkte die Maschinenkapazität ausreichend vorhanden ist. Im ersten Schritt wird das Produkt produziert, welches in der Produktionsreihenfolge an erster Stelle steht (hier: *Garagepower*). Die mögliche Absatzmenge wird mit der Produktionszeit je Stück multipliziert, um herauszubekommen, wie viele Minuten der vorhandenen Maschinenlaufzeit hierdurch bereits belegt sind (hier: 100 Stück · 30 Minuten = 3 000 Minuten). In der letzten Zeile (verwendete kumulierte Zeit) werden die verwendeten Zeiten aufaddiert.

Als Zweites wird das Produkt *Loadfast* produziert. Wenn Sie hier nach dem gleichen Schema vorgehen, werden Sie feststellen, dass Sie aufgrund des kumulierten Wertes die vorhandene Maschinenlaufzeit überschreiten. Entsprechend können hier weniger Produkte produziert werden. Es bleibt eine Restlaufzeit der Maschine von 9 000 Minuten. Wenn Sie diese 9 000 Minuten durch die Produktionszeit je Stück teilen, erhalten Sie den Wert von 225 Stück möglicher Produktionsmenge.

Das Produkt *Homefix* kann aufgrund der nicht mehr vorhandenen Kapazitäten nicht produziert werden.
Beim zweiten Teil der Aufgabe geht es um die Berechnung des Erfolgs:

|  |  | 150 000,00 € | (*Garagenpower*) |
|---|---|---|---|
|  |  | +420 000,00 € | (*Loadfast*) |
| = Umsatzerlöse | 420 000,00 € |  |  |
|  |  | 105 000,00 € | (*Garagenpower*) |
|  |  | +162 000,00 € | (*Loadfast*) |
| − variable Kosten | 267 000,00 € |  |  |
| = DB I | 153 000,00 € |  |  |
| − fixe Kosten | 85 000,00 € |  |  |
| = Erfolg | 38 000,00 € |  |  |

### 2.1.2

**TIPP** Beim „Erörtern" fassen Sie immer erst die grundlegende Aussage Ihrer Berechnungen zusammen. Anschließend müssen Sie das Für und Wider bezogen auf die genannte Aussage in der Aufgabenstellung abwägen. In diesem Fall sollen Sie letztlich die von Ihnen in Aufgabe 2.1.1 erstellte Rechnung infrage stellen. Was spricht dafür, an den errechneten Zahlen festzuhalten, was spricht dagegen? Denken Sie aus Unternehmersicht: Was bewirken Ihre Entscheidungen?

Generell gilt, dass das optimale Produktionsprogramm deswegen berechnet wird, um herauszufinden, wie man die vorhandenen Kapazitäten so nutzen kann, dass am Ende ein möglichst optimaler Erfolg herauskommt. In einem Industrieunternehmen geht es i. d. R. um Gewinnmaximierung. Aufgrund der vorhandenen Kapazitäten kann in diesem Fall nicht alles produziert werden – *Homefix* fällt sogar komplett weg. Zu bedenken ist jedoch, dass Kunden vielleicht sogar schon vor längerer Zeit *Homefix* bestellt haben. Um diese Kunden nicht zu verärgern oder sogar komplett an die Konkurrenz zu verlieren, macht es Sinn, diese Kundenaufträge noch abzuarbeiten. Falls sich abzeichnet, dass auch in Zukunft ein nicht reduzierbarer Engpass besteht, sollte die Frage gestellt werden, ob *Homefix* überhaupt im Programm bleibt. Diese Entscheidung sollte jedoch sorgfältig überdacht werden (z. B. aufgrund von Kunden, die nur bei Power to car KG bestellen, weil dort mehrere ihrer bevorzugten Produkte im Programm sind). Aus diesem Grund kann man nicht generell sagen, dass „nur" das Ergebnis der Berechnung zählt – dies wäre nur dann sinnvoll, wenn es um die reine Betrachtung des maximalen Gesamtergebnisses geht.

**2.2 Fixe Kosten:**
Diese Kosten fallen unabhängig von der Produktionsmenge an. Das bedeutet, dass die Kosten auch dann entstehen, wenn eine Maschine stillsteht und nichts produziert wird. Im Fall der Wandladestationen wären dies z. B. Miete für die Produktionshalle oder die Versicherungen für den Fuhrpark.

**Variable Kosten:**
Die Kosten sind abhängig von der Produktionsmenge. Sie fallen nur an, wenn man auch produziert. Hierzu zählen z. B. Rohstoffe oder Transportkosten.

**2.3**

> **TIPP** Bei dieser Aufgabe ist es wichtig, dass Sie sich klarmachen, wie sich die genannten Werte zusammensetzen.
>
> Gegeben sind:
> Produktionsmenge alt: 4 000 Stück
> Produktionsmenge neu: 5 500 Stück
> Gesamtkosten alt: 90 000,00 €
> Gesamtkosten neu: +15 %
>
> Es ist nicht erwähnt worden, dass sich die fixen Kosten erhöhen. Im Umkehrschluss bedeutet dies, dass man mit den vorhandenen Maschinenkapazitäten auch bei einer veränderten Produktionsmenge auskommt. An den fixen Kosten ändert sich nichts.

Zur Berechnung der Gesamtkosten neu:

$$90\,000,00\,€ + \left(\frac{90\,000,00 \cdot 15}{100}\right) = 103\,500,00\,€$$

Die Gesamtkosten haben sich also um (103 500,00 − 90 000,00 =) 13 500,00 € erhöht. Da sich die fixen Kosten nicht erhöht haben, entfällt die komplette Erhöhung der Kosten auf die variablen Kosten bei einer Anzahl von (5 500 − 4 000 =) 1 500 Stück.

Der nächste Schritt ist die Berechnung der variablen Kosten je Stück:

$$\frac{13\,500,00\,€}{1\,500\,\text{Stück}} = 9,00\,€$$

Bezogen auf die alte Produktionsmenge haben wir somit variable Kosten in Höhe von (9,00 € · 4 000 Stück =) 36 000,00 €.

Die fixen Kosten berechnen sich nun, indem Sie von den alten Gesamtkosten die gerade berechneten variablen Kosten abziehen:

|   |   |
|---|---|
| Gesamtkosten alt | 90 000,00 € |
| − variable Gesamtkosten (alt) | 36 000,00 € |
| = fixe Kosten | 54 000,00 € |

Da fixe Kosten unabhängig von der Produktionsmenge sind, bleiben diese auch bei der neuen Produktionsmenge bei 54 000,00 €.

## 2.4

> **TIPP** Generell kann man bei den Kostenarten in Einzel- und Gemeinkosten unterscheiden. Die Unterscheidung liegt in der Zurechenbarkeit auf die Kostenträger.
>
> In dieser Aufgabe geht es darum, den Begriff Einzelkosten zu erläutern (zu erklären) und zwei Beispiele zu benennen, die im Zusammenhang mit der Ursprungsaufgabe (der Wandladestation) stehen.

**Erklärung:**
Einzelkosten sind Kosten, die dem Kostenträger direkt (verursachungsgerecht) zugeordnet werden können. Kostenträger sind i. d. R. die vom Unternehmen hergestellten und in den Verkauf gebrachten Produkte, da über deren Preis die entstandenen Kosten gedeckt werden. Sie steigen mit der produzierten Menge. Daraus folgt: Einzelkosten sind variable Kosten – aber nicht alle variablen Kosten sind Einzelkosten!

> **TIPP** Achten Sie bei den Beispielen darauf, dass Sie sich immer an den hergestellten Produkten in der Aufgabenstellung orientieren.

**Beispiele:**
- Kosten des Fertigungsmaterials
  (Aus was besteht eine Wandladestation?)
  *Kabel, Stecker oder Gehäuseteile*
- Kosten für Fertigungslöhne
  (Welche Löhne fallen während der Fertigung an?)
  *Qualitätskontrolle vor Verpacken – 5 Minuten je Wandladestation*

> **TIPP** Sondereinzelkosten sind Kosten, die man über die Kosten des Fertigungsmaterials und die Kosten der Fertigungslöhne hinaus dem Kostenträger direkt zurechnen kann. Auch diese können als Beispiele genutzt werden.
> - Sondereinzelkosten der Fertigung
>   Spezialwerkzeuge oder Lizenzgebühren
> - Sondereinzelkosten des Vertriebs
>   Verpackungsmaterial wie spezielle Luftpolsterverpackungen für den sicheren Transport oder Transportversicherungen

## 3.1.1

**TIPP** In der Aufgabenstellung zu 3.1.1 heißt es, dass die aktivierungspflichtigen Anschaffungskosten zu berechnen sind.
Aktivierungspflicht bedeutet, alle Vermögensgegenstände und Rechnungsabgrenzungsposten auf der Aktivseite der Bilanz auszuweisen (§ 246 HGB).
Die Frage ist hier natürlich, ob nur der Schweißautomat oder auch die anderen genannten Beträge berücksichtigt werden dürfen und wie hoch letztlich der Wert des Schweißautomaten ist, der in der Bilanz verbucht wird.
Generell lässt sich sagen:

|   | Netto-Kaufpreis |
|---|---|
| + | Anschaffungsnebenkosten |
| = | Anschaffungskosten |
| − | Preisminderungen |
| = | aktivierungspflichtige Anschaffungskosten |

Zu den Anschaffungsnebenkosten zählen z. B. Fracht und Verpackungskosten oder auch Montage – alles, was dafür benötigt wird, um das Gut betriebsbereit zu machen. Preisminderungen beinhalten u. a. Rabatte oder Skonti.

|   | | |
|---|---|---|
|   | Netto-Kaufpreis für den Schweißautomaten | 180 000,00 € |
| + | Transportversicherung | 250,00 € |
| + | Versandkosten | 450,00 € |
| + | Montagekosten | 1 500,00 € |
| = | Anschaffungskosten | 182 200,00 € |
| − | Skonto 2 % (182 200,00 · 2 / 100) | 3 644,00 € |
| = | aktivierungspflichtige Anschaffungskosten | 178 556,00 € |

**TIPP** Achten Sie auch bei den Anschaffungsnebenkosten darauf, dass es sich um Netto-Beträge handelt.

## 3.1.2

**TIPP** In dieser Aufgabe geht es darum, dass Sie einen entsprechenden Buchungssatz erstellen, um den Schweißautomaten buchhalterisch zu erfassen. Achten Sie darauf, dass zwei Buchungssätze (Einkauf + Bezahlung) nötig sind. Ein Schweißautomat gehört zu den Technischen Anlagen und Maschinen. Begrifflichkeiten wie netto oder brutto in der Aufgabenstellung weisen darauf hin, dass die Steuer mitberücksichtigt werden muss. Skonto wird in der Buchführung erst im Nachhinein (d. h. bei Bezahlung eines Gutes) berücksichtigt. Hier müssen Sie ein besonderes Augenmerk auf die entsprechenden Beträge legen.

Technische Anlagen     182 200 €    (*)
und Maschinen
Vorsteuer              34 618 €    (NR)   an  Verbindlichkeiten     216 818 €
\*  : Anschaffungskosten s. 3.1.1
NR: 182 200,00 · 19 / 100 = 34 618 €

**TIPP** Bei der Bezahlung des Rechnungsbetrags muss nun das Skonto berücksichtigt werden.
Der entsprechende Buchungssatz wird wie folgt aufgebaut:

1. Erstellen Sie den Buchungssatz ohne Beträge und ohne die Berücksichtigung von Skonto:

   Verbindlichkeiten                an   Bank

2. Machen Sie sich bewusst, dass die Höhe der Verbindlichkeiten bleibt, unter Abzug von Skonto aber nicht alles überwiesen wird:

   Verbindlichkeiten    216 818,00 €    an   Bank                      ? €

3. Ergänzen Sie Ihren Buchungssatz um die Skonto-Buchung:
   Wichtig: Skonti auf Anlagegüter werden direkt auf das Konto des Anlagegutes gebucht; Umlaufvermögen auf das Konto Nachlässe

   Verbindlichkeiten    216 818,00 €    an   Bank                      ? €
                                             Technische Anlagen        ? €
                                             und Maschinen
                                             Vorsteuer                 ? €

4. Zur Berechnung der letzten drei Werte müssen Sie sich bewusst machen, wie die Werte prozentual verteilt werden. Es gibt 2 % Skonto. Das ist der prozentuale Anteil, den man nicht überweist. Das heißt, man überweist nur 98 % von 216 818 € (⇒ 212 481,64 €). TAM und Vorsteuer machen gemeinsam 2 % aus. Wenn man diese beiden Konten jetzt isoliert betrachtet, entsprechen diese 2 % im Einkauf 119 % (100 % bei TAM und 19 % Vorsteuer). Die Differenz zwischen den Werten der Verbindlichkeiten und der Bank beträgt 4 336,36 € ⇒ 119 %. Berechnet man nun für die Technischen Anlagen und Maschinen 4 336,36 · 100 / 119, erhält man einen Wert von 3 644 €. Entsprechend lässt sich der Wert der Vorsteuer über 4 336,36 · 19 / 119 berechnen.

   Verbindlichkeiten    216 818,00 €    an   Bank                 212 481,64 €
                                             Technische Anlagen     3 644,00 €
                                             und Maschinen
                                             Vorsteuer                692,36 €

### 3.2.1

**TIPP** Unter Abschreibung versteht man eine Wertminderung von Vermögensgegenständen (Sachanlagen) durch Abnutzung, natürlichen Verschleiß, …
Abgekürzt wird die Abschreibung auf Sachanlagen i. d. R. mit AfA (Absetzung für Abnutzung aus dem Steuerrecht).
Allgemein lassen sich verschiedene Arten der Abschreibung unterscheiden. Die in dieser Aufgabe abgefragte AfA-Variante ist die zeitanteilige AfA. Diese kann man als Unterform der linearen AfA ansehen.
Die Unterscheidung der linearen zur zeitanteiligen AfA liegt im ersten bzw. im letzten Abschreibungsjahr. Während Sie die lineare AfA nur nutzen können, wenn Sie Ihr Gut im Januar eines Jahres gekauft haben, ist es bei der zeitanteiligen AfA so, dass Sie diese anwenden, wenn Sie Ihr Gut zwischen Februar und Dezember eines Jahres gekauft haben.
Um die zeitanteilige AfA zu berechnen, müssen Sie im ersten Schritt die lineare AfA/Jahr berechnen.

$$\text{lineare Abschreibung} = \frac{\text{aktivierte Anschaffungskosten}}{\text{Nutzungsdauer}}$$

$$\text{lineare Abschreibung} = \frac{178\,556\ €}{7\ \text{Jahre}} = 25\,508\ € \text{ im Jahr}$$

Im zweiten Schritt berechnen Sie dann die zeitanteilige Abschreibung für das erste Jahr, also für 9 Monate (April bis Dezember).

$$\text{zeitanteilige Abschreibung} = \frac{\text{lineare AfA} \cdot \text{Anzahl der Restmonate (inkl. Kaufmonat)}}{12\ \text{Monate}}$$

$$\text{zeitanteilige Abschreibung} = \frac{25\,508\ € \cdot 9\ \text{Monate}}{12\ \text{Monate}} = 19\,131\ €$$

Somit beträgt die zeitanteilige Abschreibung im 1. Jahr 19 131 €.

Die AfA ist auf sieben Jahre festgelegt. Vom 2.–7. Jahr entspricht die jeweilige Abschreibungshöhe der linearen Abschreibung = 25 508 €.

Letztlich bleibt ein Rest von 6 337 € (25 508 € · 3/12). Dieser wird im 8. Jahr abgeschrieben ⇒ dies entspricht vollen sieben Jahren Abschreibung.

## 3.2.2

**TIPP** Der Aufbau eines Buchungssatzes zur Abschreibung verläuft immer nach dem gleichen Schema:

AfA                              an

Die Abschreibung für das 1. Jahr in 3.2.1 liegt bei 19 131 €.
Dies bedeutet für den aktuellen Fall:

| Abschreibung auf Sachanlagen | 19 131 € | an | Technische Anlagen und Maschinen | 19 131 € |
|---|---|---|---|---|

**TIPP** Im zweiten Teil der Aufgabe geht es darum, Abschreibungen zu bewerten, also zu erklären, welche Auswirkungen Abschreibungen auf ein Unternehmen haben. Bringen Sie die Auswirkungen in einen kausalen Zusammenhang:

Abschreibungen sind ein Aufwand und werden daher über das GuV-Konto abgeschlossen. Dadurch schmälern Abschreibungen den Gewinn, weil zeitanteilig abgeschrieben wird, aber nicht voll. Da der Gewinn geringer ausfällt, schmälern Abschreibungen die gewinnabhängigen Steuern. Weil, wie schon erwähnt, nicht vollständig abgeschrieben wird, haben die Abschreibungen außerdem einen Einfluss auf den Gewinn in den Folgejahren. Weiterhin nimmt durch die Abschreibungen auch der Wert der Technischen Anlagen und Maschinen jährlich ab.

**4.1** Ein Vorteil besteht darin, dass für die Gründung lediglich ein Vollhafter (Komplementär) vorhanden sein muss. In der Regel ist der Vollhafter eine natürliche Person, kann jedoch auch eine Kapitalgesellschaft sein. Die Haftung ist mit Blick auf den Kommanditisten ebenfalls vorteilhaft. Dieser haftet lediglich mit seiner Einlage. Im Gegensatz zum Komplementär oder auch OHG-Gesellschafter ist ein Kommanditist nicht dazu verpflichtet, im Unternehmen mitzuarbeiten. Zudem bietet die Kommanditgesellschaft die Möglichkeit, durch die Aufnahme von weiteren Kommanditisten oder eine Einlagenerhöhung, ihre Eigenkapitalbasis zu erhöhen. Eine gleichzeitige Erweiterung der Geschäftsführung und der Vertretung ist nicht notwendig. Ein weiterer Vorteil ist die schnelle Gründung des Unternehmens. Der Gesellschaftsvertrag kann formfrei zwischen dem Kommanditisten und dem Komplementär geschlossen werden. Alle Änderungen können zudem ohne eine notarielle Beurkundung erfolgen.

**4.2** Gesetzlich ist ein Kommanditist/eine Kommanditistin nicht zur Vertretung befugt. Eine Bindung an das Rechtsgeschäft durch die Power to Car KG liegt demnach nicht vor. Damit ein Rechtsgeschäft von vornherein rechtsgültig gewesen wäre, hätte die Power to Car KG Frau Damian zuvor eine Handlungsvollmacht oder eine Prokura erteilen müssen.

Der Kommanditist/die Kommanditistin hat ein Kontrollrecht, den Jahresbericht einzusehen und diesen auf Richtigkeit zu überprüfen. Weiterhin steht dem Kommanditisten/der Kommanditistin eine Gewinnbeteiligung zu. Sofern nichts weiter im Gesellschaftervertrag festgelegt wurde, beträgt die Gewinnbeteiligung eine 4-prozentige Verzinsung der Kapitaleinlage. Bleibt nach dieser Verteilung noch ein weiterer Gewinn übrig, wird dieser ebenfalls im angemessenen Verhältnis, also nach Einlagen, verteilt. Werden (außer-)gewöhnliche Geschäfte geschlossen, haben Kommanditisten ein Widerspruchsrecht. Ein letztes zu nennendes Recht liegt in dem Kündigungsrecht. Nach den gesetzlichen Vorgaben haben Kommanditisten und Kommanditistinnen das Recht auf Kündigung bei Einhaltung einer Frist von mindestens sechs Monaten zum Geschäftsjahresende.

**4.3** Die gesetzliche Regelung legt eine 4-prozentige Verzinsung der Einlage fest. Ein möglicher Rest der Gewinnverteilung erfolgt nach den Kapitalanteilen im angemessenen Verhältnis.

| Gesellschafter | Einlagen | Verzinsung 4 % | Restverteilung | Gewinnanteil |
|---|---|---|---|---|
| Herr Sommer (Vollhafter) | 500 000 € | 500 000 € · 4 % = 20 000 € | 94 500 € | 114 500 € |
| Frau Damian (Teilhafter) | 200 000 € | 200 000 € · 4 % = 8 000 € | 31 500 € | 39 500 € |
| Summe | 700 000 € | 20 000 € + 8 000 € = 28 000 € | 126 000 € | 154 000 € |

Nebenrechnung:

Restgewinn $= 154\,000\,€ - 28\,000\,€ = 126\,000\,€$

Restverteilung Herr Sommer $= \dfrac{126\,000\,€}{4} \cdot 3 = 94\,500\,€$

Restverteilung Frau Damian $= \dfrac{126\,000\,€}{4} \cdot 1 = 31\,500\,€$

**4.4** Bei dieser Form der Finanzierung handelt es sich um das sogenannte **Factoring**. Da die Finanzierung von außen kommt, spricht man auch von einer kurzfristigen Fremdfinanzierung. In der Regel kauft eine Bank oder eine Factoringgesellschaft (Factor) eine Forderung aus einer Warenlieferung ab und bezahlt die Rechnungsbeträge unter Abzug von zuvor vereinbarten Zinsen und Provisionen an das Unternehmen.

Durch Factoring erhält die Power to Car KG bereits vor Fälligkeit das Geld und erhöht somit ihre Liquidität. Das Ausfallrisiko des Kredites geht mit dem Verkauf der Forderung auf den Factor über. Zudem reduziert die Power to Car KG ihren Verwaltungsaufwand, da die Debitorenbuchhaltung, und somit auch das Mahnwesen, auf den Factor übertragen wird.

## 5.1

> **TIPP** Wenn Sie einen Begriff erklären müssen, geht es darum, diesen mit Ihren eigenen Worten darzustellen. Stellen Sie sich vor, Sie müssten einer fachfremden Person den Begriff verständlich erklären.
>
> Achten Sie darauf, dass die Aufgabenstellung nicht nur darauf ausgelegt ist, dass Sie die Begriffe erklären, sondern auch, dass Sie einen Zusammenhang zwischen Ihrer Erklärung und der gemachten Beobachtung finden sollen.

**Erklärung:**
Das reale Bruttoinlandsprodukt wird allgemein als Indikator dafür gesehen, wie es der Wirtschaft geht. Wenn Sie dieses über mehrere Jahre miteinander vergleichen, können Sie eine Wellenbewegung erkennen (einen schwankenden sich wiederholenden Verlauf). Wenn es der Wirtschaft gut geht (steigendes BIP), geht die Welle nach oben, andernfalls bleibt sie konstant oder sinkt. Die einzelnen Phasen dieser Welle werden als Konjunkturphasen (Expansion, Boom, Rezession und Depression) bezeichnet.

**Zusammenhang:**
Im Laufe der einzelnen Phasen der Konjunktur lassen sich auch in anderen Bereichen als dem BIP Veränderungen erkennen. Hierzu zählt z. B. die Arbeitslosigkeit. Wenn es der Wirtschaft gut geht (Expansion oder Boom), können sich viele Menschen über ein gesichertes oder steigendes Einkommen freuen. Hier sind die Menschen eher bereit, viel Geld für ein teures Elektroauto und entsprechend auch die Wandladestationen auszugeben. Wenn es der Wirtschaft schlechter geht, wird ein Unternehmen nicht mehr so viel verkaufen. Dies bedeutet, dass sich die Lager der Unternehmen füllen. Letztlich wird ein Unternehmen Mitarbeiter entlassen müssen, weil die Nachfrage nach den Produkten (entsprechend auch der Umsatz, der u. a. zur Kostendeckung nötig ist) geringer ausfällt. Wenn weniger Menschen eine Arbeit haben, haben sie auch weniger Geld zur Verfügung, um dieses auszugeben. Entsprechend ist die Beobachtung von Herrn Sommer durchaus richtig.

## 5.2

> **TIPP** Konjunkturindikatoren werden in Früh-, Präsenz- und Spätindikatoren unterschieden. Frühindikatoren zeigen vor Eintritt der nächsten Konjunkturphase an, dass sich etwas an der Konjunkturphase verändert. Hierzu zählen z. B. die Auftragseingänge oder die Lagerbestände. Präsensindikatoren spiegeln das „Jetzt" der Konjunkturphase wider. Hierzu zählen z. B. die Einzelhandelsumsätze oder die Kapazitätsauslastung. Spätindikatoren kann man erst im Nachhinein erkennen, da diese z. B. bei der Arbeitslosenquote sehr spät greifen. Ein Unternehmen wird immer versuchen, die Mitarbeiter so lange wie möglich zu halten.

In dieser Aufgabenstellung geht es darum, zwei Frühindikatoren zu nennen und diese zu beschreiben. Bedenken Sie bei Ihren Ausführungen, dass es um die Gesamtheit der Unternehmen geht und nicht um die wirtschaftliche Situation eines einzelnen Unternehmens.

**Auftragseingänge im verarbeitenden und Baugewerbe:**
Ein Unternehmen erhält Aufträge von Kunden. Diese Auftragseingänge werden monatlich vom Statistischen Bundesamt erhoben. Hierdurch lässt sich ein direkter Vergleich zu den Vormonaten/-jahren ziehen.

**Geschäftsklimaindex:**
In jedem Monat erhalten 7 000 Unternehmen einen Fragebogen des ifo-Instituts. Hier geben sie eine Einschätzung zu ihrer aktuellen und zukünftigen Geschäftslage (halbes Jahr), ihre Nachfragesituation sowie die Anzahl ihrer Arbeitnehmer ab.

5.3

> **TIPP** Bei einer Einschätzung müssen Sie Ihre eigene Meinung anhand von Beweisen darlegen.
> In dieser Aufgabenstellung wird auf das Material 2 verwiesen. Hier werden verschiedene Indikatoren dargestellt. Dabei ist sinnvoll, sich klar zu werden, welche dieser Indikatoren Sie heranziehen sollten. Sie müssen sich drei verschiedene Indikatoren heraussuchen, anhand derer Sie Ihre Meinung belegen.

**Wirtschaftswachstum:**
Dieses kann man, je nach Sichtweise, als Präsenz- oder Spätindikator ansehen. Aus der Statistik lässt sich ableiten, dass es sich durchgängig um ein positives Wachstum handelt (immer +). Daraus lässt sich ableiten, dass sich die Wirtschaft im Bereich der Expansion befindet. Wenn es sich um eine Boom-Phase handeln würde, müssten die Werte deutlich höher sein.

**Privater Konsum:**
Die Werte sind über alle drei Jahre im +-Bereich – auch wenn diese im Jahr 2018 geringer ausfallen. Beim privaten Konsum handelt es sich um einen Frühindikator. Da die Zahlen nicht übermäßig hoch sind, weisen die Werte auf eine Expansion hin.

**Verbraucherpreise:**
Dieser Spätindikator weist eine relative Stabilität über diese drei Jahre aus. Hierbei handelt es sich um positive Werte, die aber nicht zu hoch ausfallen. Es handelt sich um die Phase der Expansion. Für einen Boom müssten die Werte deutlich höher liegen.

## 5.4

> **TIPP** Generell kann man die Fiskalpolitik in die angebotsorientierte und die nachfrageorientierte Fiskalpolitik unterscheiden. Die nachfrageorientiere Fiskalpolitik wird in der Lösung dargestellt, die angebotsorientierte hier im Tipp:
> 
> **Angebotsorientierte Fiskalpolitik (Milton Friedman):**
> Im Gegensatz zur nachfrageorientierten Fiskalpolitik geht es hier darum, die Bedingungen für Unternehmensinvestitionen zu verbessern. Es wird hier davon ausgegangen, dass Investitionen die Grundbedingung für eine langfristig wachsende Wirtschaft darstellen. Dies bedeutet, dass die notwendigen Tätigkeiten des Staates sich auf Verbesserungen für Unternehmen beziehen sollen. Hierzu gehören z. B.
> 
> - Lohnnebenkosten senken
>   Wenn weniger Lohnnebenkosten durch den Arbeitgeber zu zahlen sind, kann dieser das Geld für anderes (z. B. Investition in neue Maschine) nutzen.
> - Senken von Unternehmenssteuern
>   Wer weniger Steuern zahlt, hat mehr Geld für anderes übrig.
> 
> In der Aufgabenstellung von 5.4 geht es zum einen um das Beschreiben der nachfrageorientierten Fiskalpolitik (siehe oben), zum anderen aber auch darum, ob es sich bei der Fördermaßnahme (Kaufprämie bzw. staatliche Zuschüsse) um Instrumente der nachfrageorientierten Fiskalpolitik handelt.
> Bedenken Sie bei der Beantwortung dieser Aufgabe, dass die Prüfung aus dem Jahr 2019 – und damit aus der Zeit vor der Corona-Pandemie stammt. Der Wirtschaft ging es zu diesem Zeitpunkt gut (auch wenn man den Vergleich zu Aufgabenstellung 5.3 zieht).

**Nachfrageorientierte Fiskalpolitik (John Maynard Keynes):**
Der Staat muss aktiv ins Wirtschaftsgeschehen eingreifen, um eine Instabilität der marktwirtschaftlichen Systeme auszugleichen. Hierfür stehen dem Staat verschiedene Instrumente zur Verfügung. Um diese Instrumente zu finanzieren, kann der Staat Kredite aufnehmen (deficit spending). Zu den Instrumenten zählen z. B.

- die Steuerpolitik höhere Steuern bei guter Wirtschaft – weniger Steuern bei schlechter Wirtschaft
- Veränderungen bei den Regeln zu Abschreibungen z. B. wenn Unternehmen degressiv abschreiben dürfen, können sie weniger Gewinn ausweisen – dadurch zahlen sie weniger Steuern und können das Geld wieder investieren

Der Staat versucht durch diese Maßnahmen, die Wellenbewegung der Konjunktur nicht zu kräftig ausfallen zu lassen. Er soll sich antizyklisch verhalten – z. B. dann Geld investieren, wenn sich die Wirtschaft in der Rezession oder Depression befindet, um die Wirtschaft wieder anzukurbeln.

**Beurteilung:**
Die deutsche Wirtschaft profitiert erheblich von der Automobilindustrie (direkt oder indirekt). Eine Kaufprämie kann zu einer verstärkten Nachfrage nach

Elektroautos und den entsprechenden Zubehörteilen führen. Viele Elektroautos werden jedoch im Ausland hergestellt – die Prämien fließen dann ins Ausland ab. Die Kunden müssen sich entsprechend auch entscheiden, ob sie sich beim Autokauf für ein E-Auto, Benziner oder Diesel entscheiden. Es handelt sich somit um einen Subventionskauf. Es bleibt die Fragestellung, ob der Kaufanreiz zu einer größeren Nachfrage führen wird.

Die nachfrageorientierte Wirtschaftspolitik ist darauf ausgelegt, antizyklisch zu agieren. Da sich Deutschland allerdings in einer wirtschaftlich guten Position befindet, können zusätzliche Anreize zu einer Überhitzung der Konjunktur führen.

Ob es über diese Maßnahme zu einer Nachfragesteigerung kommt und sie als Mittel einer nachfrageorientierten Wirtschaftspolitik angesehen werden kann, ist zweifelhaft. Nach wie vor (trotz Kaufprämie) sind die Kosten bei der Anschaffung eines Elektroautos deutlich höher. Die Subventionierung ist eher von Faktoren wie Umwelt- und Klimaschutz sowie der Unterstützung für Unternehmen bei ihrer Innovationsbereitschaft (um langfristig wettbewerbsfähig zu bleiben) abhängig.

**5.5**

**TIPP** Es gibt zahlreiche Grenzen nachfrageorientierter Fiskalpolitik. Zwei der folgenden Beispiele genügen.

- Diese Maßnahme greift erst, wenn sich die Konjunktur bereits in der nächsten Phase befindet (z. B. Bau eines neuen Gebäudes durch den Staat. Die Planungsphase ist während der Depression. Bis das Gebäude schließlich gebaut wird, befindet sich die Konjunktur bereits wieder in der Expansion oder im Boom → also nicht antizyklisch).
- Aufgrund der bereits vorhandenen Verschuldung ist es unter Umständen schwieriger, weitere Maßnahmen durchzuführen.
- Durch nachfrageorientierte Maßnahmen ist es nicht bzw. kaum möglich, die Nachfrage aus dem Ausland zu beeinflussen.

## Hessen Wirtschaft und Verwaltung
## Abschlussprüfung Fachoberschule 2020
### Vorschlag A

**Aufgabenstellung**

**1** Die Freshleisure GmbH ist eine mittelständische Anbieterin von Kleidung, die ursprünglich für sportliche Aktivitäten entworfen wurde und in anderen Umgebungen getragen wird. Das Unternehmen stellt bisher Yoga- und Strumpfhosen sowie Sneakers und Shorts her.

**1.1** Aufgrund eines allgemeinen Umsatzrückgangs im Jahr 2019 beschließt das Unternehmen, die eigene Produktpalette zu überprüfen.

**1.1.1** Erklären Sie die Begriffe Marktwachstum und relativer Marktanteil. (2 BE)

**1.1.2** Erstellen Sie mithilfe der Daten aus Material 1 eine 4-Felder-Matrix für das Portfolio der Freshleisure GmbH (Grenze Marktwachstum: 0 %; Grenze relativer Marktanteil: 1) (4 BE)

**1.1.3** Erläutern Sie das Produktportfolio der Freshleisure GmbH und ermitteln Sie geeignete Normstrategien für zwei Produkte des Unternehmens. (6 BE)

**1.1.4** Nennen Sie drei Kritikpunkte am Instrument der Portfolioanalyse. (3 BE)

**1.2** Die Freshleisure GmbH möchte das Image des modischen Basketball-Sneakers *GlizzerX* mithilfe einer geeigneten kommunikationspolitischen Maßnahme verbessern. Der Schuh soll deutschlandweit an Frauen im Alter von 14 bis 30 Jahren verkauft werden.

**1.2.1** Geben Sie jeweils die Bezeichnung des Kommunikationsinstruments an.
- Einer überregionalen Zeitung wird eine Broschüre über die Vorzüge des neuen Sneakers beigefügt.
- Eine Influencerin stellt auf ihrem Internetvideokanal über Mode, Make-up und Fitness den Sneaker vor.
- Auf einem hessischen Radiosender läuft täglich ein 15-Sekunden-Spot.
- Die Hauptfigur aus einer Vorabendserie trägt regelmäßig die Sneakers der Freshleisure GmbH.
- Das Unternehmen schult die Verkäuferinnen und Verkäufer mehrerer Schuhketten.

(5 BE)

**1.2.2** Beurteilen Sie die Erfolgschancen der ersten beiden Kommunikationsinstrumente in Aufgabe 1.2.1. (4 BE)

**2** Die Gesellschafter der Freshleisure GmbH sind Frau Bonifaz mit einer Einlage von 1 305 000 €, Herr Wiese mit 725 000 € und Frau Kaiser mit 870 000 €. Frau Bonifaz ist Geschäftsführerin des Unternehmens. Herr Wiese und Frau Kaiser arbeiten beide nicht im Unternehmen mit.

**2.1** Beschreiben Sie zwei Gründungsvoraussetzungen einer Gesellschaft mit beschränkter Haftung (GmbH). (4 BE)

**2.2** Das Unternehmen erzielte im Jahr 2019 einen Gewinn von 200 000 €. In der Satzung sind keine besonderen Regelungen zur Gewinnverteilung vereinbart worden.
Berechnen Sie die Ausschüttung an die einzelnen Gesellschafterinnen und Gesellschafter entsprechend der gesetzlichen Regelungen. (3 BE)

**2.3** Herr Wiese bestellt Schuhsohlen im Wert von 8 000 € bei einem Händler in Frankfurt. Frau Bonifaz ist nicht von diesen Sohlen überzeugt und spricht sich gegen den Kauf aus.
Beurteilen Sie die rechtliche Situation. (4 BE)

**2.4** Das Unternehmen sucht für ein neues vollautomatisches Lager einen geeigneten Standort. Es werden dort zukünftig sämtliche Endprodukte des Unternehmens gelagert, die in der bisherigen Produktionsstätte hergestellt werden. Die Produkte werden ausschließlich auf der eigenen Webseite, über einen Onlinehändler und zwei Schuhketten mit Ladengeschäften vertrieben.
Beschreiben Sie vier wesentliche Standortfaktoren und beurteilen Sie deren Bedeutung für den möglichen Standort des neuen Lagers der Freshleisure GmbH. (8 BE)

**3** Für den neuen Standort schafft die Freshleisure GmbH einen fahrerlosen Gabelstapler im Wert von 23 000 € netto an. Als neuer Kunde erhält die Freshleisure GmbH einen Sofortrabatt in Höhe von 5 %. Zur Herstellung der Betriebsbereitschaft werden Kosten in Höhe von 150 € netto veranschlagt. Der Gabelstapler soll planmäßig über 8 Jahre abgeschrieben werden.

**3.1** Berechnen Sie die Anschaffungskosten, den Abschreibungssatz in Prozent und den jährlichen Abschreibungsbetrag. (4 BE)

**3.2** Buchen Sie den jährlichen Abschreibungsbetrag mit der Bezeichnung der verwendeten Konten und den entsprechenden Euro-Beträgen. (2 BE)

**3.3** Beschreiben Sie zwei Auswirkungen von Abschreibungen auf das Unternehmen. (4 BE)

**3.4** Buchen Sie folgende Geschäftsvorfälle mit der Bezeichnung der verwendeten Konten und den entsprechenden Euro-Beträgen.
- Ein Großkunde begleicht nach 30 Tagen eine Rechnung für Waren im Wert von 3 000 € netto per Banküberweisung.
- Eine Kundin der Freshleisure GmbH sendet ein Paar Schuhe im Wert von 149,90 € brutto zurück, da sie ihr nicht gefallen. Sie hatte diese noch nicht bezahlt.

(*Hinweis:* Die Versandkosten können Sie bei der Aufgabe unberücksichtigt lassen.) (4 BE)

**4** Die Freshleisure GmbH muss den Personalbedarf für das Jahr 2020 neu planen.

**4.1** Nennen Sie zwei Gründe, die zur Erhöhung des gesamten Bruttopersonalbedarfs geführt haben könnten. (2 BE)

**4.2** Berechnen Sie anhand eines geeigneten Schemas den Nettopersonalbedarf für die Freshleisure GmbH im Jahr 2020 mithilfe der Angaben in Material 2 und beurteilen Sie das Ergebnis. (9 BE)

**4.3** Im Produktionsbereich *Sneakers* der Freshleisure GmbH wird acht Stunden pro Tag gearbeitet.
Die Vorgabezeit pro Schuh beträgt 10 Minuten. Der Stundenlohn – als Grundlohn – liegt bei 12 €. Es wird eine Prämie gewährt, die 50 % des ersparten Zeitlohnes beträgt.

**4.3.1** Beschreiben Sie den Prämienlohn und nennen Sie einen Vorteil für das Unternehmen. (3 BE)

**4.3.2** Ermitteln Sie den durchschnittlichen Stundenlohn eines Arbeiters, der an einem Tag 60 Schuhe herstellt. (5 BE)

**4.4** Die Freshleisure GmbH benötigt für die Sneakers zugeschnittene Baumwollstoffteile. Sie kann diese entweder zu einem Stückpreis von 5 € von einem Lieferanten beziehen oder den ungeschnittenen Stoff für 21 € pro Quadratmeter erwerben. Aus einem Quadratmeter können sieben Baumwollstoffteile geschnitten werden. Für das Schneiden des Stoffes fallen dann fixe Kosten in Höhe von 1 750 € an.

**4.4.1** Bestimmen Sie rechnerisch die kritische Menge und interpretieren Sie das Ergebnis. (3 BE)

**4.4.2** Beschreiben Sie zwei qualitative Aspekte, die neben den Kosten in die Entscheidung zwischen Eigenfertigung und Fremdbezug einfließen könnten. (4 BE)

5   Da das Unternehmen zahlreiche Stoffe und teilfertige Produkte aus verschiedenen Ländern bezieht, interessiert sich die Geschäftsleitung für aktuelle volkswirtschaftliche Entwicklungen und staatliche Maßnahmen, die insbesondere im Zusammenhang mit dem Außenhandel stehen.

5.1 Beschreiben Sie zwei wirtschaftliche Vorgänge, die sich auf die Handelsbilanz auswirken. (2 BE)

5.2 Beschreiben Sie die in Material 3 dargestellte Situation und stellen Sie zwei mögliche Auswirkungen dieser Situation auf die Bundesrepublik Deutschland dar. (6 BE)

5.3 Die Freshleisure GmbH bezieht hochwertige Schmucksteine aus Kanada. Bisher erhielt man für einen Euro 1,40 CAD (Kanadische Dollar). Der Wechselkurs ändert sich auf 1 Euro = 1,60 CAD (Kanadische Dollar).
Beurteilen Sie den Einfluss dieser Wechselkursänderung auf die Freshleisure GmbH sowie den Handelsbilanzsaldo der Bundesrepublik Deutschland (Material 3). (4 BE)

5.4 Die Freshleisure GmbH beschäftigt in der Produktion Mitarbeiterinnen und Mitarbeiter zum Mindestlohn. Die Bundesregierung beschließt die Erhöhung des Mindestlohns von 9,35 € auf 10,50 €.
Stellen Sie mögliche Auswirkungen auf das Beschäftigungsniveau in der Bundesrepublik Deutschland und bei der Freshleisure GmbH dar. (5 BE)

### Material 1  Produktpalette der Freshleisure GmbH

| Produkt | Yogahosen | Strumpfhosen | Sneakers | Shorts |
|---|---|---|---|---|
| Marktwachstum | 2 % | −4 % | 5 % | −1 % |
| relativer Marktanteil | 0,7 | 1,1 | 0,1 | 0,15 |
| Umsatzanteil | 15 % | 50 % | 10 % | 25 % |

### Material 2  Personelle Veränderungen der Freshleisure GmbH

|  | Einkauf | Produktion | Vertrieb |
|---|---|---|---|
| Aktueller Stellenbestand | 5 | 20 | 8 |
| Bedarfsveränderung | +20 % | +15 % | −25 % |

Bereits bekannte zusätzliche Änderungen des Personalbestands:
- Ein Kollege in der Abteilung Produktion hat seine Kündigung eingereicht.
- Eine Kollegin kehrt in die Abteilung Einkauf aus der Elternzeit zurück.
- Ein Kollege in der Abteilung Produktion geht in Rente.
- Eine Auszubildende in der Produktion wird übernommen.
- Eine Mitarbeiterin wird aus dem Vertrieb in die Abteilung Einkauf versetzt.

### Material 3  Handelsbilanzsaldo in Deutschland 2019
(saison- und kalenderbereinigte Werte in Milliarden Euro)

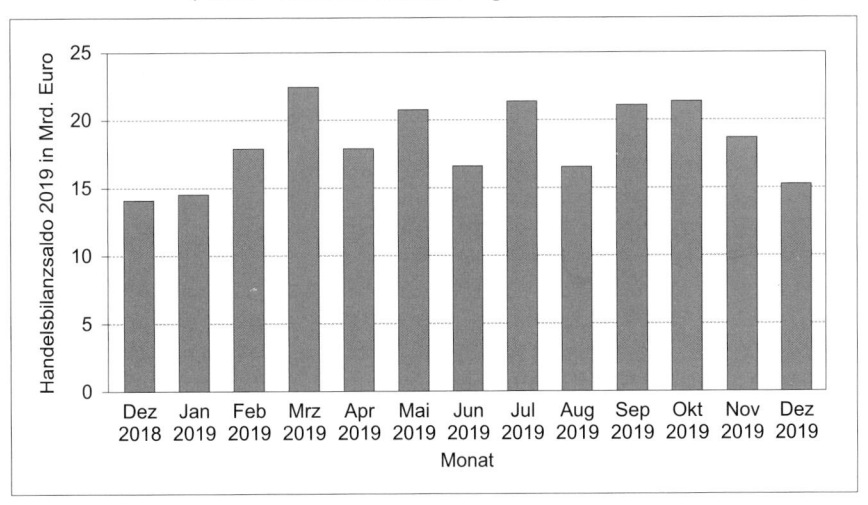

| Monat | Handelsbilanzsaldo (Mrd. Euro) |
|---|---|
| Dez 2018 | 14 |
| Jan 2019 | 14,5 |
| Feb 2019 | 18 |
| Mrz 2019 | 22,5 |
| Apr 2019 | 18 |
| Mai 2019 | 21 |
| Jun 2019 | 17 |
| Jul 2019 | 21,5 |
| Aug 2019 | 17 |
| Sep 2019 | 21,5 |
| Okt 2019 | 21,5 |
| Nov 2019 | 19 |
| Dez 2019 | 15,5 |

*eigene Darstellung, Daten nach: Statistisches Bundesamt (2020)*

## Lösungsvorschlag

**1.1.1** Das **Marktwachstum** stellt die prozentuale Veränderung eines Absatz- bzw. Umsatzvolumens innerhalb eines bestimmten Marktes und eines bestimmten Zeitraums dar.
Der **relative Marktanteil** bezeichnet den Anteil eines bestimmten Marktteilnehmers im Vergleich zum Marktanteil des größten Konkurrenten.

**1.1.2**

> **TIPP** Mithilfe der Portfolioanalyse/4-Felder-Matrix lassen sich Produkte anhand ihres Marktwachstums und des relativen Marktanteils ordnen, um daraus Strategien für Unternehmen zu formulieren.
> In der Aufgabenstellung sind die relativen Marktanteile gegeben. Siehe hierzu auch Material 1 „Produktpalette der Freshleisure GmbH". Sollten diese nicht gegeben sein, lassen sich die Daten leicht berechnen, indem Sie den eigenen absoluten Marktanteil durch den absoluten Marktanteil des stärksten Konkurrenten teilen. Dabei ergibt sich der absolute Marktanteil aus dem Verhältnis der verkauften Stückzahlen des Unternehmens zur gesamten verkauften Menge des Marktes oder aus dem Verhältnis des Umsatzes eines betrachteten Produktes zum gesamten Marktumsatz. Ist der relative Marktanteil größer als 1, so bedeutet dies eine Marktführerschaft des betrachteten Unternehmens.

4-Felder-Matrix für das Portfolio/Portfolioanalyse der Freshleisure GmbH

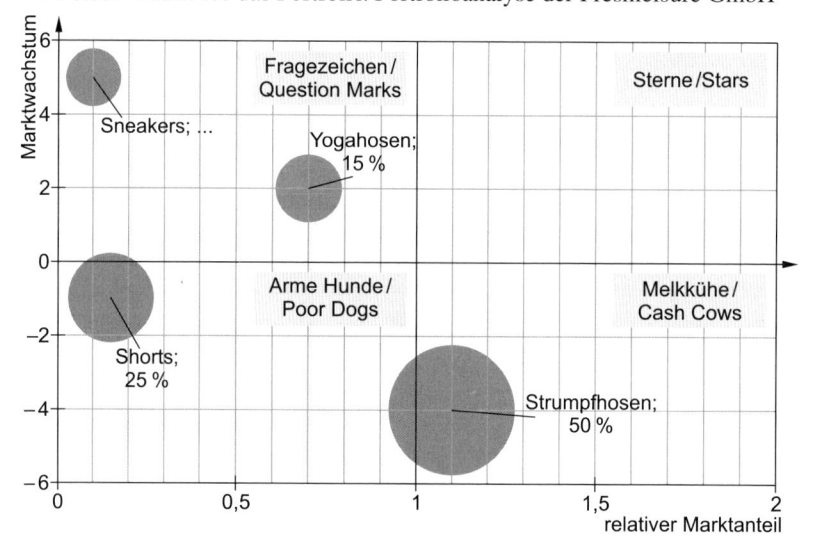

### 1.1.3

> **TIPP** Der erste Teil der Aufgabe besteht darin, die erstellte Portfoliomatrix zu erläutern. Dies bedeutet, dass die Matrix mithilfe von Informationen mit dem betrachteten Unternehmen in Beziehung gesetzt wird. Somit muss herausgearbeitet werden, ob das Unternehmen mit seinen Produkten im Markt gut aufgestellt ist oder nicht. Häufige Fehlerquellen beziehen sich auf die Einteilung des Marktwachstums oder des Marktanteils. Im betrachteten Fall handelt es sich um ein negatives Marktwachstum, was auf einen immer kleiner werdenden Markt hindeutet.
>
> Im zweiten Teil der Aufgabenstellung soll eine auf die betrachtete Unternehmung zugeschnittene Normstrategie ermittelt werden. Häufige Fehlerquellen stellen hier oftmals die zu allgemeine Beschreibung der Strategie dar. Nehmen Sie einerseits konkrete Produkte (laut Aufgabenstellung zwei Produkte) detailliert als Ausgangspunkt, bleiben Sie dennoch so knapp wie möglich in Ihren Ausführungen.

Das Portfolio der Freshleisure GmbH ist unausgeglichen. Das betrachtete Unternehmen hat mit den Produkten *Sneakers* und *Yogahosen* zwei relativ kleine question marks im Sortiment. Beide Produkte werden auf weiterhin wachsenden Märkten angeboten. Das mit einem Umsatzanteil von 50 % größte Produkt, die *Strumpfhosen*, stellt eine cash cow dar. Alle drei Produkte sind grundsätzlich als positiv zu bewerten. Jedoch fehlt dem Unternehmen ein Produkt, welches in die Kategorie der stars einzuordnen ist. Weiterhin negativ zu betrachten ist das Produkt *Shorts*, da es sich um einen poor dog handelt, dessen Umsatz mit 25 % sehr groß ist und sich zudem in einem eher schrumpfenden Markt befindet. Auch die cash cow des Unternehmens befindet sich in einem schrumpfenden Markt, weshalb die betrachtete Unternehmung eine weiterführende Strategie erarbeiten sollte.

Hinsichtlich des Produktes *Shorts* lässt sich die Normstrategie der Desinvestition anführen, da es sich in einem schrumpfenden Markt befindet. Für die *Strumpfhosen* bietet sich die Abschöpfungsstrategie an. Bei den *Sneakers* und *Yogahosen* sollte die Investitionsstrategie verfolgt werden, da die beiden Produkte möglicherweise zu *stars* werden könnten.

### 1.1.4

Ein erster Kritikpunkt ist, dass die Portfoliomatrix lediglich auf zwei Entscheidungskriterien (hier: Marktwachstum und relativer Marktanteil) zurückgreift. So werden Synergieeffekte zwischen einzelnen Produkten nicht berücksichtigt. Synergieeffekte sind z. B. Kostenersparnisse bei der Herstellung von Produkten. Im vorliegenden Fall könnten beispielsweise freie Kapazitäten ausgenutzt werden. Zweitens werden Reaktionen der weiteren Marktteilnehmerinnen und Marktteilnehmer nicht berücksichtigt. Als dritter Kritikpunkt können die Achsenabschnitte genannt werden. Diese werden nicht klar definiert bzw. basieren auf eigenen Maßstäben. Ebenso durchlaufen Produkte in der Realität nicht immer und automatisch alle Felder des Portfolios, wodurch eine abgeleitete Strategie auch einen negativen Einfluss auf ein Produkt haben könnte.

**1.2.1** Wird einer überregionalen Zeitung eine Broschüre beigefügt, die über die Vorzüge der neuen Sneakers informiert, handelt es sich um eine klassische Absatzwerbung. Eine Influencerin, die auf ihrem Internetvideokanal über Mode, Make-up und Fitness den Sneaker vorstellt, nutzt Online-Marketing bzw. Social Media Marketing. Eine weitere klassische Absatzwerbung ist darin zu sehen, dass auf einem hessischen Radiosender täglich ein 15-Sekunden-Spot ausgestrahlt wird. Trägt die Hauptfigur aus einer Vorabendserie die Sneakers der Freshleisure GmbH regelmäßig, so handelt es sich um Product Placement. Im letzten Fall werden die Verkäuferinnen und Verkäufer mehrerer Schuhketten geschult, wodurch es sich um ein Kommunikationsinstrument der Verkaufsförderung handelt.

**1.2.2**

> **TIPP** Bei der Beurteilung von Erfolgschancen geht es darum, dass man mithilfe von Fachwissen eine begründete Entscheidung treffen muss, die einen positiven oder auch negativen Erfolg schlüssig nachvollziehen lässt. Hierzu ist es wichtig, das jeweilige Kommunikationsinstrument mit der Zielgruppe des Produktes in Beziehung zu setzen. Die fehlende Beziehung stellt eine häufige Fehlerquelle dar.

Die Broschüre in der überregionalen Zeitschrift wird die Zielgruppe nicht erreichen und somit ihr Ziel verfehlen. Ein Großteil der Jugendlichen und jungen Erwachsenen liest keine Zeitung, weshalb die Zielgruppe nichts über dieses Kommunikationsinstrument von dem Sneaker erfährt. Ein Erfolg ist somit als nicht wahrscheinlich einzuschätzen.
Anders sieht es im zweiten Kommunikationsinstrument aus. Internetvideokanäle sind für Jugendliche und junge Erwachsene von immer größerer Bedeutung. Eine Influencerin, die regelmäßig Videos über Mode, Sport und Kosmetik veröffentlicht, scheint für die Verkaufsförderung vielversprechend zu sein. Wenn der Sneaker in einem Video vorgestellt wird, könnte dies einen Einfluss auf das Verkaufsverhalten der Follower bzw. Abonnentinnen und Abonnenten haben.

**2.1** Bei der Gründung einer Gesellschaft mit beschränkter Haftung (GmbH) muss ein Gesellschaftsvertrag notariell aufgelegt werden. In diesem Vertrag muss u. a. der Betrag des Stammkapitals sowie der von jeder Gesellschafterin oder jedem Gesellschafter zu leistenden Kapitaleinlage enthalten sein. Als weitere Voraussetzung ist die Eintragung der GmbH in das Handelsregister zu nennen. Die Stammeinlage muss in Höhe von insgesamt 25 000 € vorliegen, wobei die Stammeinlagenanteile nominal mindestens 1 € betragen müssen.

## 2.2

> **TIPP** Die Gewinnverteilung einer GmbH kann in deren Gesellschaftsvertrag festgehalten werden. Ist in dem Gesellschaftsvertrag hinsichtlich der Gewinnverteilung nichts festgelegt, so wird der Gewinn im gleichen Verhältnis wie die Stammeinlagen der Gesellschafterinnen bzw. Gesellschafter verteilt. Somit muss zunächst die prozentuale Verteilung berechnet werden.

Gemäß der Aufgabenstellung leistete die Gesellschafterin Frau Bonifaz eine Einlage in Höhe von 1 305 000 €, der Gesellschafter Herr Wiese 725 000 € und die Gesellschafterin Frau Kaiser 870 000 €. Somit ergibt sich ein Stammkapital in Höhe von insgesamt 2 900 000 €.
(2 900 000 € = 1 305 000 € + 725 000 € + 870 000 €)

Gesellschafterin Frau Bonifaz: $\dfrac{100\,\%}{2\,900\,000\,€} \cdot 1\,305\,000\,€ = 45\,\%$

Gesellschafter Herr Wiese: $\dfrac{100\,\%}{2\,900\,000\,€} \cdot 725\,000\,€ = 25\,\%$

Gesellschafterin Frau Kaiser: $\dfrac{100\,\%}{2\,900\,000\,€} \cdot 870\,000\,€ = 30\,\%$

Die Gewinne werden nun anhand des berechneten Verhältnisses an die Gesellschafterinnen und Gesellschafter verteilt. Frau Bonifaz erhält 45 %, Herr Wiese 25 % und Frau Kaiser 30 % von insgesamt 200 000 € Gewinn.

Gesellschafterin Frau Bonifaz:  200 000 € · 45 % = 90 000 €
Gesellschafter Herr Wiese:      200 000 € · 25 % = 50 000 €
Gesellschafterin Frau Kaiser:   200 000 € · 30 % = 60 000 €

## 2.3

Herr Wiese arbeitet nicht im Unternehmen mit. Er kann als Gesellschafter in der Gesellschafterversammlung zwar grundsätzlich Einfluss auf das Verhalten der Geschäftsführung haben, jedoch am täglichen Geschäftsbetrieb nicht teilnehmen und besitzt somit keine Befugnisse. Frau Bonifaz vertritt die Gesellschaft gerichtlich und außergerichtlich und kann andere Personen mit Handlungsvollmachten, z. B. einer Prokura, ausstatten. Eine Prokura muss jedoch im Handelsregister eingetragen werden. Dies ist im vorliegenden Fall nicht gegeben. Aus diesem Grund ist der Kauf durch Herrn Wiese nichtig, also von Anfang an ungültig.

## 2.4

> **TIPP** Im ersten Teil der Beantwortung ist lediglich eine Beschreibung der Standortfaktoren verlangt. Im zweiten Teil erfolgt dann die Beurteilung, die auf das betrachtete Unternehmen abgestimmt sein muss. In der folgenden Lösung sind fünf Faktoren genannt, vier davon reichen aus.

Ein typischer Standortfaktor sind die **vorhandenen Arbeitskräfte**, sofern das zu betrachtende Unternehmen auf viele Arbeitskräfte angewiesen ist. Auch Lohnkostenunterschiede können beim Standortfaktor Arbeitskräfte ausschlaggebend auf die Wettbewerbsfähigkeit sein.

Weiterhin stellen **Absatzmöglichkeiten** einen typischen Standortfaktor dar. Im Dienstleistungssektor oder im Einzelhandel, also bei absatzorientierten Unternehmen, sind die Absatzmöglichkeiten für den Erfolg eines Unternehmens enorm wichtig.

Wenn es sich um Unternehmen handelt, die an eine bestimmte Rohstoffquelle gebunden sind oder rohstoffgewinnende bzw. rohstoffverarbeitende Unternehmen betrachtet werden, so stellt das **Rohstoffvorkommen** einen weiteren wichtigen Standortfaktor dar. Beispielsweise muss ein Unternehmen, das Kohle abbaut, einen Standort wählen, der reich an Kohle ist.

Zudem stellen für viele Unternehmen die **Verkehrsverhältnisse** einen wichtigen Standortfaktor dar. Für Unternehmen, die Waren an einen größeren Kundenkreis vertreiben oder eng mit Zulieferern zusammenarbeiten, ist dieser Standortfaktor elementar.

Seit einigen Jahren rücken auch immer mehr sogenannte **weiche Faktoren**, wie z. B. Freizeit- oder Bildungsangebote, in den Mittelpunkt. Für Fachleute, die einen hohen Wert auf Freizeit oder die Work-Life-Balance legen und somit die Wahl ihres Arbeitgebers mit ihren Vorstellungen des Lebens abstimmen, spielt der Faktor der Freizeit- oder Bildungsangebote eine wichtige Rolle.

Da es sich bei der Freshleisure GmbH um ein mittelständisches Unternehmen für Kleidung handelt, sind für das Unternehmen die **Verkehrsverhältnisse** sowie die **Absatzmöglichkeiten** wesentliche Standortfaktoren. Neben einer guten Anbindung des Lagers an Lieferanten sollten Abnehmerinnen und Abnehmer ebenfalls gut erreichbar sein. Auch die Logistikzentren der Schuhketten und des Onlinehändlers sollten verkehrstechnisch günstig liegen.

Arbeitskräfte sind im betrachteten Unternehmen hingegen weniger wichtig, da in einem vollautomatisierten Lager nur wenige Arbeitskräfte benötigt werden und es sich meist um gering qualifizierte Arbeitskräfte handelt. Dementsprechend sind die weichen Faktoren ebenfalls eher zu vernachlässigen. Auch eine Nähe zu Rohstoffen ist von keiner Bedeutung für die Freshleisure GmbH, da es sich um ein Lager für Endprodukte handelt.

## 3.1

**TIPP** Berechnen bedeutet nicht nur, dass am Ende das richtige Ergebnis herauskommt, sondern auch, dass der Rechenweg für jeden nachvollziehbar ist. Die Personen, die normalerweise Ihre Abschlussprüfung kontrollieren, sind Ihre unterrichtende Lehrkraft sowie eine weitere Person, die Sie vielleicht nicht kennt. Entsprechend genau müssen Sie Ihre Lösungen konzipieren – auch wenn es „nur" um „Berechnen" geht.

Laut §255 (1) HGB sind Anschaffungskosten die Kosten, die beim Erwerb eines Vermögensgegenstandes entstehen und diesen in einen betriebsbereiten Zustand versetzen. Hierzu zählen auch Anschaffungsnebenkosten sowie nachträgliche Anschaffungskosten und Preisminderungen.

Somit werden Anschaffungskosten wie folgt berechnet:

   Anschaffungspreis
− Anschaffungskostenminderungen
+ Anschaffungsnebenkosten

= Anschaffungskosten

Zu den Anschaffungsnebenkosten zählen z. B. Transport- und Montagekosten oder auch die Beurkundung oder die Grunderwerbssteuer.
Zu den Kostenminderungen zählen die Preisnachlässe wie z. B. Skonti oder Rabatte.

|   | | |
|---|---:|---|
|    Anschaffungspreis Gabelstapler | 23 000,00 € | |
| − AK-Minderungen (5 % Rabatt) | 1 150,00 € | (= 23 000 · 5 / 100) |
| + AK-Nebenkosten | 150,00 € | |
| = Anschaffungskosten | 22 000,00 € | |

**TIPP** Bei den Anschaffungskosten handelt es sich um den Netto-Wert. Diesen benötigen Sie für die Berechnung der Abschreibung.

Zur Begrifflichkeit „Abschreibung":
Wenn Sie ein Produkt kaufen, hat es einen bestimmten Wert. Doch mit jeder Nutzung würden Sie bei einem Wiederverkauf weniger Geld dafür bekommen (von Ausnahmen wie Oldtimern abgesehen). Dies gilt auch für Gegenstände des Anlagevermögens, die Sie zwar gekauft, aber nie genutzt haben – z. B. auch, wenn Sie einen PC gekauft und originalverpackt in einer Ecke stehen lassen. Dieser ist schon aufgrund des technologischen Fortschritts nach kurzer Zeit nicht mehr für den eigenen Einkaufspreis zu verkaufen. Letztlich müssen Sie jedes Jahr kontrollieren, welchen Wert Ihre Vermögenswerte noch haben – der entsprechende Wertverlust wird als Abschreibung bezeichnet.

Es gibt verschiedene Varianten, die Abschreibung zu berechnen. Hierbei gilt es, auf die Formulierung in der Aufgabenstellung zu achten. In dieser Aufgabe ist keine Variante definiert, aber es steht der jährliche Abschreibungsbetrag dabei. Da es nur eine Variante der Abschreibung gibt, in der sich der Abschreibungsbetrag nicht verändert (nämlich die lineare Abschreibung), handelt es sich hierbei um die gesuchte Variante.

Wie bereits erwähnt ist es wichtig, alles sehr ausführlich zu beschreiben – selbst wenn es um „Berechnen" geht. Demzufolge sollte immer die jeweils benötigte Formel aufgeschrieben werden.

Der Abschreibungssatz ist immer ein Prozentwert. Hierbei geht es darum, um wie viel Prozent das Gut jedes Jahr an Wert verliert. Da man von maximal 100 % ausgeht, lautet die Formel wie folgt:

$$\text{Abschreibungssatz} = \frac{100}{\text{Nutzungsdauer (Jahre)}}$$

Hieraus ergibt sich in Verbindung mit der Aufgabenstellung folgende Rechnung:

$$\text{Abschreibungssatz} = \frac{100}{\text{Nutzungsdauer (Jahre)}} = \frac{100}{8} = 12{,}5\,\%$$

**TIPP** Um schließlich den Wert der jährlichen Abschreibung zu berechnen, wird eine weitere Formel benötigt:

$$\text{jährlicher Abschreibungsbetrag} = \frac{\text{Anschaffungskosten (netto)}}{\text{Nutzungsdauer (Jahre)}}$$

Hieraus ergibt sich gemäß der Aufgabenstellung folgende Rechnung:

$$\text{jährl. Abschr.betrag} = \frac{\text{Anschaffungskosten (netto)}}{\text{Nutzungsdauer (Jahre)}} = \frac{22\,000\,\text{€}}{8} = 2\,750\,\text{€}$$

**TIPP** Alternativ wäre es auch möglich, den jährlichen Abschreibungsbetrag zu berechnen, indem man die Anschaffungskosten (netto) mit dem Abschreibungssatz multipliziert.

## 3.2

**TIPP** Da Buchungssätze einen großen Teil des Rechnungswesen-Unterrichts in der FOS ausmachen, sind in den meisten Prüfungen auch Buchungssätze zu bilden. Hier bezieht sich die Erstellung des Buchungssatzes auf die Aufgabenstellung von 3.1 – sprich die Abschreibung.
Abschreibungen sind ein Aufwand und diese stehen immer im Soll.

| | | | |
|---|---|---|---|
| Abschreibungen auf Sachanlagen (AfA) | 2 750,00 € | an Fuhrpark | 2 750,00 € |

## 3.3

> **TIPP** In dieser Aufgabe sollen Sie die Auswirkungen der Abschreibung auf ein Unternehmen beschreiben. Hierbei sollten Sie darauf achten, dass Sie nicht aus Versehen anfangen, Ihre Lösung in Stichpunkten aufzuschreiben. Zur Erstellung der Lösung ist es sinnvoll, sich klarzumachen, was eine Abschreibung letztlich bedeutet, und dies kleinschrittig darzustellen.

Eine Abschreibung stellt im buchhalterischen Sinne einen Aufwand dar. Aufwendungen werden über das Gewinn- und Verlustkonto (GuV) abgeschlossen. Da es sich um einen Aufwand handelt, wird die Verlust-Seite belastet und somit der Gewinn reduziert. Aus Unternehmenssicht führt dies dazu, dass insgesamt weniger gewinnabhängige Steuern (z. B. Einkommens- und Körperschaftssteuer) zu zahlen sind.

## 3.4

> **TIPP** Wie auch bei der 3.2 gilt hier das „Buchen" als Information zum Erstellen von Buchungssätzen.

Zum 1. Buchungssatz
Um den ersten Buchungssatz richtig aufzustellen, sollten Ihnen die Begriffe „Kunde" sowie „Rechnung" und „Bank" ins Auge fallen. Die Bank ist als Konto in der Bilanz vorhanden. Kunde und Rechnung leider nicht. Bezüglich „Rechnung" sollten Ihnen zwei Kontenbezeichnungen in den Sinn kommen:
- Forderungen aus Lieferungen und Leistungen (a. L L)
- Verbindlichkeiten aus Lieferungen und Leistungen (a. L L)

Sie müssen immer aus Unternehmersicht denken. Wenn Sie etwas fordern (ein Kunde hat noch nicht gezahlt), handelt es sich um eine Forderung. Wenn Sie aber verpflichtet sind, an einen Lieferanten noch Geld zu bezahlen, ist es eine Verbindlichkeit.
Som ist der Kunde in Verbindung mit einer Rechnung als Forderung zu deklarieren.
Da der Kunde die Rechnung bezahlt, wird der Rechnungsstapel kleiner → somit wird die Forderung im Haben gebucht.
Außerdem wird das Bankkonto voller → dies passiert im Soll.
Somit lautet der Buchungssatz:

| | | |
|---|---|---|
| Bank | an | Forderungen a. LL |

> **TIPP** Achten Sie bei den Beträgen darauf, dass in der Aufgabenstellung „netto" angegeben wurde. Eine Rechnung wurde bereits vorher brutto verbucht. Das bedeutet, dass hier eine kleine Falle eingebaut wurde. Sie müssen die 3 000 € netto noch in einen Brutto-Wert umrechnen.

$$\frac{3\,000{,}00\ €\cdot 119}{100} = 3\,570{,}00\ €$$

Der Brutto-Wert beträgt also 3 570,00 €.

Letztendlich lautet der vollständige Buchungssatz:

| Bank | 3 570,00 € | an | Forderungen a. LL | 3 570,00 € |

> **TIPP** Zum 2. Buchungssatz
> Generell gilt für Rücksendungen: Der Buchungssatz vom Einkauf/Verkauf wird einfach umgedreht.
> In diesem Fall hat das Unternehmen ein Paar Schuhe im Wert von 149,90 € brutto verkauft.
> Zum Lösen dieses Buchungssatzes ist es der einfachste Weg, sich erst den Buchungssatz des Verkaufs zu notieren. Da es sich hier auch um eine Rechnung in Verbindung mit einem Kunden handelt, wird wieder das Konto Forderungen a. LL benötigt. Im Verkauf der eigenen Produkte benötigt man außerdem das Konto „Umsatzerlöse für eigene Erzeugnisse" sowie das Konto „Umsatzsteuer".
> Da es sich bei den Umsatzerlösen für eigene Erzeugnisse um ein Ertragskonto handelt, wird dies ins Haben geschrieben. Da es keine Umsatzerlöse ohne die Umsatzsteuer gibt, wird diese gleich mit angehängt. Denken Sie daran, dass der Brutto-Wert zu den Forderungen gehört und der Netto-Wert und die Steuer entsprechend berechnet werden müssen.

Der normale Buchungssatz für den Verkauf lautet:

Forderungen 149,90 € an Umsatzerlöse aus 125,97 € (149,9 · 100 / 119)
eigenen Erzeugnissen
Umsatzsteuer 23,93 €

Wie gesagt: Bei Rücksendungen wird der Buchungssatz einfach umgedreht. Somit lautet die Lösung zum 2. Buchungssatz:

Umsatzerlöse aus 125,97 €
eigenen Erzeugnissen
Umsatzsteuer 23,93 € an Forderungen 149,90 €

## 4.1

> **TIPP** Es ist wichtig, die Fragestellungen genau zu lesen. Bei dieser Aufgabenstellung geht es nicht um die Frage, warum man generell neue Mitarbeiter benötigt, sondern darum, zu erkennen, dass zusätzliche Mitarbeiter benötigt werden. Hierbei sollten die zwei Begriffe Bruttopersonalbedarf und Nettopersonalbedarf unterschieden werden. Der Bruttopersonalbedarf ist die Anzahl an Mitarbeitern die generell benötigt werden, um das Arbeitspensum des Unternehmens leisten zu können. Der Nettopersonalbedarf ist die Anzahl der tatsächlichen Mitarbeiter. Hierbei ist durchaus eine Differenz möglich.
> Bezogen auf die Fragestellung der Aufgabe 4.1 sollten Sie zwei Gründe dafür aufführen, dass der Bruttopersonalbedarf (also die Anzahl der Mitarbeiter, die benötigt werden) steigt.

- Ausweitung der Produktion durch Expansion
- organisatorische Erweiterungen bzw. Umstrukturierungen

## 4.2

> **TIPP** Auch bei dieser Aufgabenstellung ist es wichtig, den Unterschied zwischen Brutto- und Nettopersonalbedarf zu kennen. Häufig greifen in den Abschlussprüfungen Aufgabenstellungen auf gegebene Zahlen zurück.
> Zum Bearbeiten dieser Aufgaben gibt es verschiedene Schemata, die aber zum gleichen Ergebnis führen. Sie sollten darauf achten, die genannten Bereiche getrennt voneinander zu betrachten. Dies hat den Vorteil, dass Sie in der Praxis am Ende genau sehen können, wo Sie Mitarbeiter benötigen oder zu viele vorhanden sind.

|  | **Einkauf** | **Produktion** | **Vertrieb** |
|---|---|---|---|
| Aktueller Bestand | 5 | 20 | 8 |
| Bedarfsveränderung | +1<br>(5 · 20 / 100) | +3<br>(20 · 15 / 100) | –2<br>(8 · 25 / 100) |
| Bruttopersonalbedarf<br>(tatsächlich benötigen wir ...) | 6<br>(5 + 1) | 23<br>(20 + 3) | 6<br>(8 – 2) |
| + erwartete Personalzugänge | +2<br>(Elternzeit + Versetzung) | +1<br>(Auszubildende) | – |
| – erwartete Personalabgänge | – | –2<br>(Kündigung + Rente) | –1<br>(Versetzung) |

|  | **Einkauf** | **Produktion** | **Vertrieb** |
|---|---|---|---|
| Nettopersonal-bedarf | −1<br>(6 Bruttopersonal-bedarf − 5 aktuell − 2 Zugänge = −1) | +4<br>(23 Bruttopersonalbedarf − 20 aktuell − 1 Zugang + 2 Abgänge = 4) | −1<br>(6 Bruttopersonalbedarf − 8 aktuell + 1 Abgang = −1) |

> **TIPP** Achten Sie auch darauf, dass häufig am Ende einer Aufgabenstellung ein „Beurteilen Sie" steht. Dies wird gerne überlesen, was aber zu unnötigem Punktverlust führt. Denn letztlich geht es nur darum, die erreichten Ergebnisse zu dokumentieren.
> Für diese Aufgabenstellung heißt dies entsprechend:

Im Bereich **Einkauf** besteht einen Bedarf von sechs Mitarbeitern. Aktuell sind es fünf Mitarbeiter – zwei weitere Mitarbeiter werden für den Planungszeitraum hinzukommen. Somit besteht eine Personalüberdeckung (zu viele Mitarbeiter) von einer Person.

Der Bereich **Produktion** hat aktuell 20 Mitarbeiter. Der Bedarf steigt auf 23. Die Übernahme einer Auszubildenden kann die anstehende Kündigung und Rente jedoch nicht abfangen. Somit steigt der Bedarf um weitere vier Personen. Hierbei handelt es sich um eine Personalunterdeckung (zu wenige Mitarbeiter).

Im **Vertrieb** sinkt der Bedarf auf sechs Personen. Derzeit sind dort 8 Mitarbeiter beschäftigt. Eine Person wird versetzt. Allerdings besteht hier trotzdem eine Personalüberdeckung von einer Person.

**4.3.1**

> **TIPP** Beim „Beschreiben" sollen Sie in ganzen Sätzen erklären, was sich hinter dem Begriff in der Aufgabenstellung verbirgt.

Zusätzlich zum vereinbarten Entgelt (z. B. Zeitlohn) kann der Arbeitgeber dem Arbeitnehmer eine zusätzliche Prämie gewähren. Diese beruht auf einer zusätzlichen Arbeitsleistung, die über das „normale Maß" hinaus geht und nicht unbedingt erwartet werden konnte. Hierzu zählen nicht nur zählbare Resultate, auch Verbesserungsvorschläge oder Qualitätsprämien für besonders wenige Fehler können gezahlt werden.

> **TIPP** Auch hier gibt es einen zweiten Teil der Aufgabe, nämlich das „Nennen" eines Vorteils. Versuchen Sie hierbei, sich selbst in die Situation zu versetzen, dass Sie als Arbeitnehmer die Chance bekommen, eine Prämie zu erhalten. Wie geht es Ihnen dabei? Und schon haben Sie einen Vorteil.

Es ist durchaus ein Anreiz, Dinge möglichst ordentlich, vorausschauend, kosteneffizient usw. zu tun. Wenn man dann für diese Ideen oder Tätigkeiten eine Prämie erhält, also belohnt wird, motiviert das noch mehr.

**4.3.2**

> **TIPP** Um diese Aufgabe berechnen zu können, sollten Sie im ersten Schritt überlegen, wie viel Paar Schuhe normalerweise hergestellt werden können.

1 Stunde = 60 Minuten
60 Minuten / 10 Minuten (Vorgabezeit) = 6 Paar Schuhe / Stunde
6 Paar Schuhe · 8 Stunden Arbeitszeit = 48 Paar Schuhe / Tag
Lohn pro Tag bei Einhalten der Vorgabezeit = 8 · 12 = 96 €

> **TIPP** Nun ist es aber so, dass 60 Paar Schuhe hergestellt werden. Das heißt, zwölf Paar mehr als unter normalen Umständen. Normalerweise werden in einer Stunde sechs Paar hergestellt. Es geht hier also um zwei Stunden Arbeitszeit. Entsprechend lautet hier die Rechnung:

$(12 \cdot 2) \cdot 50\% = 12{,}00$ Euro zusätzliche Prämie

Entsprechend erhält der Mitarbeiter:
96,00 € (Normales Gehalt) + 12,00 € (Prämie) = 108,00 € für diesen Tag

Dies entspricht:

$\dfrac{108{,}00\ €}{8\ \text{Stunden}} = 13{,}50\ €$ durchschnittlicher Stundenlohn

**4.4.1**

> **TIPP** Das Stichwort „Kritische Menge" hat immer damit zu tun, ob es kostengünstiger ist, etwas selbst zu produzieren oder von einem Lieferanten bereits fertiggestellt zu erhalten. Hier kommt es auf die Menge an und leider kann man nicht generell sagen, dass z. B. ab 1 000 Stück die Eigenproduktion günstiger wäre. Entsprechend muss man die kritische Menge, also die Menge, bei der Fremdbezug und Eigenfertigung gleich teuer sind, berechnen.
> Der Fremdbezug kostet 5,00 € pro Stück. Da man aber keine genaue Produktionsmenge hat und eben die kritische Menge berechnen möchte, muss man von einer unbekannten Anzahl (x) ausgehen. Entsprechend heißt die eine Seite der Gleichung 5x.
>
> Bei der Eigenfertigung muss man sowohl die variablen als auch die fixen Kosten berücksichtigen. Lesen Sie genau, um wichtige Informationen nicht zu übersehen.
> Die fixen Kosten der Eigenfertigung belaufen sich auf 1 750,00 €.

Die variablen Kosten müssen erst berechnet werden. Achten Sie auf die angegebenen Einheiten. Hier kostet 1 m² 21,00 € – allerdings lassen sich aus dem 1 m² 7 Teile herstellen. Entsprechend hat man variable Kosten in Höhe von 21,00 €/7 Teile = 3,00 €/Stück.
Auch hier kann man die genaue Stückzahl nicht beziffern, entsprechend wird aus den 3,00 €/Stück 3 x
Die Eigenfertigung und der Fremdbezug werden einander gegenübergestellt:

$$\text{Eigenfertigung} = \text{Fremdbezug}$$
$$\text{fixe Kosten} + \text{variable Kosten} = \text{Kosten des Fremdbezugs}$$
$$1\,750 + 3x = 5x$$
$$1\,750 = 2x$$
$$x = 875$$

**TIPP** Bei „Interpretieren Sie" müssen Sie zeigen, dass Sie verstanden haben, was Sie gerechnet haben. Was sagt x = 875 aus?

Bei einer Menge von 875 kosten die Eigenfertigung und der Fremdbezug gleich viel. Ab einer Menge von 876 ist die Eigenfertigung günstiger als der Fremdbezug.

**4.4.2** Kosten zu betrachten gehört zum normalen täglichen Bereich eines Betriebswirtes. Allerdings lässt sich nicht alles auf Kosten reduzieren und somit sind die Zahlen zwar wichtig, aber auch nicht die einzige Entscheidungsgrundlage. Manchmal macht es bereits bei einer geringeren Menge Sinn, selbst zu produzieren, wenn z. B. die Transportwege zu lang oder unsicher sind oder man seine Produktionsprozesse bzw. -ansprüche nicht preisgeben möchte. Auf der anderen Seite hat man aber vielleicht auch gar nicht das benötigte technische Wissen und würde die eigenen Qualitätsansprüche nicht halten können, was dann wiederum für Fremdbezug spricht.

**5.1**

**TIPP** Um diese Frage zu beantworten, müssen Sie erst klären, was die Handelsbilanz eigentlich ist. Die Handelsbilanz ist ein Teilbereich der Zahlungsbilanz, die die unterschiedlichen wirtschaftlichen Beziehungen mit dem Ausland widerspiegelt. Die Handelsbilanz selbst zeigt auf, wie das Verhältnis zwischen den Importen und Exporten von Gütern war (z. B. Maschine exportiert, Banane importiert).

Exporte (Verkauf von Waren ins Ausland) entlasten die Handelsbilanz, während Importe (Einkauf von Waren aus dem Ausland) die Handelsbilanz belasten. Hat ein Land über das Jahr mehr Güter exportiert als importiert, spricht man von einem Handelsbilanzüberschuss, umgekehrt von einem Handelsbilanzdefizit.

**5.2**

> **TIPP** In den Aufgabenstellungen findet man hin und wieder Verweise auf Tabellen oder Grafiken.
> Der erste Teil der Aufgabe besteht aus dem Beschreiben (sozusagen der Bestandsaufnahme) des Diagramms.
> Wenn es um das Beschreiben eines Diagramms geht, sollten Sie folgendermaßen vorgehen:
> - Um was geht es in dem Diagramm?
> - Welcher Zeitraum (meistens sind es Zeiträume) wird betrachtet?
> - Was lässt sich offensichtlich erkennen?

Das vorliegende Diagramm stellt die saison- und kalenderbereinigten Werte in Mrd. Euro der deutschen Handelsbilanz im Jahr 2019 dar. Es handelt sich um eine in Monate aufgegliederte Darstellung zwischen Dezember 2018 und Dezember 2019. Es fällt auf, dass es immer wieder zu Schwankungen gekommen ist, Deutschland aber durchgängig einen hohen Exportüberschuss verbuchen konnte.

> **TIPP** Im zweiten Teil geht es um die Darstellung zweier möglicher Auswirkungen dieser Situation auf die Bundesrepublik Deutschland.
> Letztlich wird bei einer solchen Aufgabenstellung überprüft, ob Sie die Zusammenhänge verstanden haben. Von daher ist es sehr wichtig, dass Sie die Unterrichtsinhalte nicht nur auswendig gelernt, sondern vor allem verstanden haben!

Ein Land, dass viel exportiert, ist stark davon abhängig, wie sich die Nachfrage in anderen Ländern entwickelt. Wenn also die ausländische Nachfrage sinkt, wird das Exportland weniger verkaufen können. Dies wiederum wird sich negativ auf die wirtschaftliche Situation im Inland auswirken. Deutschland ist also relativ stark davon abhängig, wie sich die Wirtschaft in anderen Ländern entwickelt.

Andererseits ist es jedoch so, dass ein Land durch den hohen Export auch die inländische Produktion stärken und somit sogar weitere Mitarbeiter einstellen kann. Durch die großen Exporte steigt also die Beschäftigung in Deutschland.

## 5.3

> **TIPP** Etwas zu beurteilen bedeutet, dass man eine begründete Einschätzung zu einem Sachverhalt oder einer Aussage abgibt.
> Was ist ein Wechselkurs eigentlich? Es handelt sich hierbei um den Tauschkurs zwischen zwei Währungen. Die Höhe des Tauschkurses wird durch Angebot und Nachfrage auf dem Devisenmarkt bestimmt.

Ursprünglich haben wir für einen Euro 1,40 Kanadische Dollar erhalten. Durch die Änderungen im Wechselkurs erhalten wir jetzt sogar 1,60 CAD für 1 €. Dies bedeutet, dass der Euro im Vergleich zum CAD an Wert zugenommen hat (er wurde aufgewertet). Es ist nun also möglich, für einen Euro mehr Steine zu erhalten. Dies führt dazu, dass das deutsche Unternehmen mehr Gewinn erzielen kann oder durch geringere Preise mehr Kunden anlockt und somit größere Umsätze generiert.

Auf der anderen Seite besteht jedoch das Problem, dass es für ein kanadisches Unternehmen teurer wird, Güter aus dem Euroland zu importieren (da der CAD nicht mehr so viel Wert hat). Dies kann dazu führen, dass der deutsche Handelsbilanzüberschuss kleiner wird. Dies wiederum würde einen Beitrag zum außenwirtschaftlichen Gleichgewicht (magisches Viereck) leisten.

## 5.4

> **TIPP** Auswirkungen können sowohl positiv als auch negativ sein. Von daher ist es sehr wichtig, genau diese Aspekte mit einzubeziehen. Versuchen Sie bei solchen Aufgabenstellungen, Kausalketten zu erstellen (was passiert, wenn man entsprechend vorgeht).

Wenn die Mindestlöhne erhöht werden,
- werden die Unternehmen erst mal Investitionen zurückstellen oder auch offene Stellen nicht neu besetzen (kurzfristig).
Das Beschäftigungsniveau (sowohl für die Freshleisure GmbH als auch für Deutschland) würde also tendenziell sinken.
- haben die Mitarbeiter mehr Geld zur Verfügung → haben Mitarbeiter eine höhere Kaufkraft → kaufen mehr ein → Unternehmen benötigt neue Mitarbeiter und Investitionen, um der Nachfrage gerecht zu werden (mittelfristig).
Das Beschäftigungsniveau könnte also mittelfristig sogar steigen.

# Hessen Wirtschaft und Verwaltung
## Abschlussprüfung Fachoberschule 2020
### Vorschlag B

**Aufgabenstellung**

1. Die Comping GmbH ist ein mittelständischer Hersteller von Umbausets für Kleinbusse. Die Bausätze der Comping GmbH ermöglichen den Kundinnen und Kunden, ihr Familienauto vorübergehend in ein Wohnmobil zu verwandeln. Das Unternehmen mit Sitz in Montabaur musste in den letzten beiden Jahren einen spürbaren Umsatzrückgang hinnehmen. Es sollen deshalb verstärkte Anstrengungen im Marketing unternommen werden.

1.1 Das Unternehmen möchte Informationen über Preis- und Qualitätsvorstellungen potenzieller Kundinnen und Kunden erhalten und will deshalb Marktforschung betreiben.

1.1.1 Ordnen Sie durch Ankreuzen die in Material 1 gegebenen Fälle jeweils den Methoden der Marktuntersuchung zu.
(*Hinweis:* Mehrfachzuordnungen sind möglich.) (4 BE)

1.1.2 Erklären Sie die Beobachtung, die Befragung und das Experiment. (6 BE)

1.1.3 *„Worauf legen unsere Kundinnen und Kunden bei Handhabung und Ausstattung einer Campingküche für Kleinbusse besonderen Wert?"*
Entscheiden Sie sich für eine Methode, um eine Antwort auf diese Frage zu erhalten.
Skizzieren Sie die Ausgestaltung dieser Methode im vorliegenden Fall. (4 BE)

1.2 Die Marktforschung hat ergeben, dass potenzielle Kundinnen und Kunden den Preis der Bausätze als zu hoch ansehen. Viele entscheiden sich deshalb gegen einen Kauf. Der Geschäftsführer, Herr Porz, schlägt zunächst eine Preisdifferenzierung vor.

1.2.1 Erklären Sie den Zweck einer Preisdifferenzierung und nennen Sie zwei Voraussetzungen, damit eine Preisdifferenzierung erfolgreich umgesetzt werden kann. (4 BE)

1.2.2 Die Geschäftsleitung wägt den Einsatz einer zeitlichen und einer räumlichen Preisdifferenzierung beim Verkauf der Küchenbausätze ab.
Entscheiden Sie sich für eine der beiden Alternativen. (3 BE)

1.3 Neben preispolitischen Maßnahmen hat die Comping GmbH auch in der Kommunikationspolitik ihre Bemühungen verstärkt. So wurden die

Bausätze von Mai 2019 bis Ende April 2020 in Fachzeitschriften beworben und auf mehreren Freizeitmessen zur Schau gestellt. Die Geschäftsleitung möchte nun den Erfolg dieser Maßnahmen im Vergleich zum Vorjahr überprüfen. Folgende Daten liegen vor:
- Umsatz April 2019:     140 000 €
- Umsatz April 2020:     145 000 €
- Kosten der Werbeanzeigen:   2 000 €
- Kosten der Messeauftritte:   1 700 €

Berechnen Sie die Werberendite und bewerten Sie dieses Ergebnis. (4 BE)

**2** Bei der Comping GmbH fallen regelmäßig Buchungen im Absatzbereich an. Auch muss sich das Unternehmen regelmäßig mit Abschreibungen auseinandersetzen.

**2.1** Buchen Sie folgende Geschäftsvorfälle mit der Bezeichnung der verwendeten Konten und den entsprechenden Euro-Beträgen.
- Die Comping GmbH verkauft drei Bausätze an eine Kundin auf Rechnung. Es handelt sich um ein Küchenmodul für 1 600 € netto, eine Schlafbank für 1 500 € netto und ein Schrankset für 1 300 € netto. Da die Kundin mindestens zwei Bausätze zusammen bestellt hat, erhält sie einen Sofortrabatt von 10 %. Der Versand erfolgt kostenlos.
- Ein Kunde kauft Wohnmobilzubehör im Wert von 238 € brutto auf Rechnung. Diese Produkte bezieht die Comping GmbH direkt von einem Großhändler.
- Weil der Kunde sehr lange auf das Wohnmobilzubehör warten musste, erhält er einen Preisnachlass in Höhe von 2 % auf den noch offenen Nettorechnungsbetrag. (6 BE)

**2.2** Zur Herstellung von Kunststoffplatten kauft das Unternehmen im Mai 2020 eine Kreissäge im Wert von 1 800 € netto. Es fallen zusätzlich Versandkosten im Wert von 30 € netto und Montagekosten im Wert von 60 € (netto) an. Die Kreissäge soll linear abgeschrieben werden. Die Kreissäge darf gemäß AfA-Tabelle linear über 14 Jahre abgeschrieben werden.

**2.2.1** Berechnen Sie die zeitanteilige Abschreibung im Anschaffungsjahr und im folgenden Geschäftsjahr. (3 BE)

**2.2.2** Buchen Sie die Abschreibung für das erste Abschreibungsjahr mit den entsprechenden Kontenbezeichnungen und den Euro-Beträgen und bewerten Sie die Wirkung dieser Buchung für die Comping GmbH. (4 BE)

**3** Die Comping GmbH wurde im Jahr 2014 als Unternehmergesellschaft (UG) gegründet und im Jahr 2017 zur GmbH umfirmiert. Sie hat drei Gesellschafter. Herr Porz ist mit 140 000 € am Unternehmen beteiligt, Frau Zink hält 196 000 € und Herr Gies 224 000 €.

**3.1** Das Unternehmen firmierte von seiner Gründung 2014 bis ins Jahr 2017 als Comping UG haftungsbeschränkt.
Begründen Sie die Entscheidung des Unternehmens, zunächst die Unternehmergesellschaft (UG) und nicht die Gesellschaft mit beschränkter Haftung (GmbH) oder eine Personengesellschaft als erste Rechtsform zu wählen. (2 BE)

**3.2** Nennen Sie die Firmenart der Comping GmbH und erklären Sie die Kaufmannsart des Unternehmens. (3 BE)

**3.3** Der Geschäftsführer Herr Porz ist als Gesellschafter zugleich am Unternehmen beteiligt.
Erläutern Sie, inwieweit er bei Verlusten des Unternehmens haften könnte. (2 BE)

**3.4** Im Jahr 2019 erzielte die Comping GmbH 38 000 € Gewinn. Die Gesellschafter weichen vertraglich nicht von der gesetzlichen Regelung zur Gewinnverteilung ab.
Berechnen Sie für alle drei Gesellschafter die Gewinnanteile für das Jahr 2019. (3 BE)

**3.5** In Material 2 liegt eine Kurzfassung der aktuellen Bilanz der Comping GmbH vor.
Berechnen Sie anhand der angegebenen Bilanzzahlen die Eigenkapitalrentabilität, den Verschuldungsgrad, den Anlagendeckungsgrad I sowie den Anlagendeckungsgrad II und interpretieren Sie Ihre Ergebnisse. (8 BE)

**4** Das Unternehmen muss regelmäßig Entscheidungen im Produktionsbereich treffen, um weiterhin wettbewerbsfähig zu bleiben.

**4.1** Bei der Comping GmbH und ihren Lieferanten kommen eine Reihe von Fertigungstypen zum Einsatz. Geben Sie jeweils den Fertigungstyp (d. h. nach der Produktionsmenge) an.
- Die Comping GmbH stellt neben den Fertigbausätzen auch Rollmarkisen und Campingduschen her.
- Die Kunden der Comping GmbH können sich bei den Schlafbänken zwischen zehn Farben und fünf Stoffbezugsarten entscheiden.
- Das Unternehmen stellt für alle Möbel gleichartige Griffe in neutraler Farbe her.
- Die Comping GmbH kann auch den Ausbau eines Transporters vollkommen an den Wünschen des Kunden orientieren und spezielle Sonderanfertigungen herstellen. (4 BE)

**4.2** Ein Produktionsleiter des Unternehmens sagt, dass die Massenfertigung die sinnvollste Art der Herstellung sei.
Beurteilen Sie diese Aussage. (4 BE)

**4.3** Die Comping GmbH stellt Wandschränke in verschiedenen Größen her, die modular zusammengefügt werden können. In Material 3 liegen Informationen zu den verschiedenen Schrankgrößen der Comping GmbH vor.

**4.3.1** Ermitteln Sie das Ergebnis für diese Produktgruppe sowie den Gesamtdeckungsbeitrag I und II der einzelnen Produkte unter der Annahme, dass kein Produktionsengpass vorliegt. (4 BE)

**4.3.2** Aufgrund kurzfristig fehlender Kapazitäten muss die Produktion der Wandschränke neu geplant werden.
Berechnen Sie das optimale Produktionsprogramm und den Erfolg des Unternehmens, wenn zurzeit die maximale Maschinenkapazität 300 Stunden pro Monat und die gesammelten produktgruppenfixen Kosten 6 800 € pro Monat betragen.
*(Hinweis:* Sollten Sie in Aufgabe 4.3.1 die notwendigen Deckungsbeiträge nicht berechnet haben, nehmen Sie zur Lösung dieser Aufgabe bitte Deckungsbeiträge von 20 € *(MBox),* 35 € *(LBox)* und 75 € *(XLBox)* an.) (9 BE)

**4.4** Beschreiben Sie zwei Gründe, von dem optimalen Produktionsprogramm abzuweichen. (4 BE)

**5** Der spürbare Umsatzrückgang und striktere Umweltauflagen in der Automobilindustrie verunsichert die Geschäftsführung der Comping GmbH. Sie schaut deshalb verstärkt auf die konjunkturellen und strukturellen Entwicklungen in der Bundesrepublik Deutschland.

**5.1** Das Bruttoinlandsprodukt (BIP) ist ein Konjunkturindikator. Ordnen Sie das BIP eines Jahres einer Indikatorart zu (Frühindikator, Präsenzindikator, Spätindikator) und begründen Sie Ihre Auswahl. (2 BE)

**5.2** Beschreiben Sie die in Material 4 dargestellt Statistik und beurteilen Sie deren Aussagekraft hinsichtlich der Beurteilung der wirtschaftlichen Stärke und Entwicklung eines Landes. (5 BE)

**5.3** *„Das BIP ist die richtige Kennzahl, um den Wohlstand unserer Bürgerinnen und Bürger zu erfassen."*
Diskutieren Sie diese Aussage. (5 BE)

**5.4** Ein Beratergremium der Bundesregierung schlägt zur Stärkung der Konjunktur eine Verringerung des allgemeinen Umsatzsteuersatzes von 19 % auf 15 % vor.

**5.4.1** Ordnen Sie diese Maßnahme einer grundlegenden Richtung der Wirtschaftspolitik zu und skizzieren Sie an einer vierstufigen Wirkungskette die erhoffte Wirkung der Maßnahme. (5 BE)

**5.4.2** Bewerten Sie die Auswirkungen dieser Maßnahme auf die Comping GmbH. (2 BE)

## Material 1: Methoden der Marktuntersuchung der Comping GmbH

| Fall | Marktforschung | Markterkundung | Marktanalyse | Marktbeobachtung | Primärforschung | Sekundärforschung |
|---|---|---|---|---|---|---|
| Bisherige Kundinnen und Kunden werden regelmäßig befragt, ob der Verschleiß der Bausätze angemessen ist. | | | | | | |
| Das Unternehmen betrachtet die Entwicklung der Zulassungen für Kleinbusse. | | | | | | |
| Das Unternehmen befragt potenzielle Kundinnen und Kunden jährlich in einer Onlinebefragung nach ihren Preisvorstellungen. | | | | | | |
| Der Geschäftsführer entdeckt auf einer Freizeitfachmesse weitere Anbieter von Bausätzen für Wohnmobile. | | | | | | |

## Material 2: Kurzfassung der Bilanz der Comping GmbH zu Beginn von 2019

| AKTIVA | Bilanz Comping GmbH | | PASSIVA |
|---|---|---|---|
| Anlagevermögen | 510 000 € | Eigenkapital | 560 000 € |
| Umlaufvermögen | 1 114 000 € | Fremdkapital | |
| | | langfristiges Fremdkapital | 80 000 € |
| | | kurzfristiges Fremdkapital | 984 000 € |
| Summe Vermögen | 1 624 000 € | Summe Kapital | 1 624 000 € |

Gewinn (2019): 38 000 €
Die branchenübliche Eigenkapitalrentabilität liegt bei 5 %.

**Material 3** — Informationen zur Berechnung des optimalen Produktionsprogramms

| Wandschrank | | MBox | LBox | XLBox |
|---|---|---|---|---|
| Maximal mögliche Absatzmenge | (Stück pro Monat) | 150 | 100 | 50 |
| Preis | (€ pro Stück) | 70 | 160 | 250 |
| Variable Stückkosten | (€ pro Stück) | 45 | 130 | 160 |
| Produktfixe Kosten | (€) | 1 500 | 2 100 | 3 200 |
| Maschinenproduktionszeit | (Minuten pro Stück) | 50 | 100 | 150 |

**Material 4** — Bruttoinlandsprodukt in ausgewählten EU-Ländern 2018 in Milliarden Euro

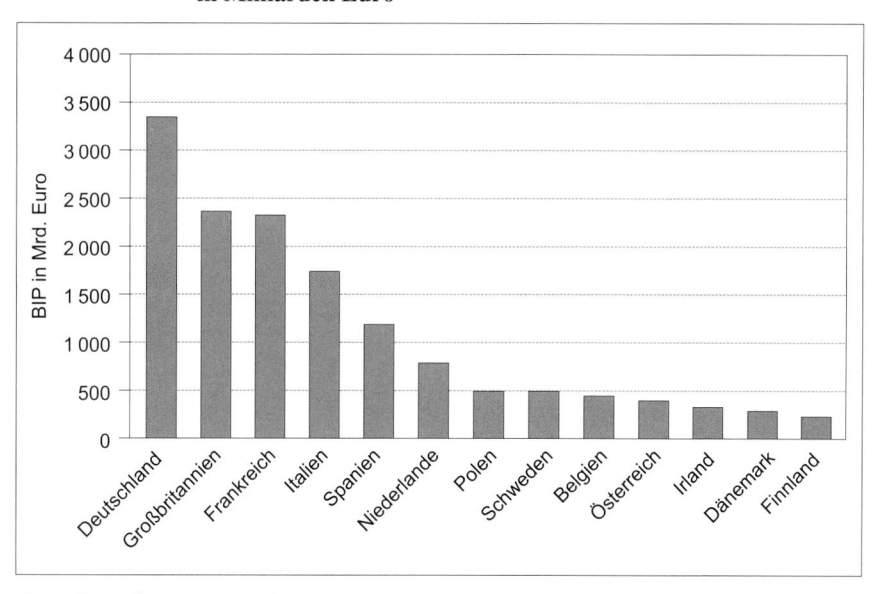

[Balkendiagramm: BIP in Mrd. Euro für Deutschland, Großbritannien, Frankreich, Italien, Spanien, Niederlande, Polen, Schweden, Belgien, Österreich, Irland, Dänemark, Finnland]

*eigene Darstellung, Daten nach: Eurostat*

# Lösungsvorschlag

## 1.1.1

| Fall | Marktforschung | Markterkundung | Marktanalyse | Marktbeobachtung | Primärforschung | Sekundärforschung |
|---|---|---|---|---|---|---|
| Bisherige Kundinnen und Kunden werden regelmäßig befragt, ob der Verschleiß der Bausätze angemessen ist. | x | | | x | x | |
| Das Unternehmen betrachtet die Entwicklung der Zulassungen für Kleinbusse. | x | | | x | | x |
| Das Unternehmen befragt potenzielle Kundinnen und Kunden jährlich in einer Onlinebefragung nach ihren Preisvorstellungen. | x | | | x | x | |
| Der Geschäftsführer entdeckt auf einer Freizeitfachmesse weitere Anbieter von Bausätzen für Wohnmobile. | | x | | | | |

## 1.1.2 Beobachtung:

Bei der (Markt-)Beobachtung geht es hinsichtlich der Marktforschung um eine Erhebung von Daten über einen längeren Zeitraum. Es handelt sich somit um eine zeitraumbezogene Marktforschung. Grundsätzlich werden bei einer Marktbeobachtung Daten zu laufenden Veränderungen der Produkte erhoben.

**Befragung:**
Bei einer Befragung werden ausgewählte oder zufällige Personen zu ihrem Wissen in Bezug auf bestimmte Produkte befragt. Dies kann sowohl schriftlich als auch mündlich bzw. telefonisch erfolgen. In der Praxis werden Befragungen oftmals mit Gewinnspielen oder ähnlichen Anreizen verbunden, damit die befragten Personen detaillierte Auskunft geben. Meistens enthalten Befragungen sowohl offene als auch geschlossene Fragestellungen.

**Experimente:**
Experimente stellen ausführliche Tests zu z. B. Produkten, Verpackungen oder auch Preisen dar. Hierzu finden die Experimente in einem kleinen Versuchsrahmen unter gleichen Bedingungen oder in einem realitätsnahen groß angelegten Rahmen statt. Im ersten Fall spricht man von Laborexperimenten, im zweiten Fall von Feldexperimenten.

**1.1.3**

> **TIPP** Bei der Beantwortung der Fragestellung bietet es sich an, dass entsprechend der Aufgabenstellung die Lösung in zwei Teile untergliedert wird. Zum einen muss eine Entscheidung bezüglich der Marktforschungsmethode getroffen werden. Zum anderen sollte die getroffene Entscheidung in ihrer Umsetzung, in ihren Grundzügen skizziert werden.

Die Befragung bietet sich hier als beste Erhebungsmethode an. Die Comping GmbH kann mittels einer Befragung die Wünsche und Bedürfnisse der Kunden in Erfahrung bringen. Die Beobachtung bietet sich nicht an, da mit ihr diese nicht offengelegt werden können. Die Befragung kann ggf. noch durch ein Experiment ergänzt werden. Dies ist allerdings nur sinnvoll, wenn bereits Vorschläge des betrachteten Produkts vorliegen und diese lediglich bewertet werden sollen.

Die Befragung sollte zu einem bestimmten Zeitpunkt durchgeführt werden und nicht über einen bestimmten Zeitraum, da es der Comping GmbH um die Gestaltung von Bausätzen geht und hierbei eine aktuelle Meinung/aktuelle Trends berücksichtigt werden sollten. Weiterhin sollte der Umfang nicht zu viel Zeit in Anspruch nehmen, weshalb eine Teilerhebung sinnvoller ist. Hierbei werden nicht alle möglichen Kunden und Kundinnen befragt, sondern lediglich eine kleine Kundschaft, welche jedoch möglichst repräsentativ ist. Repräsentativ würde bedeuten, dass möglichst gleich viele Personen in allen Zielgruppen befragt werden, sodass die Ergebnisse gebündelt zusammengetragen werden können. Hinsichtlich der Befragung sollten möglichst auch offene Fragestellungen vorhanden sein, damit den Befragten zusätzlicher Raum für Ergänzungen eingeräumt ist. Somit bietet sich im Rahmen der Befragung ein Interview an, bei dem speziell auf einzelne Fragen eingegangen werden kann.

**1.2.1** Der Zweck einer Preisdifferenzierung besteht darin, dass man sich mithilfe des Preises besonders an die Gegebenheiten des Marktes anpasst. Der Markt wird bei einer Preisdifferenzierung in Teilmärkte untergliedert, sodass die Produkte zu unterschiedlichen Preisen angeboten werden können und man einen bestmöglichen Absatz generiert.

Eine Voraussetzung für eine Preisdifferenzierung ist ein unvollkommener Markt. Die Kundengruppen sollten bereit sein, unterschiedliche Preise zu akzeptieren. Weiterhin sollten die durch die Preisdifferenzierung entstandenen Verluste in einer Kundengruppe durch die Gewinne in anderen Kundengruppen mindestens ausgeglichen werden. Eine preisliche Differenzierung sollte ebenso aus Kundensicht nachvollziehbar sein. Der Zugang zu anderen Märkten sollte den Kundengruppen nicht möglich sein.

### 1.2.2

> **TIPP** Grundsätzlich ist die korrekte und nachvollziehbare Begründung dabei entscheidend, ob eine Lösung voll bepunktet werden kann. Es ist demnach essenziell, eine fachlich fundierte Begründung zu bieten. Es macht hierbei folgerichtig Sinn, das Für und Wider der betrachteten Preisdifferenzierungen genauer zu durchleuchten.

Eine **zeitliche Differenzierung** macht Sinn, wenn vermehrt in den Campingurlaub gefahren wird. Demnach sollten die Preise im Sommer und im Frühjahr am höchsten sein. Im Winter bzw. Herbst möchten weniger Urlauberinnen und Urlauber ihre freie Zeit im Campingurlaub verbringen. Grundsätzlich sollte bei der Preisgestaltung jedoch beachtet werden, dass Campingurlauber auch antizyklisch kaufen, da solche Anschaffungen langfristig sind. So könnten sie auch im Winter auf Produkte der Comping GmbH zurückgreifen, da der nächste Campingurlaub im Sommer nicht mehr lange auf sich warten lässt.

Im Gegensatz zur zeitlichen Differenzierung macht eine **räumliche Differenzierung** dann Sinn, wenn bestimmte Gegebenheiten zutreffen. Hier kann beispielsweise eine jährlich stattfindende Messe für Camping-Produkte genutzt werden, um Rabatte anzubieten. Auch ein Onlinehandel kann dafür genutzt werden, um Produkte günstiger anzubieten. Durch die Rabattierung werden Kunden letztlich zum Kauf angeregt.

Ich würde mich hier für die zeitliche Differenzierung entscheiden.

### 1.3

> **TIPP** Zur Berechnung der Werberendite wird der Werbeerfolg im Verhältnis zu den Kosten für die Werbung berechnet. Der Werbeerfolg ist hier die Differenz aus den Umsätzen von 2019 und 2020.

$$\text{Werbeerfolg im Vergleich} = \text{Umsatz } 2020 - \text{Umsatz } 2019$$
$$= 145\,000\,€ - 140\,000\,€ = 5\,000\,€$$

$$\text{Werbekosten } 2020 = \text{Kosten für Werbeanzeigen} + \text{Kosten für Messeauftritte}$$
$$= 2\,000\,€ + 1\,700\,€ = 3\,700\,€$$

Werberendite $= \dfrac{\text{Werbeerfolg}}{\text{Werbekosten}} \cdot 100$

$= \dfrac{5\,000\ \text{€}}{3\,700\ \text{€}} \cdot 100 = 135{,}14\ \%$

Da der Werbeerfolg bzw. der Werbegewinn die Werbekosten übersteigt, wird durch die Werbemaßnahme mehr Umsatz generiert, als sie Kosten verursacht. Somit ist die betrachtete Situation erfolgreich, sofern der zusätzliche Gewinn auch die Kosten übersteigt.

**2.1**

**TIPP** Es gibt verschiedene Arten von Preisnachlässen. Hierzu zählen Rabatte, Skonti und Boni. Sie unterscheiden sich in der unterschiedlichen Art und, buchhalterisch betrachtet, auch in deren Anwendung bei den Buchungssätzen.
- Rabatten begegnet man im privaten Bereich am häufigsten. Ein Beispiel hierzu wäre: „Kaufe 3 – zahle 2."
- Skonto ist immer in Verbindung mit einer Bezahlung auf Rechnung zu finden. Ein Preisnachlass wird dann gewährt, wenn die Rechnung innerhalb einer bestimmten Frist gezahlt wird.
- Ein Bonus wiederum ist ein Preisnachlass, der z. B. dann gewährt wird, wenn man im Vorjahr im entsprechenden Unternehmen für einen entsprechenden Betrag eingekauft hat.

In der Buchführung werden diese Preisnachlässe unterschiedlich gehandhabt. Ein Rabatt wird immer vor dem Kauf abgewickelt. D. h. dieser hat für den Buchungssatz keine Bedeutung.

1. Teilaufgabe:

| | |
|---|---|
| Küchenmodul | 1 600,00 € |
| + Schlafbank | 1 500,00 € |
| + Schrankset | 1 300,00 € |
| = Gesamt | 4 400,00 € |

Der Gesamtbetrag von 4 400,00 € stellt den eigentlich zu zahlenden Betrag dar. Hiervon darf die Kundin aber 10 % Rabatt abziehen. Dies entspricht:
4 400,00 · 10 / 100 = 440,00 €

Die Comping GmbH kann nun also folgende Buchung vornehmen:

| | | | | |
|---|---|---|---|---|
| Forderungen | 4 712,40 € | an | Umsatzerlöse für eigene Erzeugnisse | 3 960,00 € |
| | | | Umsatzsteuer | 752,40 € |

**TIPP** Beachten Sie, dass die Preise netto angegeben sind, Sie müssen also noch die Umsatzsteuer hinzurechnen.

2. Teilaufgabe:

> **TIPP** Im Gegensatz zur 1. Teilaufgabe, bei der das Unternehmen die selbst produzierten Erzeugnisse verkauft hat, handelt es sich in der 2. Teilaufgabe um Produkte, die von einem anderen Unternehmen bezogen wurden, um diese weiterzuverkaufen. In diesem Fall handelt es sich um „Umsatzerlöse aus Handelswaren".
> Weiterhin ist darauf zu achten, dass der Wert des Zubehörs in „brutto" angegeben ist. Dieser Hinweis zeigt an, dass beim Erstellen des Buchungssatzes die Steuer nicht vergessen werden darf.

Die Buchung lautet wie folgt:

| Forderungen | 238,00 € | an | Umsatzerlöse für Handelswaren | 200,00 € |
|---|---|---|---|---|
| | | | Umsatzsteuer | 38,00 € |

> **TIPP** Beachten Sie, dass bei dem vorhandenen Brutto-Wert der Netto-Wert entsprechend berechnet werden muss. Hier: 238,00 € · 100 / 119 = 200,00 €

3. Teilaufgabe:

> **TIPP** Wenn in einer Aufgabenstellung von Preisnachlass und Kunde gesprochen wird, wird immer auch das Konto „Erlösberichtigung" aktiv.
> In diesem Fall muss der Kunde noch auf seine Lieferung warten. Er hat diese noch nicht gezahlt – erhält aber trotzdem eine Ermäßigung in Höhe von 2 % des Netto-Rechnungsbetrages. Dies bedeutet, dass die Forderung reduziert wird – d. h. es muss ein Teil dieser Forderung aus dem ursprünglichen Buchungssatz wieder rausgebucht werden.
> Der in der 2. Teilaufgabe berechnete Netto-Betrag ist 200,00 €. 2 % hiervon sind (200 · 2 / 100) = 4,00 €. Beachten Sie, dass die Erlösberichtigung ein Netto-Wert ist.

Der dazugehörige Buchungssatz lautet:

| Erlösberichtigungen für Handelswaren | 4,00 € | | | |
|---|---|---|---|---|
| Umsatzsteuer | 0,76 € | an | Forderungen | 4,76 € |

### 2.2.1

**TIPP** Um die Abschreibung berechnen zu können, müssen die Anschaffungskosten berechnet werden. D. h., es werden nicht nur die reinen Maschinenkosten in Höhe von 1 800 € netto berücksichtigt, sondern auch die Versandkosten in Höhe von 30 € sowie die Montagekosten in Höhe von 60 €. Letztlich kostet die Maschine bis zur Nutzung also 1 890 €. Wichtig: Es wird immer vom Netto-Wert abgeschrieben.

In der Aufgabenstellung ist von linearer Abschreibung die Rede. Allerdings muss auch der Zeitpunkt „Mai" berücksichtigt werden. Die lineare Abschreibung betrifft das komplette Jahr – d. h. die Anschaffung erfolgt im Januar eines Jahres. Wenn ein anderer Monat genannt ist, muss automatisch die zeitanteilige Abschreibung verwendet werden. Hierbei handelt es sich letztlich um eine Erweiterung der linearen Abschreibung.

Hierfür muss als Erstes die normale lineare Abschreibung berechnet werden:

$$\frac{\text{Anschaffungkosten}}{\text{Nutzungsdauer}} = \frac{1890,00 \text{ €}}{14 \text{ Jahre}} = 135,00 \text{ € AfA im Jahr}$$

**TIPP** Wenn der Kauf im Januar des Jahres stattgefunden hätte, gäbe es eine jährliche Abschreibung in Höhe von 135,00 €. Bedingt dadurch, dass der Kauf im Mai stattgefunden hat, muss eine weitere Rechnung erfolgen. Hierbei ist wichtig, dass der Mai als Kaufmonat mitgezählt wird (Mai – Dezember = 8 Monate).

$$\frac{\text{Jährliche lineare AfA} \cdot \text{Restmonate bis Jahresende seit Kauf}}{12} = \frac{135,00 \text{ €} \cdot 8}{12}$$
$$= 90,00 \text{ €}$$

Die berechneten 90,00 € entsprechen der AfA im 1. Jahr (dem verkürzten Jahr). Da das Gut im darauffolgenden Jahr von Januar – Dezember im Unternehmen vorhanden ist, gilt hier der normale lineare AfA-Betrag in Höhe von 135,00 €.

**2.2.2** Die Buchung im ersten Abschreibungsjahr lautet wie folgt:

AfA                  90,00 €    an    Technische Anlagen       90,00 €
                                                                  und Maschinen

Bei einer Abschreibung handelt es sich um einen Aufwand. Aufwendungen werden über das Gewinn- und Verlustkonto abgeschlossen. Je größer die Aufwendungen, desto geringer der Gewinn und die damit zu zahlenden gewinnabhängigen Steuern.

Außerdem werden Abschreibungen in der Kosten- und Leistungsrechnung als Kosten geführt. Dadurch werden sie bei der Kalkulation der Preise der Produkte des Unternehmens mitberücksichtigt. Im Optimalfall werden so die

Kosten der Maschine komplett kompensiert und eine Ersatzbeschaffung ermöglicht.

**3.1** Der Vorteil der haftungsbeschränkten Unternehmergesellschaft mit der Kennzeichnung UG besteht in der Höhe des Stammkapitals. Eine UG muss lediglich ein Stammkapital in Höhe von mindestens einem Euro aufbringen. So macht es Sinn, zunächst eine UG zu gründen und ggf. im späteren Verlauf in eine GmbH umzufirmieren. Im Vergleich zu einer Personengesellschaft, wie z. B. der Offenen Handelsgesellschaft (OHG), hat die UG den Vorteil, dass keiner der Gesellschafter mit seinem Privatvermögen haftet.

**3.2** Bei der Comping GmbH handelt es sich um eine sogenannte Fantasiefirma. Die betrachtete Unternehmung ist ein Formkaufmann. Um einen Formkaufmann handelt es sich, wenn sich der Kaufmann kraft Rechtsform im Sinne des Handelsgesetzbuches erschließt. Grundsätzlich bedeutet dies, dass das Unternehmen die Eigenschaft des Kaufmanns durch die Eintragung im Handelsregister erlangt hat. Entscheidend ist dabei nicht, ob tatsächlich ein Handelsgewerbe betrieben wird.

**3.3** Aus der Aufgabenstellung geht hervor, dass Herr Porz mit einem Kapital in Höhe von 140 000 € am Unternehmen beteiligt ist. Da die Gesellschafter bei einer GmbH lediglich mit ihrem eingebrachten Kapital haften, sind dementsprechend 140.000 € betroffen. Zu beachten ist jedoch, dass Herr Porz gleichzeitig auch der Geschäftsführer ist. In diesem Fall kann Herr Porz bei Verstößen gegen seine Pflichten als Geschäftsführer gesondert haftbar gemacht werden. Somit kann unter Umständen auch sein Privatvermögen zur Haftung herangezogen werden.

**3.4** Gesamtkapital:

Kapitalanteil Herr Porz + Kapitalanteil Frau Zink + Kapitalanteil Herr Gies
= 140 000 € + 196 000 € + 224 000 € = 560 000 €

Gewinnanteil in % der Gesellschafter:

Herr Porz: $\dfrac{100}{\text{Gesamtkapital}} \cdot \text{Kapitalanteil Herr Porz}$

$= \dfrac{100}{560\,000\,\text{€}} \cdot 140\,000\,\text{€} = 25\ \%$

Frau Zink: $\dfrac{100}{\text{Gesamtkapital}} \cdot \text{Kapitalanteil Frau Zink}$

$= \dfrac{100}{560\,000\,\text{€}} \cdot 196\,000\,\text{€} = 35\ \%$

Herr Gies: $\dfrac{100}{\text{Gesamtkapital}} \cdot$ Kapitalanteil Herr Gies

$= \dfrac{100}{560\,000\,\text{€}} \cdot 224\,000\,\text{€} = 40\,\%$

Gewinnanteil in € der Gesellschafter:

Herr Porz: Gesamtgewinn · Gewinnanteil Herr Porz in %
$= 38\,000\,\text{€} \cdot 25\,\% = 9\,500\,\text{€}$

Frau Zink: Gesamtgewinn · Gewinnanteil Frau Zink in %
$= 38\,000\,\text{€} \cdot 35\,\% = 13\,300\,\text{€}$

Herr Gies: Gesamtgewinn · Gewinnanteil Herr Gies in %
$= 38\,000\,\text{€} \cdot 40\,\% = 15\,200\,\text{€}$

**3.5** Eigenkapitalrentabilität $= \dfrac{\text{Gewinn} \cdot 100}{\text{Eigenkapital}} = \dfrac{38\,000\,\text{€} \cdot 100}{560\,000\,\text{€}} = 6,79\,\%$

Verschuldungsgrad $= \dfrac{\text{Fremdkapital} \cdot 100}{\text{Eigenkapital}} = \dfrac{1\,064\,000\,\text{€} \cdot 100}{560\,000\,\text{€}} = 190\,\%$

Anlagendeckungsgrad I $= \dfrac{\text{Eigenkapital} \cdot 100}{\text{Anlagevermögen}} = \dfrac{560\,000\,\text{€} \cdot 100}{510\,000\,\text{€}} = 109,80\,\%$

Anlagendeckungsgrad II $= \dfrac{(\text{Eigenkapital} + \text{langfristiges Fremdkapital}) \cdot 100}{\text{Anlagevermögen}}$

$= \dfrac{(560\,000\,\text{€} + 80\,000\,\text{€}) \cdot 100}{510\,000\,\text{€}} = 125,49\,\%$

Die branchenüblichen 5 % werden im vorliegenden Fall mit einer Eigenkapitalrentabilität von 6,78 % klar übertroffen. Demnach lohnt sich die Investition für die Anteilseigner. Hinsichtlich des Verschuldungsgrades ist die Grenze von max. 200 % nicht zu überschreiten. Liegt der Verschuldungsgrad höher, so beträgt das Fremdkapital in Bezug auf das Eigenkapital zu viel. Die wirtschaftlichen Risiken wären zu groß. Im vorliegenden Fall liegt der Verschuldungsgrad bei 190 % und somit im Rahmen. Die Zielgröße des Deckungsgrads I liegt bei etwa 70–100 %. Mit einem Anlagendeckungsgrad I von 109,80 % liegt der Wert knapp über der Zielgröße. Die Comping GmbH erreicht diese Zielgröße also nicht ganz. Beim Anlagendeckungsgrad II ist eine Zielgröße von etwa 100–150 % nötig, damit eine finanzielle Stabilität gesichert ist. Mit einem Wert von 125,49 % liegt die Comping GmbH weit über 100 % und erfüllt somit diese Stabilität.

## 4.1

**TIPP** Je nachdem, wie viele Produkte (Art und Menge) man produziert, kommen unterschiedliche Fertigungstypen zum Einsatz. Hierbei wird standardmäßig nach folgenden Fertigungstypen unterschieden:

1. Einzelfertigung:
   Hier geht es darum, spezielle Kundenwünsche erfüllen zu können. D. h. das Produkt ist stark spezialisiert. Eine solche Fertigung findet sich häufig z. B. bei Schreinereien oder im Anlagenbau.
2. Serienfertigung:
   Hier wird ein identisches Produkt in einer begrenzten Anzahl hergestellt. Dies ist z. B. im Automobilbereich der Fall.
3. Sortenfertigung:
   Diese würde durchgeführt, wenn ein bestimmtes Produkt z. B. in unterschiedlichen Farben (z. B. T-Shirt) produziert werden würde.
4. Massenfertigung:
   Hier findet die Großproduktion von Standardprodukten statt (z. B. Nägel).

In der vorliegenden Aufgabenstellung muss jeweils der richtige Fertigungstyp angegeben werden.

| | |
|---|---|
| Die Comping GmbH stellt neben den Fertigbausätzen auch Rollmarkisen und Campingduschen her. | Serienfertigung (sie stellen mehrere unterschiedliche Dinge in jeweils einer begrenzten Stückzahl her) |
| Die Kunden der Comping GmbH können sich bei den Schlafbänken zwischen zehn Farben und fünf Stoffbezugsarten entscheiden. | Sortenfertigung (ein bestimmtes Produkt in unterschiedlichen Ausführungen) |
| Das Unternehmen stellt für alle Möbel gleichartige Griffe in neutraler Farbe her. | Massenfertigung (ein Griff in großer Stückzahl) |
| Die Comping GmbH kann auch den Ausbau eines Transporters vollkommen an den Wünschen des Kunden orientieren und spezielle Sonderanfertigungen herstellen. | Einzelfertigung (Fertigung nach Wunsch des Kunden) |

## 4.2

> **TIPP** Beim Beurteilen ist Ihre Meinung gefragt. Achten Sie hierbei aber darauf, dass Sie sich in die Rolle des Unternehmers begeben müssen. Es gibt immer ein Für und Wider, das Sie gegeneinander abwägen müssen.
> In diesem Fall müssen Sie erklären, warum der Produktionsleiter recht oder unrecht bzgl. der Massenfertigung hat.

Ob man dieser Aussage zustimmt oder nicht, hängt von den örtlichen Gegebenheiten und den Kundenwünschen ab. Massenfertigung bietet auf jeden Fall einen Kostenvorteil, da z. B. keine Zeit durch Umbauarbeiten an den Maschinen verloren geht. Zusätzlich reicht es, die Mitarbeiter einmal anzulernen – dies ist auch bei wenig qualifizierten Mitarbeitern möglich, was wieder einen Kostenvorteil darstellt.

Andererseits ist es bei einer Massenfertigung nur schwer möglich, sich an einen veränderten Markt anzupassen, da die Maschinen und insgesamt die Fertigungsstraßen nur auf ein Produkt ausgelegt sind. Außerdem ist es nicht möglich, individuelle Kundenwünsche zu berücksichtigen.

Somit kann der Aussage des Produktionsleiters nicht generell zugestimmt werden.

## 4.3.1

> **TIPP** Beim Deckungsbeitrag handelt es sich um eine Kennzahl der Kosten- und Leistungsrechnung. Häufig findet man db, rel. db, DB I und DB II.
> Großbuchstaben stehen immer für die Gesamtzahl (also für die komplette produzierte Menge), Kleinbuchstaben immer für „je Stück". Der Deckungsbeitrag gibt den Betrag an, der zum Decken der Fixkosten verwendet wird.
> Beim Gesamtdeckungsbeitrag I (DB I) werden von den erzielten Umsatzerlösen die variablen Kosten abgezogen.
> Der Gesamtdeckungsbeitrag II (DB II) wird für das optimale Produktionsprogramm (ohne Engpass!) sowie zum Erkennen der Preisuntergrenze benötigt.

Berechnung DB I:
   Umsatzerlöse
− variable Kosten ($K_{var}$)
= DB I

Berechnung DB II:
   DB I
− produktfixe Kosten
= DB II

| *MBox* | *LBox* | *XLBox* |
|---|---|---|
| 150 · 70 € = 10 500 € (Umsatzerlöse) | 100 · 160 € = 16 000 € (Umsatzerlöse) | 50 · 250 € = 12 500 € (Umsatzerlöse) |
| 45 € · 150 = 6 750 € ($K_{var}$ bei einer Absatzmenge von 150 Stück) | 130 € · 100 = 13 000 € ($K_{var}$ bei einer Absatzmenge von 100 Stück) | 160 € · 50 = 8 000 € ($K_{var}$ bei einer Absatzmenge von 50 Stück) |

| | | | | | |
|---|---|---|---|---|---|
| Umsatzerlöse | 10 500 € | Umsatzerlöse | 16 000 € | Umsatzerlöse | 12 500 € |
| – $K_{var}$ | 6 750 € | – $K_{var}$ | 13 000 € | – $K_{var}$ | 8 000 € |
| = DB I | 3 750 € | = DB I | 3 000 € | = DB I | 4 500 € |
| DB I | 3 750 € | DB I | 3 000 € | DB I | 4 500 € |
| – produktionsfixe Kosten | 1 500 € | – produktionsfixe Kosten | 2 100 € | – produktionsfixe Kosten | 3 200 € |
| = DB II | 2 250 € | = DB II | 900 € | = DB II | 1 300 € |

Für das <u>Ergebnis</u> der gesamten Produktgruppe bedeutet dies:
2 250 € + 900 € + 1 300 € = 4 450 €

### 4.3.2

**TIPP** Es kann aus unterschiedlichsten Gründen in einem Unternehmen passieren, dass nicht genügend Produktionskapazitäten zur Verfügung stehen, um alle Kundenwünsche zu erfüllen (z. B. wenn durch einen technischen Defekt eine Produktionsanlage nicht zur Verfügung steht). Die Frage, die sich hierbei stellt, ist die, welche Produkte man mit den vorhandenen Kapazitäten fertigen kann. Hierzu müssen Sie den sogenannten relativen Stückdeckungsbeitrag berechnen. Während der normale Stückdeckungsbeitrag nur die Umsatzerlöse – die variablen Stückkosten – berücksichtigt, wird beim relativen db der Stückdeckungsbeitrag auf eine vergleichbare zeitliche Ebene gebracht.

Formel: $\text{relativer db} = \dfrac{\text{Stückdeckungsbeitrag (db)}}{\text{Produktionszeit je Stück}}$

Das Ziel ist, das Produkt, das den höchsten rel. db aufweist, als Erstes zu produzieren usw.

| *MBox* | | *LBox* | | *XLBox* | |
|---|---|---|---|---|---|
| Preis pro Stück | 70,00 € | Preis pro Stück | 160,00 € | Preis pro Stück | 250,00 € |
| – $K_{var}$ | 45,00 € | – $K_{var}$ | 130,00 € | – $K_{var}$ | 160,00 € |
| = db | 25,00 € | = db | 30,00 € | = db | 90,00 € |
| Maschinenlaufzeit: 50 Minuten | | Maschinenlaufzeit: 100 Minuten | | Maschinenlaufzeit: 150 Minuten | |

| Rel. db ⇒ | Rel. db ⇒ | Rel. db ⇒ |
|---|---|---|
| 25,00 € / 50 | 30,00 € / 100 | 90,00 € / 150 |
| = 0,50 € pro Minute | = 0,30 € pro Minute | = 0,60 € pro Minute |

Entsprechend wird aufgrund dieses Ergebnisses zuerst das Produkt *XLBox*, anschließend die *MBox* und zum Schluss die *LBox* produziert.

> **TIPP** Die Frage ist, ob man aufgrund der beschränkten Kapazität alle absetzbaren Mengen produzieren kann. Hier erfolgt nun folgende Berechnung:
> Produktionskapazität: 300 Stunden = 18 000 Minuten

*XLBox*
Absetzbare Menge: 50
Maschinenproduktionszeit pro Stück: 150 Minuten

50 · 150 Minuten = 7 500 Minuten

Somit verbleiben von den ursprünglichen 18 000 Minuten nur noch 10 500 Minuten.

*MBox*
Absetzbare Menge: 150
Maschinenproduktionszeit pro Stück: 50 Minuten

150 · 50 Minuten = 7 500 Minuten

Somit verbleiben noch 3 000 Minuten der Produktionskapazität.

*LBox*
Absetzbare Menge: 100
Maschinenproduktionszeit pro Stück: 100 Minuten

100 · 100 Minuten = 10 000 Minuten

> **TIPP** Um die komplette absetzbare Menge produzieren zu können, würden Sie 10 000 freie Produktionsminuten benötigen. Somit müssen Sie in einem solchen Fall anders weiterrechnen. Verwenden Sie die noch verfügbare Produktionszeit und teilen Sie diese durch die Maschinenproduktionszeit je Stück.

Produktionszeit: 3 000 Minuten
Maschinenproduktionszeit: 100 Minuten

3 000 Minuten / 100 Minuten = 30 Stück

Von der *LBox* können nur noch 30 Stück hergestellt werden.

> **TIPP** Um den Erfolg des Unternehmens zu berechnen, müssen Sie im ersten Schritt die produzierte Stückzahl mit dem jeweiligen Stückdeckungsbeitrag multiplizieren.

$MBox$  150 Stück · 25 € =  3 750 €
$LBox$  30 Stück · 30 € =  900 €
$XLBox$  50 Stück · 90 € =  4 500 €

> **TIPP** Anschließend werden die einzelnen Werte zum Gesamtdeckungsbeitrag addiert:

3 750 € + 900 € + 4 500 € = 9 150 €

> **TIPP** Um zum Schluss noch den Erfolg zu berechnen, werden von dem Gesamtdeckungsbeitrag die produktgruppenfixen Kosten (siehe Aufgabenstellung) abgezogen:

9 150 € − 6 800 € = 2 350 €

### 4.4

> **TIPP** In diesem Aufgabenteil geht es darum, dass Ihnen bewusst ist, dass Zahlen nicht immer alles sind. Es gibt durchaus Gründe, die dafür sprechen, von dem Ergebnis, welches die Zahlen ausgeben, abzurücken. Hier sollen Sie sich zwei Gründe überlegen, die im Zusammenhang mit dem Unternehmen der Comping GmbH stehen.

Beispiele dafür, warum das Unternehmen von dem Programm abweichen könnte, wären z. B. ein eventueller Image-Schaden, der daraus entstehen könnte, dass eine Größe nicht lieferbar ist, oder auch die Überlegung, für wie viele Kunden eine verspätete Lieferung keine Alternative wäre, sodass sie zur Konkurrenz abwandern würden.

### 5.1

> **TIPP** Den Wirtschaftsverlauf eines Landes kann man in einer Grafik als Welle darstellen. Die einzelnen Abschnitte dieser Welle werden als Konjunkturphasen bezeichnet. Wenn die Welle nach oben steigt, geht es der Wirtschaft besser – diese Phase wird Expansion genannt. Die darauffolgende Phase ist der Boom, d. h. der Höhepunkt der wirtschaftlichen Entwicklung im Verlauf dieser Welle. Wenn es in der Welle wieder nach unten geht, geht es auch der Wirtschaft schlechter (Rezession). Und wenn die Welle ganz unten angekommen ist, „liegt auch die Wirtschaft am Boden" – hier handelt es sich um die Depression. Im Anschluss geht der Kreislauf von vorne los: Also kommt nach der Depression erneut die Expansion.

Es ist nicht immer einfach zu sagen, um welche Phase der Konjunktur es sich handelt. Jedoch gibt es Hinweise, die auf die jeweilige Phase schließen lassen. Einige dieser Indikatoren findet man bereits vor dem eigentlichen Eintritt in die jeweilige Konjunkturphase (Frühindikator), andere treten während der jeweiligen Phase auf (Präsensindikator), andere kann man erst im Nachhinein ausmachen (Spätindikator).
Um das Bruttoinlandsprodukt einem Indikator zuordnen zu können, müssen Sie sich erst klarmachen, was das BIP ist. Das Bruttoinlandsprodukt misst den Wert aller Güter und Dienstleistungen, die in einem Jahr innerhalb der Landesgrenzen einer Volkswirtschaft erwirtschaftet wurden.
Man kann bzgl. der Indikatorzuordnung zwei verschiedene Meinungen vertreten. Wichtig ist, dass Sie eine Zuordnung vornehmen und diese entsprechend sinnvoll begründen.

1. Es handelt sich beim BIP um einen Wert, den man erst erhält, wenn das Jahr abgeschlossen ist. Aus diesem Grund handelt es sich beim Bruttoinlandsprodukt um einen Spätindikator.
2. Es handelt sich beim BIP um einen Wert, der das Wirtschaftsgeschehen eines Landes direkt widerspiegelt. Aus diesem Grund handelt es sich um einen Präsensindikator.

**5.2**

**TIPP** In fast jeder Prüfung müssen Sie im Bereich der gesamtwirtschaftlichen Entwicklung entweder eine Statistik auswerten oder einen Zeitungsbericht analysieren. Gehen Sie dabei in etwa so vor:

In der mir vorliegenden Statistik vom Statistischen Bundesamt aus dem Jahr 2018 geht es um das erwirtschaftete BIP ausgewählter EU-Länder in Milliarden Euro. Hierbei fällt auf, dass es einige „starke" Länder wie z. B. Deutschland gibt, aber je weiter man nach rechts schaut, das BIP auf einem ähnlich niedrigen Niveau verweilt. Hierbei sollte auch der erhebliche Unterschied, der zwischen dem BIP von Deutschland und dem BIP von Finnland zu sehen ist, nicht unerwähnt bleiben.

**TIPP** Beachten Sie beim Bearbeiten der Aufgabe, dass hier nicht nur das Beschreiben der Statistik erforderlich ist. Zusätzlich soll auch etwas zur Aussagefähigkeit der Statistik gesagt werden.

Die vorgelegte Statistik gibt die absoluten Werte des BIP wieder. Allerdings lassen sich so die Zahlen nur schwer vergleichen, da es z. B. bevölkerungsstärkere und -schwächere Länder gibt (z. B. Deutschland und Finnland).

Zusätzlich handelt es sich ausschließlich um die Werte aus 2018. Die Darstellung lässt keine Rückschlüsse auf Veränderungen zu 2017 oder anderen Jahre zu. Entsprechend lässt sich nicht sagen, ob es sich um eine Verbesserung oder Verschlechterung gehandelt hat.

**5.3**

> **TIPP** „Diskutieren" bedeutet hier so viel wie: Ich finde, dass ..., weil ... Sagen Sie Ihre Meinung und begründen Sie diese! Schenken Sie aber auch der anderen Seite Beachtung. Denken Sie daran, alle Ihre Gedanken zu Papier zu bringen – die Punkte können nur vergeben werden, wenn sie verschriftlicht sind.
> Versuchen Sie bei der Beantwortung solcher Fragen immer kausale Zusammenhänge zu erkennen und zu beschreiben (wenn ich das tue, dann passiert das, daraus folgt, ...).

Das BIP beinhaltet nur Leistungen, die gehandelt werden – für die also Geld gezahlt wird. Nicht im BIP enthalten sind aber z. B. Dinge wie Hausarbeit, öffentliche Schulen, Schäden durch Umweltverschmutzung oder auch die Lebensqualität (z. B. die Möglichkeit der vorhandenen Freizeitaktivitäten am Wohnort) oder das persönliche Glück, die aber einen Teil des Wohlstands ausmachen.

Auf der anderen Seite könnte man aber auch sagen, dass durch ein hohes BIP jeder Einzelne mehr Geld zur Verfügung hat. Hierdurch hat auch der Staat mehr Geld. Das vorhandene Geld der Privatpersonen und des Staates kann wiederum zur Bedürfnisbefriedigung verwendet werden. Dies steigert den Wohlstand. Meiner Meinung nach ist das BIP daher eine Kennzahl von mehreren, um den Wohlstand zu erfassen, aber nicht die einzig richtige.

**5.4.1**

> **TIPP** Generell wird in der Wirtschaftspolitik in zwei Richtungen unterschieden:
> - Nachfrageorientierte Wirtschaftspolitik
>   Der Staat greift aktiv in das Wirtschaftsgeschehen ein, um die Wirtschaft zu stabilisieren.
> - Angebotsorientierte Wirtschaftspolitik
>   Die Rahmenbedingungen für die Investitionstätigkeit von Unternehmen sollen verbessert werden.
>
> Bei der nachfrageorientierten Wirtschaftspolitik tätigt der Staat in Phasen des Booms z. B. nur wenige Investitionen, investiert aber während der Depression Geld, um letztendlich die Nachfrage anzukurbeln. Hier stehen dem Staat verschiedene Hilfsmittel zur Verfügung wie die Veränderung von Abschreibungsregeln oder der Steuerpolitik → der Staat „verzichtet" auf bzw. investiert Geld, um die Nachfrage anzukurbeln.

> Achten Sie auch hier darauf, dass häufig Aufgabenstellungen aus zwei Fragestellungen bestehen, die Sie beide beantworten müssen.

Die Verringerung des allgemeinen Umsatzsteuersatzes von 19 % auf 15 % gehört zu den möglichen Maßnahmen der nachfrageorientierten Wirtschaftspolitik.

**Erhoffte Wirkungskette:**
Senkung des Steuersatzes → höhere Kaufkraft → höhere Nachfrage → Aufbau von Arbeitsplätzen → Tätigen von Investitionen durch Unternehmen → insgesamt mehr Geld bei privaten Haushalten für mehr Konsum

> **TIPP** Achten Sie auch hier darauf, dass häufig Aufgabenstellungen aus zwei Fragestellungen bestehen, die Sie beide beantworten müssen.

### 5.4.2

> **TIPP** Auch beim Bewerten müssen Sie zwei Seiten betrachten. Beziehen Sie sich auf die Comping GmbH! Welche Auswirkungen sind möglich?

- Bei einem sinkenden Verkaufspreis kaufen mehr Kunden ein. Bedingt dadurch, dass aber nur der Umsatzsteuersatz gesenkt wurde, ändert sich an der eigentlichen Kalkulation des Unternehmens nichts. Die Gewinnhöhe der Comping GmbH bleibt gleich.
- Bei den Bausatzteilen der Comping GmbH handelt es sich eher um Luxusgüter. Ob diese dann in einer schwachen Konjunkturphase (sonst würde der Staat nicht zu solchen Mitteln greifen) einen entsprechend zusätzlichen Absatz erfahren, ist fraglich.

**Hessen Wirtschaft und Verwaltung**
**Abschlussprüfung Fachoberschule 2021**
Vorschlag A

**Aufgabenstellung**

**1** Lea Michelbrink war 20 Jahre als kaufmännische Angestellte in einem Herstellungsunternehmen für Wohnaccessoires in Gießen tätig. Sie möchte nun selbstständig werden, kreativ arbeiten und in ihrer Heimatstadt Alsfeld in Mittelhessen eine Kerzenmanufaktur mit einem eigenen kleinen Verkaufsraum aufbauen. Die Kerzen möchte sie mithilfe zweier Mitarbeiterinnen bzw. Mitarbeiter in einer großen Formen- und Farbenvielfalt herstellen.

**1.1** Sie legt Wert darauf, dass die Unternehmensgründung so schnell und einfach wie möglich vonstattengeht und dass sie in den ersten Jahren unabhängig arbeiten kann.
Erörtern Sie anhand von je zwei Vor- und Nachteilen, inwieweit die Rechtsform der Einzelunternehmung für Lea Michelbrink geeignet ist. (4 BE)

**1.2** Frau Michelbrink überlegt, welchen Namen sie ihrem Unternehmen geben könnte. Nennen Sie vier verschiedene Firmenarten und geben Sie jeweils ein passendes Beispiel an. (6 BE)

**1.3** Frau Michelbrink entscheidet sich schließlich für den Firmennamen Kerzenmichel e.K.
Trotz ihrer Ersparnisse reicht das Eigenkapital zunächst nicht aus, um ihre Ideen umzusetzen. Daher beantragt Frau Michelbrink bei ihrer Hausbank einen Kredit in Höhe von 15 000 € für die Zeit vom 28. April bis zum 15. September. Dann kann sie den Kredit komplett ablösen. Die Hessenbank Alsfeld bietet ihr ein Fälligkeitsdarlehen zu einem Nominalzins von 2,1 % an.
Hinzu kommen zusätzliche Kreditkosten von 69 €, die bei Auszahlung des Kredits abgezogen werden.

**1.3.1** Vergleichen Sie mithilfe von je zwei Beispielen die beiden grundsätzlichen Finanzierungsarten nach der rechtlichen Stellung des Kapitalgebers bzw. der Kapitalgeberin und entscheiden Sie, welche Finanzierungsform bei der Darlehensaufnahme konkret vorliegt. (5 BE)

**1.3.2** Erklären Sie den Unterschied zwischen einem Nominalzinssatz und einem Effektivzinssatz. (2 BE)

**1.3.3** Berechnen Sie den Auszahlungsbetrag des Kredits, die gesamten Kreditkosten und den Effektivzinssatz für den in Aufgabe 1.3 angebotenen Kredit.

*Hinweis:* Es ist zu beachten, dass bei der Berechnung der Zinstage der Auszahlungstag nicht mitgezählt wird, der Rückzahlungstag aber schon. Jeder Monat wird mit 30, das Jahr mit 360 Zinstagen gerechnet. (6 BE)

**1.3.4** Bezüglich künftiger Darlehen erfährt Frau Michelbrink vom Sachbearbeiter der Hessenbank, dass neben dem in Anspruch genommenen Fälligkeitsdarlehen auch Annuitäten- und Abzahlungsdarlehen möglich sind.
Stellen Sie diese drei Darlehensarten dar. (6 BE)

**2** Lea Michelbrink hat mehrere Seminare für Unternehmensgründerinnen und -gründer besucht und überlegt, wie sie die Preise für ihre unterschiedlichen Kerzen festlegt. Insbesondere ist sie unsicher, ob sie für ihr Luxusprodukt, die Engelkerze, die beim Abbrennen einer solchen Gestalt gleicht, die Skimmingstrategie oder die Penetrationspreisstrategie umsetzen soll.

**2.1** Stellen Sie beide Strategien dar und begründen Sie Ihre Empfehlung. (5 BE)

**2.2** Aus Ergebnissen der Marktforschung weiß Lea Michelbrink, dass die Preiselastizität der Nachfrage bei hochwertigen Kerzen bei 1,6 liegt.

**2.2.1** Erklären Sie den Begriff der Preiselastizität sowie den Wert 1,6. (2 BE)

**2.2.2** Beim Preis von 8,00 € werden 150 Engelkerzen absetzbar sein.
Berechnen Sie die prozentuale Mengenänderung, wenn Frau Michelbrink den Preis der Engelkerze um 10 % senkt, und ermitteln Sie die Umsatzveränderung in Euro. (6 BE)

**2.3** Die Unternehmerin sucht nach einer geeigneten Methode, ihre Engelkerze erfolgreich auf den Markt zu bringen. Sie hat gehört, dass es die Möglichkeit eines Testmarkts gibt, und erkundigt sich, ob dieser auch für die Kerzenmichel e.K. und für ihre Kerze in Frage kommen könnte.

**2.3.1** Beschreiben Sie den Testmarkt. (3 BE)

**2.3.2** Prüfen Sie die Eignung des Testmarkts für die Kerzenmichel e.K. und bestätigen Sie Ihr Urteil mit zwei Argumenten. (6 BE)

**2.4** Frau Michelbrink hat sich entschieden, über Werbeplakate auf mehreren Litfaßsäulen in der Alsfelder Fußgängerzone auf ihr Angebot aufmerksam zu machen. Dafür zahlt sie monatlich 650 €. Vor Beginn der Werbemaßnahme lag der monatliche Umsatz bei 6 800 €, danach ist er auf 7 900 € gestiegen.

**2.4.1** Erklären Sie den Sinn von Werbeerfolgskontrollen und das allgemeine Vorgehen bei deren Durchführung. (3 BE)

**2.4.2** Berechnen Sie den Werbeerfolg, den Werbegewinn sowie die Werberendite und beurteilen Sie die Aussagekraft Ihrer Ergebnisse. (8 BE)

**3** Nach einem halben Jahr arbeiten bereits sieben Mitarbeiterinnen und Mitarbeiter in der Kerzenproduktion der Kerzenmichel e.K. Die Kerzen werden aus Bienenwachs, Paraffin oder aus einer Mischung dieser Materialien hergestellt. Preiswerte Kerzen werden durch Pressen von gekörntem Paraffin, auch als Granulat bezeichnet, erzeugt. Die Dochte bestehen aus Baumwolle. Die Unternehmung produziert Kerzen in unterschiedlichen Größen und Formen und verwendet Farb- und Duftstoffe. Die Werkstoffe werden bis auf das Bienenwachs aus der Karibik, dem Mittleren Osten und Indonesien importiert.

**3.1** Bei der Kerzenmichel e.K. und ihren Zulieferern kommen eine Reihe von Fertigungstypen zum Einsatz.

**3.1.1** Geben Sie bei den folgenden Beispielen den Fertigungstyp – nach der Produktionsmenge – an.
- Großkunden der Kerzenmichel e.K. können Düfte und Farben der Kerzen selbst bestimmen, wenn sie mindestens 1 800 Stück abnehmen.
- Ein Zulieferer aus Süddeutschland stellt Streichhölzer her.
- Eine religiöse Bildungsstätte bestellt eine Engelkerze (vgl. Aufgabe 2) in Übergröße für den Andachtsraum.
- Die Kunststoffe OHG produziert für die Kerzenmichel e.K. 500er-Sets Kerzenbehälter in Sondergrößen für leicht zerlaufende Kerzen.
- Die Metallix GmbH stellt für die Kerzenmichel e.K. eine Spezialmaschine zur Weiterverarbeitung des gekörnten Paraffins her. (5 BE)

**3.1.2** Stellen Sie die Massenfertigung unter Einbezug je eines Vor- und eines Nachteils der Einzelfertigung gegenüber. (4 BE)

**3.2** Im Text zur Aufgabe 3 sowie in 3.1.1. werden verschiedene Produktionsfaktoren aufgeführt. Erklären Sie vier Elementarfaktoren und ordnen Sie jeweils ein passendes Beispiel aus dem Text zu. (8 BE)

**3.3** Die Nachfrage insbesondere für Kerzen, die in einem herkömmlichen Kunststoffglas verkauft werden, verläuft sehr zufriedenstellend. Monatlich werden davon durchschnittlich 3 500 Stück verkauft, die Tendenz ist steigend.
Lea Michelbrink überlegt, die zugekauften, nicht recyclefähigen Kunststoffbehälter durch biologisch abbaubares Hartplastik zu ersetzen und diese Plastikbehälter selbst herzustellen.

Der Lieferant berechnet für ein Kunststoffglas 1,79 €. Im Falle einer Eigenproduktion fallen pro Plastikbehälter Kosten für das Granulat von 0,76 € sowie für Farbpigmente 0,13 € an. Dazu kommen noch die jährlichen Abschreibungskosten für eine neu anzuschaffende Maschine in Höhe von 4 800 € sowie zusätzliche monatliche Fixkosten von 2 876 €.

**3.3.1** Nennen Sie jeweils zwei Vorteile für den Fall der Eigenfertigung und für den des Fremdbezugs. (4 BE)

**3.3.2** Berechnen Sie die kritische Fertigungsmenge sowie die Kostendifferenz bei einer Absatzprognose von 3 500 Stück monatlich und interpretieren Sie das Ergebnis, auch im Hinblick auf die Akzeptanz der Nachfrager durch das veränderte Material. (9 BE)

**3.4** Kosten können nach ihrem Verhalten bei schwankendem Beschäftigungsgrad und nach ihrer kalkulatorischen Verrechenbarkeit unterschieden werden.

**3.4.1** Definieren Sie die Begriffe variable und fixe Kosten sowie Einzel- und Gemeinkosten. (4 BE)

**3.4.2** Ordnen Sie die folgenden Kosten der Kerzenmichel e.K. den fixen oder variablen Kosten und den Einzel- oder Gemeinkosten begründet zu (jeweils zwei Angaben).
- Kosten für Bienenwachs und Kerzendochte,
- Kosten für eine Maschine, die alle produzierten Kerzen verpackt. (4 BE)

# Lösungsvorschlag

**1.1** Die Gründung einer Einzelunternehmung bringt für Frau Michelbrink einige Vorteile mit sich. Zum einen liegen die **Leistungs- und Kontrollrechte** bei ihr selbst, sie kann demnach eigenverantwortlich arbeiten. Zum anderen **steht der gesamte Gewinn ihr zu**. Sie muss sich den erwirtschafteten Gewinn demnach nicht mit anderen Gesellschafterinnen und Gesellschaftern teilen.

Neben den Vorteilen gibt es allerdings auch eine Reihe von Nachteilen, die mit dieser Unternehmensform einhergehen. Da Frau Michelbrink die Leistungs- und Kontrollrechte besitzt, muss sie auch das **Geschäftsrisiko allein tragen** – notfalls auch mit ihrem Privatvermögen. Auch eine **Kapitalbeschaffung** ist im Rahmen einer Einzelunternehmung **nicht einfach**.

Da aus der Aufgabenstellung hervorgeht, dass Frau Michelbrink die Gründung so schnell wie möglich durchführen möchte und großen Wert auf eigenverantwortliche Arbeit legt, ist eine **Einzelunternehmung** trotz der Nachteile hier die **richtige Wahl**.

**1.2** Mögliche Firmenarten sind Sachfirma, Personenfirma, Fantasiefirma und Mischfirma.

Sachfirma: Kerzenguss e.K.
Personenfirma: Lea Michelbrink e.K.
Fantasiefirma: Leas Kerzentraum e.K.
Mischfirma: Kerzenguss Michelbrink e.K.

**1.3.1**

> **TIPP** Mit den beiden grundsätzlichen Finanzierungsarten sind hier Eigen- und Fremdfinanzierung gemeint, die Sie anhand der Rechtsstellung des Kapitalgebers bzw. der Kapitalgeberin unterscheiden sollen. Beachten Sie weiterhin, dass bei beiden Arten jeweils Innen- und Außenfinanzierung möglich ist.

Bei einer **Fremdfinanzierung** handelt es sich um eine Finanzierung durch Fremdkapital. Hierbei kommt das Geld von innen oder außen in das Unternehmen, man spricht demnach von einer Innen- oder Außenfinanzierung.

- Eine **Innenfinanzierung** liegt vor, wenn ein Unternehmen Rückstellungen für zukünftige Ereignisse bildet. Diese Rückstellungen stehen dann zwischen deren Bildung und Auflösung für Finanzierungszwecke zur Verfügung.
- Man spricht von einer **Außenfinanzierung**, wenn Fremdkapital von außerhalb der Unternehmung aufgebracht wird. Der jeweilige Fremdkapitalgeber wird dann zum Gläubiger des Unternehmens. Hierbei handelt es sich meist um Bankkredite oder Lieferantenkredite beim Kauf von Waren und Rohstoffen auf Rechnung. Auch Anleihen stellen eine Fremdfinanzierung von außen dar.

Bei einer **Eigenfinanzierung** wird der Kapitalbedarf durch Eigenkapital bereitgestellt. Auch die Eigenfinanzierung kann von innen oder außen erfolgen.

- Bei der **Innenfinanzierung** werden beispielsweise Gewinne nicht entnommen, sondern verbleiben für die Finanzierung im Unternehmen. Dies wird auch als Selbstfinanzierung bezeichnet.
- Bei der **Außenfinanzierung** im Rahmen der Eigenfinanzierung kommt das Kapital von den Eigentümern oder von Beteiligungen von Gesellschaftern. Im letzten Fall spricht man auch von einer Beteiligungsfinanzierung.

Eine Kreditaufnahme stellt eine Fremdfinanzierung dar. Die Bank stellt dem Unternehmen die benötigten finanziellen Mittel zur Verfügung, daher spricht man auch von einer Außenfinanzierung.

**1.3.2** Während sich der **Nominalzinssatz** auf den Nominalwert eines Kredits bezieht und somit keine weiteren Kosten mitberücksichtigt, fließen beim **Effektivzinssatz** alle anfallenden Kosten und Gebühren mit in die Berechnung ein. Bei den Kosten kann es sich um Bearbeitungsgebühren, Spesen oder auch Disagio handeln. Für einen **Vergleich von Krediten** unterschiedlicher Kreditinstitute eignet sich der **Effektivzinssatz somit besser**.

**1.3.3**

> **TIPP** Schon in der Aufgabenstellung werden wichtige Hinweise zur Berechnung der Zinstage gegeben, diese sollten Sie aufmerksam lesen. Beachten Sie weiterhin, dass Sie alle nötigen Kreditkosten beachten, nicht nur die Zinsen.

Auszahlungsbetrag = Kreditsumme − zusätzliche Kreditkosten
= 15 000,00 € − 69,00 €
= 14 931,00 €

Zinstage = 2 Tage + 120 Tage + 15 Tage = 137 Tage

$$\text{Zinsen} = \frac{\text{Kapital} \cdot \text{Zinssatz} \cdot \text{Tage}}{100 \cdot 360} = \frac{15\,000\,\text{€} \cdot 2{,}1 \cdot 137}{100 \cdot 360} = 119{,}88\,\text{€}$$

Kreditkosten insgesamt = Kreditzinsen + zusätzliche Kreditkosten
= 119,88 € + 69,00 €
= 188,88 €

Berechnung des Effektivzinssatzes: $z = \dfrac{K \cdot p \cdot t}{100 \cdot 360}$ ⇒ nach p umstellen

$$p = \frac{z \cdot 100 \cdot 360}{K \cdot t} = \frac{188{,}88 \cdot 100 \cdot 360}{14\,931 \cdot 137} = 3{,}32\,\%$$

**1.3.4** Das **Fälligkeitsdarlehen** stellt einen Kredit dar, bei dem über die vollständige Kreditlaufzeit gleichbleibende Kreditzinsen gezahlt werden. Am sogenannten Fälligkeitstag wird die Darlehenssumme vollständig zurückgezahlt.

Beim **Annuitätendarlehen** zahlt der Kreditnehmer über die gesamte Laufzeit gleich hohe Raten. Diese Raten setzen sich aus dem Tilgungsbetrag und den Zinsen zusammen. Während der Tilgungsanteil im Rahmen der Ratenzahlungen größer wird, sinkt der Zinsanteil. Die gleich hohen Raten haben den Vorteil, dass eine Planungssicherheit für den Kreditnehmer vorliegt.

Im Rahmen eines **Abzahlungsdarlehen** wird der Kredit über die gesamte Kreditlaufzeit mit gleichbleibenden Tilgungsbeiträgen zurückgezahlt. Aufgrund der Tatsache, dass der Zins vom restlichen Kreditbetrag abhängt und die Tilgungsbeiträge gleichbleibend sind, sinkt die gesamte Rate während der Laufzeit.

**2.1** Bei der **Skimmingstrategie** (auch *Abschöpfungsstrategie* genannt) nutzt man einen hohen Preis beim Markteinstieg in den Markt. Dadurch werden kaufkräftige Käufergruppen zuerst angesprochen. Nach und nach wird dann der Preis gesenkt, sodass auch andere Käufergruppen angesprochen werden können.

Die **Penetrationsstrategie** ist das Gegenstück zur Skimming-Strategie. Man nutzt beim Markteintritt einen niedrigen Einführungspreis. Durch den niedrigen Einstiegspreis sollen große Käuferschichten angesprochen werden, um einen angemessenen Marktanteil zu erreichen. Nach und nach wird der Preis angehoben.

> **TIPP** Eine begründete Entscheidung kann bei beiden Strategien richtig sein. Es gilt jedoch darauf zu achten, dass die Begründung passend zur Strategie ist. Im Folgenden sind daher Argumente für beide Strategien genannt, für Ihre Lösung müssen Sie sich allerdings für eine der beiden entscheiden.

Die **Penetrationsstrategie** ist besonders bei Produkten geeignet, die wiederholt gekauft werden. Im vorliegenden Fall ist die Engelskerze als zu betrachtendes Produkt in den Vordergrund zu stellen. Auch wenn es sich laut Aufgabenstellung um ein Luxusprodukt handelt, wird das Produkt wiederholt gekauft. Auch die Tatsache, dass es sich bei einer solchen Kerze um ein Produkt handelt, welches vielen Konkurrenzprodukten ausgesetzt ist, spricht für die Penetrationsstrategie. Lea Michelbrink kann über diese Strategie möglicherweise einen angemessenen Marktanteil aufbauen.

Im Vergleich zu üblichen Kerzen weist die Kerze von Lea Michelbrink allerdings die Besonderheit der Engelsform auf und hebt sich somit von diesen ab. Durch diese Besonderheit kann Lea Michelbrink auch einen höheren Preis nutzen und somit die **Skimmingstrategie** anwenden. Auch höhere Entwicklungskosten können durch den höheren Preis ausgeglichen werden.

**2.2.1** Die **Preiselastizität** beschreibt die *prozentuale Veränderung* der nachgefragten Menge nach einem bestimmten Gut, wenn sich der Preis desselben Gutes um einen bestimmten Prozentsatz verändert. Somit gibt die Preiselastizität der Nachfrage die Reaktion der Nachfragemenge auf eine *Preiserhöhung* oder *Preisreduzierung* eines Gutes an.

Je niedriger die Preiselastizität ist, desto geringer ist auch die Veränderung der Nachfragemenge, wenn sich der Preis ändert, und umgekehrt. Ist die Preiselastizität der Nachfrage größer eins, dann spricht man von einer **elastischen Nachfrage**, ist sie kleiner eins, spricht man von einer **unelastischen Nachfrage**.

Im vorliegenden Fall handelt es sich um eine Preiselastizität der Nachfrage um 1,6. Man spricht demnach von einer elastischen Nachfrage, also einer starken Veränderung der Nachfragemenge bei hochwertigen Kerzen, wenn die Preise reduziert bzw. erhöht werden.

**2.2.2**

> **TIPP** Diese Aufgabe beinhaltet zwei Teile; zunächst sollten Sie die Mengenveränderung mithilfe der Preiselastizität berechnen und anschließend die Umsatzveränderung. Dazu berechnen Sie den aktuellen und den neuen Umsatz und ermitteln die Differenz.

$$\text{Preiselastizität} = \left( \frac{\text{relative Mengenänderung in \%}}{\text{relative Preisänderung in \%}} \right) \cdot (-1)$$

$$1{,}6 = \left( \frac{x}{10\,\%} \right) \cdot (-1) \Rightarrow \text{umstellen nach x} \Rightarrow x = 16\,\%$$

Wird der Preis um 10 % gesenkt, werden 16 % mehr Kerzen gekauft.

neuer Preis = 8,00 € – 10 % = 7,20 €

neue Menge = 150 + 16 % = 174 Stück (*oder* auch 150 · 1,16 = 174 Stück)

alter Umsatz = 150 Stück · 8 € = 1 200 €

neuer Umsatz = 174 Stück · 7,20 € = 1 252,80 €

Umsatzsteigerung = 1 252,80 € – 1 200,00 € = 52,80 €

**2.3.1** Bei einem **Testmarkt** handelt es sich um ein räumlich begrenztes Gebiet, in dem neu entwickelte Produkte unter alltäglichen Rahmenbedingungen getestet werden. Je realistischer der Testmarkt ist, desto besser können die gewonnenen Daten Rückschlüsse auf eine spätere Markteinführung geben. Der Vorteil liegt darin, dass Chancen und Risiken erkannt werden können und anschließend entsprechend gehandelt werden kann. Besteht ein Produkt auf dem Testmarkt, so sind die Chancen für ein Bestehen auf dem realen Markt sehr gut. Ein guter Testmarkt bildet die demografischen Gegebenheiten ab, die für ein Produkt relevant sind.

**2.3.2** Kerzen sind Produkte, die wiederkehrend gekauft werden. Somit ist ein Testmarkt grundsätzlich gut geeignet. Durch die wiederkehrenden Käufe kann abgeleitet werden, wie gut ein Produkt am Markt ankommt. Die Unternehmenssituation der Kerzenmichel e.k. bietet jedoch nicht die besten Voraussetzungen für die Platzierung der Kerzen in einem Testmarkt, wodurch der Testmarkt als ungeeignet eingestuft werden sollte.

Zum einen ist ein Testmarkt nicht geeignet, da Frau Michelbrink ihre Produkte **regional verkaufen** möchte. Ein Testmarkt müsste dann die gleichen demografischen Gegebenheiten aufweisen wie das regionale Verkaufsgebiet des Unternehmens.

Zum anderen ist die **Platzierung** eines Produkts auf einem Testmarkt mit **großen finanziellen Mitteln** verbunden. Das Unternehmen von Frau Michelbrink verfügt noch nicht über eine solch starke Finanzstruktur, wodurch der Testmarkt aus Kostengründen abgelehnt werden sollte.

Als weiteres Merkmal für eine Nichteignung des Testmarkts ist die **geringe Absatzmenge** von 150 Stück zu nennen. Ein Testmarkt eignet sich eher bei Produkten, die in großen Mengen abgesetzt werden können.

**2.4.1** Im Rahmen einer **Werbeerfolgskontrolle** wird die Effizienz eines eingesetzten Werbemittels oder Mediums überprüft. Es soll also festgestellt werden, ob die eingesetzten finanziellen Mittel einen verbesserten Erfolg des Unternehmens bewirken. Bei der Werbeerfolgskontrolle können grundsätzlich mehrere Kennzahlen als Maßstab herangezogen und in Beziehung zueinander gesetzt werden. So können beispielsweise die Werbekosten mit der Umsatz- oder Gewinnveränderung in Beziehung zueinander gesetzt und ausgewertet werden.

**2.4.2**

Werbeerfolg = Umsatz nach Werbung − Umsatz vor Werbung
= 7 900 € − 6 800 €
= 1 100 €

Werbegewinn = Umsatzsteigerung durch Werbung − Werbekosten
= 1 100 € − 650 €
= 450 €

$$\text{Werberendite} = \frac{\text{Werbeerfolg} \cdot 100}{\text{Werbekosten}} = \frac{1100\ € \cdot 100}{650\ €} = 169{,}23\ \%$$

Der **Werbeerfolg** ist mit 1 100 € zunächst als **hoch** einzustufen. Hierbei müssen allerdings noch die entstandenen Kosten berücksichtigt werden, wodurch man zu einem Werbegewinn von 450 € gelangt. Die Werberendite liegt bei 169,23 %, was als positiv zu werten ist.

Wenn die Werberendite mehr als 100 % beträgt, ist dies als positiv einzustufen, da in einem solchen Fall die Werbekosten über den gestiegenen Umsatz wieder eingeholt werden.

Kritisch ist jedoch zu betrachten, ob die Werbung auf Litfaßsäulen als geeignete Werbung einzustufen ist oder der gestiegene Umsatz auf andere Ursachen zurückzuführen ist. Es könnte z. B. sein, dass Kundinnen und Kunden vermehrt auf regionale Waren und somit weniger auf Produkte international vertretener Akteure zurückgreifen.

### 3.1.1

> **TIPP** In der Aufgabenstellung steht, dass der entsprechende Fertigungstyp angegeben werden soll. Es reicht in der Prüfung also, wenn Sie zu den einzelnen Beispielen jeweils den passenden Begriff nennen. Leider passiert es immer wieder, dass die Beispiele in den Aufgabenstellungen mit einem Spiegelstrich beschrieben sind. Nummerieren Sie diese am besten einfach bei den Aufgaben und Ihren Lösungen durch, damit es nicht zu Verwechslungen kommt.

1. **Sortenfertigung**
   Der Artikel, um den es in diesem Beispiel geht, ist eine Kerze. Kerzen bestehen aus dem **Grundstoff** Wachs, egal welche Farbe oder Duft.
2. **Massenfertigung**
   Hier geht es um die Herstellung eines Produkts (hier: Streichhölzer) in großer Stückzahl „ohne Limit".
3. **Einzelfertigung**
   Die besagte Engelskerze gehört zwar auch zu den Kerzen (siehe 1.), ist aber so speziell von ihrer Art, dass sie einmalig ist.
4. **Serienfertigung**
   Die Kunststoffe OHG wird nicht nur die Sondergröße für Kerzenmichel e.K. produzieren, sondern nach Eingang der Bestellung diese entsprechend in der Produktion mit einplanen. Es handelt sich um eine limitierte große Menge.
5. **Einzelfertigung**
   Hier handelt es sich um eine Spezialmaschine. Der Begriff „Spezial" ist in Bezug auf die Fertigungstypen häufig mit der Einzelfertigung verknüpft.

### 3.1.2

> **TIPP** Beim Gegenüberstellen geht es u. a. darum, Begrifflichkeiten voneinander abzugrenzen. Von daher wäre hier der erste Schritt, für beide Fertigungstypen eine kurze Definition aufzuschreiben.

Bei der **Massenfertigung** werden große Gütermengen ohne eine Limitierung hergestellt (z. B. Produktion von Streichhölzern).

Bei der **Einzelfertigung** werden i. d. R. einmalige Fertigungen für die Kunden hergestellt (z. B. Einbauschrank im Dachgeschoss).

> **TIPP** Im zweiten Schritt geht es darum aufzuzeigen, welche Vor- und Nachteile die einzelnen Typen mit sich bringen. In dieser Aufgabenstellung geht es jetzt im Speziellen um die Vorteile der Massenfertigung gegenüber der Einzelfertigung.

Aufgrund der großen Produktionsmengen eines Produkts ist bei der Massenfertigung ein deutlich reduzierter Planungsaufwand des Produktionsablaufs nötig. Da die Massenfertigung auf Masse ausgelegt ist, wird auch verstärkt versucht die Kosten zu optimieren. Dies gelingt z. B. durch die Automatisierung von Abläufen. Hierdurch entstehen vergleichsweise niedrige Personalkosten.
Auf der anderen Seite ist es deutlich schwieriger, sich schnell auf sich verändernde Kundenwünsche einzustellen.

### 3.2

> **TIPP** Generell gilt: Wenn Sie den Begriff „Elementarfaktoren" hören, hängt dieser immer mit den „betriebswirtschaftlichen Produktionsfaktoren" zusammen. Man könnte auch sagen:

Elementarfaktoren + dispositiver Faktor
= betriebswirtschaftliche Produktionsfaktoren

Zu den Elementarfaktoren gehören letztlich alle Bereiche, die man zur Herstellung eines Produkts benötigt (außer der anordnenden Arbeit ⇒ dispositiver Faktor).

In dieser Aufgabenstellung geht es darum, aus dem gegebenen Text vier Elementarfaktoren herauszusuchen, die Sie anhand eines passenden Textbeispiels belegen können. Gehen Sie den Text also sorgfältig durch und unterstreichen/markieren Sie die entsprechenden Textstellen. Überlegen Sie sich, welche Stellen Sie sicher einem bestimmten Faktor zuweisen können, und legen Sie los. Achten Sie hier auch genau darauf, welche Textstellen angegeben sind. Hier: 3 und 3.1.1. Die Lösung könnte in etwa so aussehen:

**Rohstoffe („Die Dochte bestehen aus Baumwolle"):**
Hauptbestandteil eines zu fertigenden Produkts; kostenmäßig größter Anteil

**Hilfsstoffe („und verwendet Farb- und Duftstoffe"):**
fließen in das Produkt mit ein, sind aber kein Hauptbestandteil

**Ausführende Arbeit („Mitarbeiterinnen und Mitarbeiter in der Kerzenproduktion"):**
Arbeit, die nicht anordnend ist

**Bezogene Teile („Ein Zulieferer […] stellt Streichhölzer her"):**
Nicht vom Unternehmen produzierte Teile, die z. B. aus Kostengründen nicht selbst produziert werden, aber mit dem Produkt des Unternehmensverbunden sind

## 3.3.1

> **TIPP** Sowohl bei der Eigenfertigung als auch beim Fremdbezug gibt es diverse Vor-/Nachteile. Achten Sie hier bei der Aufgabenstellung darauf, dass es um jeweils zwei Vorteile für beide Arten geht. Einen kleinen Hinweis hierauf stellt auch die Bepunktung dar. Ein genannter Vorteil ergibt einen Punkt. Genannt Sind hier aber mehr Vorteile, Sie müssen in der Prüfung also nicht alle nennen.

**Vorteile für die Eigenfertigung** sind z. B., dass das eigene Unternehmen weder das Fachwissen noch andere Betriebsgeheimnisse (z. B. Materialmischungen) preisgeben muss. Außerdem lässt sich deutlich flexibler auf Sonderwünsche von Kundinnen und Kunden reagieren, da hierfür nicht noch die zusätzliche Abstimmung mit dem Lieferanten nötig ist. Ein weiteres Argument für die Eigenfertigung könnte sein, dass die Lieferzeiten entfallen. Weder die Fertigungszeit (der Lieferant hat meistens noch andere Kundinnen und Kunden) noch die Transportzeit fallen an.

Wie bereits anfangs erwähnt, gibt es aber auch Punkte, die für den **Fremdbezug** sprechen. Einer dieser Punkte betrifft das benötigte Investitionsvolumen, das nötig ist, um in Eigenfertigung produzieren zu können. Dieses ist häufig sehr hoch. Wenn wir die Teile in Fremdbezug fertigen lassen, entfällt dieser große Posten. Ein weiterer Vorteil könnte sein, dass wir als Unternehmen gar nicht über das benötigte Fachwissen verfügen, um die Produkte in der von uns gewünschten Qualität herstellen zu können. In diesem Fall sind wir auf das Wissen Anderer angewiesen.

## 3.3.2

> **TIPP** Rein kostenrechnerisch gedacht stellt sich die Frage, ab welcher benötigten Menge es sich lohnt, Eigenfertigung zu betreiben. Von daher ergibt es Sinn, die sogenannte kritische Menge (Menge, bei der die Eigenfertigung und der Fremdbezug die gleichen Kosten verursachen) zu berechnen.

Hierfür stehen laut Aufgabenstellung 3.3 und 3.3.2 die Daten zur Verfügung. Die Absatzprognose liegt bei 3 500 Stück monatlich.

Nochmals vorweg: Das Ergebnis der kritischen Menge ist eine Zahl. Bei diesem Wert sind die Kosten der Eigenfertigung sowie des Fremdbezugs gleich hoch.

1. Schritt: Die Daten aus den beiden Spalten werden gegenübergestellt. Allen Werten, die mengenabhängig sind, wird ein „x" angehängt:

$$1{,}79x = 0{,}76x + 0{,}13x + \frac{4\,800}{12} + 2\,876$$

**TIPP** Da die Berechnung auf Monatsbasis erfolgt, muss die jährliche AfA noch auf Monate umgerechnet werden (4 800 : 12).

2. Schritt: Zusammenfassen der jeweiligen Einheiten:
$1{,}79x = 0{,}89x + 3\,276$

3. Schritt: Nach „x" auflösen

$1{,}79x = 0{,}89x + 3\,276 \quad | -0{,}89x$
$0{,}9x = 3\,276 \quad |:0{,}9$
$\mathbf{x = 3\,640}$

Die kritische Menge liegt somit bei 3 640. In diesem Fall wäre bei benannter Absatzprognose der Fremdbezug günstiger.

**TIPP** Der zweite Teil der Aufgabenstellung geht darum, die Kostendifferenz bei einer Absatzprognose von 3 500 Stück zu berechnen.

Hier können Sie auf Ihre ursprüngliche Anfangsgleichung zurückgreifen.

$$1{,}79x = 0{,}76x + 0{,}13x + \frac{4\,800}{12} + 2\,876$$

Achten Sie jedoch darauf, dass aus einer Gleichung zwei werden müssen
⇒ eine für den Fremdbezug, eine für die Eigenfertigung:

Kosten Fremdbezug:     1,79 € · 3 500 = 6 265 €
Kosten Eigenfertigung:    0,89 € · 3 500 + 3 276 € = 6 391 €

Somit liegt die Kostendifferenz bei 6 391 € − 6 265 € = 126 €
⇒ Der Fremdbezug ist um 126 € günstiger als die Eigenfertigung.

**TIPP** Der dritte Teil der Aufgabenstellung ist die Interpretation des Ergebnisses. Hier geht es zum einen darum, die oben aufgeführten Ergebnisse darzulegen und eine Schlussfolgerung daraus zu ziehen, als auch sich darüber Gedanken zu machen, wie das Ganze weitergehen könnte. Ein möglicher Ansatz wäre:

Aufgrund der Berechnungen zur kritischen Menge ist bei einer Absatzprognose von 3 500 Stück der Fremdbezug noch günstiger, auch wenn die Kostendifferenz von 126 € nur gering ist. Die Nachfrage ist laut Aufgabenstellung jedoch steigend und somit wahrscheinlich auch der künftige Absatz. Daher sollte trotz des Ergebnisses über eine Eigenfertigung nachgedacht werden, vor allem dann, wenn der Markt die Vorteile der recyclebaren Behälter wahr- und annimmt.

## 3.4.1

**TIPP** Beim „Definieren" geht es darum, dass Sie wissen, was bestimmte Fachbegriffe bedeuten.

**Variable Kosten:**
Variable Kosten fallen nur an, wenn auch produziert wird. Sie sind abhängig vom Beschäftigungsgrad und steigen/fallen mit Veränderungen in der Produktionsmenge.

**Fixe Kosten:**
Diese Kosten sind unabhängig von der Produktionsmenge. Sie fallen auch dann an, wenn die Produktion stillsteht.

**Gemeinkosten:**
Die Gemeinkosten werden auch indirekte Kosten genannt. Diese Kosten können nicht direkt einem Produkt zugerechnet werden, da sie nicht unmittelbar von diesem verursacht werden. Die Verrechnung dieser Kosten erfolgt über Kostenstellen, die dann dem Kostenträger zugerechnet werden.

**Einzelkosten:**
Im Vergleich zu den Gemeinkosten können die Einzelkosten einem Produkt direkt zugerechnet werden. Hierdurch ist es möglich, die Kosten eines Produkts exakt zu bestimmen. Die Einzelkosten werden auch direkte Kosten genannt.

## 3.4.2

**TIPP** In dieser Aufgabenstellung geht es darum, dass Sie die in 3.4.1 definierten Begriffen den genannten Praxisbeispielen zuordnen können.

**Kosten für Bienenwachs und Kerzendochte:**
Es handelt sich um variable Kosten, da die Kosten hierfür nur entstehen, wenn auch produziert wird. Außerdem handelt es sich um Einzelkosten, da sich die Kosten direkt den Kerzen zuordnen lassen.

**Kosten für eine Maschine, die alle produzierten Kerzen verpackt:**
Es handelt sich um fixe Kosten. Die Maschine verursacht auch bei Stillstand Kosten (z. B. Abschreibung). Außerdem sind es Gemeinkosten. Die Maschine wird für alle produzierten Kerzen verwendet. Eine direkte Zuordnung zum Produkt ist nicht möglich.

**Hessen Wirtschaft und Verwaltung
Abschlussprüfung Fachoberschule 2021**
Vorschlag B

## Aufgabenstellung

**1** Die Tentus GmbH aus dem Lahn-Dill-Kreis ist eine Herstellerin von Zelten und mobilen Hallen. Weltweit sind vor allem Hilfsorganisationen, Industrieunternehmen, das Hotel- und Gaststättengewerbe sowie der Großhandel Kundinnen und Kunden der Tentus GmbH. Nach Aussagen des Geschäftsführers, Herrn Münzer, sind die Kundinnen und Kunden sehr anspruchsvoll und fordern ständig neue Produktalternativen. Das Hauptaugenmerk des Unternehmens liegt daher auf der Weiterentwicklung von bestehenden Produkten bzw. der Entwicklung neuer Produkte.

**1.1** Aus diesem Grund werden im Bereich der Produktpolitik regelmäßig produktpolitische Maßnahmen durchgeführt.
Beschreiben Sie für die Tentus GmbH drei produktpolitische Maßnahmen (Produktionsprogrammstrategien) und begründen Sie deren Notwendigkeit für das Unternehmen. (6 BE)

**1.2** Vor der Umsetzung von produktpolitischen Maßnahmen führte die Tentus GmbH häufig Marktanalysen durch. So auch für drei Produkte, deren Ergebnisse aus der Analyse in Material 1 vorliegen.

**1.2.1** Berechnen Sie für die angegebenen Produkte den (absoluten) Marktanteil in Prozent sowie das Marktwachstum (Umsatz) in Prozent jeweils für Jahr 2. (6 BE)

**1.2.2** Als Entscheidungshilfe erstellt das Unternehmen eine eigene Übersicht in Anlehnung an die Portfolioanalyse (bzw. BCG-Matrix). In der Portfolioanalyse wird normalerweise der relative Marktanteil statt des absoluten Marktanteils dargestellt. Die Tentus GmbH weicht bewusst davon ab. Die weitere Darstellungsweise bleibt erhalten.
Ermitteln Sie einen möglichen Grund dafür, dass die Tentus GmbH statt des relativen Marktanteils den absoluten Marktanteil verwendet. (2 BE)

**1.2.3** Erstellen Sie mithilfe des Materials 2 und Ihren Ergebnissen aus Aufgabe 1.2.1 eine Matrix für die Produkte der Tentus GmbH und nehmen Sie Stellung zu den drei Produkten im Portfolio. (6 BE)

**1.3** Die Kundinnen und Kunden der Tentus GmbH sind auf der ganzen Welt zu finden. Um diese zu erreichen und eventuell bei technischen Fragen (z. B. Aufbau) zu beraten, werden Handlungsreisende oder Handelsvertreterinnen bzw. Handelsvertreter eingesetzt.

**1.3.1** Vergleichen Sie die Handlungsreisende/den Handlungsreisenden und die Handelsvertreterin/den Handelsvertreter in den Aspekten Rechtsstellung und Pflichten. (4 BE)

**1.3.2** Für Lateinamerika sucht die Tentus GmbH einen Handlungsreisenden/eine Handlungsreisende bzw. Handelsvertreter/Handelsvertreterin. Es wird ein jährlicher Umsatz von ungefähr 720 000 € erwartet. Üblicherweise erhalten die Reisenden ein monatliches Fixum von 3 000 € und sind mit 4 % am Umsatz beteiligt. Zusätzlich erhalten Handlungsreisende der Tentus GmbH Reisespesen in Höhe von 2 % des Umsatzes. Der Handelsvertreter/die Handelsvertreterin bekommt ausschließlich eine Umsatzprovision in Höhe von 9 %.
Ermitteln Sie jeweils die monatlichen Kosten für beide Absatzmittler und werten Sie Ihr Ergebnis aus. (3 BE)

**1.3.3** Die letzte Entscheidung, ob ein Handelsvertreter/eine Handelsvertreterin oder ein Handlungsreisender/eine Handlungsreisende in Lateinamerika eingesetzt werden soll, ist von der Geschäftsleitung noch nicht getroffen worden. Unabhängig von Ihrem rechnerischen Ergebnis aus Aufgabe 1.3.2 spielen dabei auch andere Kriterien eine wichtige Rolle. Bestimmen Sie anhand von drei weiteren kostenunabhängigen Kriterien den geeigneteren Absatzmittler für Lateinamerika. (3 BE)

**1.4** Zwar macht das Unternehmen weltweit gute Umsätze, aber der Bekanntheitsgrad ist eher gering. Deshalb möchte der Geschäftsführer das Unternehmen als Marke etablieren.

**1.4.1** Erläutern Sie die mithilfe von zwei Aspekten die mögliche Absicht des Geschäftsführers. (4 BE)

**1.4.2** Erklären Sie den Unterschied zwischen einer Dachmarke und einer Produktmarke. (2 BE)

**2** Bei der Gründung vor zwölf Jahren hat das Unternehmen ausschließlich Zelte von anderen Herstellern verkauft. Erst später konnte der damals einzige Gesellschafter und Geschäftsführer, Herr Münzer, die Produktion aufbauen, indem das benötigte Kapital durch die Einlagen von zusätzlichen Gesellschaftern beschafft wurde. Die Gründung erfolgte als Unternehmergesellschaft (UG) und wurde bei dem zuständigen Amtsgericht eingetragen. Einige Jahre später wurde das Unternehmen zu einer GmbH umfirmiert.

**2.1** Erläutern Sie drei mögliche Gründe, die zu einer anfänglichen Gründung als UG geführt haben könnten. (6 BE)

**2.2** Beschreiben Sie den Prozess, der zur Umfirmierung zur GmbH führt, und ermitteln Sie einen möglichen Grund. (4 BE)

**2.3** Bei der Tentus GmbH gab die beschränkte Haftung den Ausschlag für die Wahl der Rechtsform.
Stellen Sie zwei Ausnahmefälle dar, in denen trotzdem eine persönliche Haftung gegeben ist. (2 BE)

**2.4** Die Tentus GmbH produziert ihre Zelte in fünf Produktionshallen. Für die Aufbereitung der Planen (Zeltstoffe) ist der Bau einer weiteren Halle geplant. Um die Produktionshalle zu finanzieren, hat das Unternehmen verschiedene Möglichkeiten, seinen Kapitalbedarf zu decken.
Beschreiben Sie zwei grundlegende Finanzierungsarten, die nach der Kapitalherkunft unterschieden werden, und nennen Sie jeweils zwei Vorteile. (6 BE)

**2.5** Neben Herrn Münzer als Geschäftsführer und Gesellschafter gibt es noch drei weitere Mitgesellschafterinnen bzw. Mitgesellschafter der Tentus GmbH:
- Frau Reza (Kapitaleinlage 52 000 €),
- Herr Smolka (Kapitaleinlage 76 000 €),
- Herr Abel (Kapitaleinlage 120 000 €),
- Herr Münzer (Kapitaleinlage 152 000 €).

**2.5.1** Die Tentus GmbH hat im letzten Jahr einen Gewinn von 240 000 € erwirtschaftet.
Berechnen Sie die gesetzliche Gewinnverteilung, wenn in der Satzung hierzu nichts festgelegt wurde und 80 % des Gewinns laut Gesellschafterbeschluss ausgeschüttet werden sollen. (8 BE)

**2.5.2** Beschreiben Sie zwei mögliche Gründe für diesen Gewinnverwendungsbeschluss der Tentus GmbH aus Aufgabe 2.5.1. (2 BE)

**2.5.3** Die Interessen der GmbH-Gesellschafter werden in der Gesellschafterversammlung vertreten. Nennen Sie drei Rechte, die jeder GmbH-Gesellschafter hat. (3 BE)

**3** Die Nachfrage nach mobilen Hallen ist in den letzten Monaten stark gestiegen. Der Geschäftsführer überlegt, die Produktion der Anbau-Zelte an einen externen Hersteller auszulagern. Dazu liegt ihm ein Angebot vor, bei dem ein Zelt 360 € kosten würde. Zurzeit werden monatlich bei der Tentus GmbH 520 Anbau-Zelte gefertigt, für die folgende Kosten anfallen:
Materialkosten pro Zelt: 180 €
Lohnkosten pro Zelt: 60 €

Fixe Kosten pro Monat: 60 000 €

**3.1** Berechnen Sie die Menge, bei der die Eigenfertigung und der Fremdbezug gleich viel kosten, und interpretieren Sie Ihr Ergebnis. (3 BE)

**3.2** Die Personalabteilung der Tentus GmbH führt regelmäßig Personalbedarfsplanungen durch.

**3.2.1** Um den Bruttopersonalbedarf zu ermitteln, wendet die Tentus GmbH je nach Abteilung die Kennzahlmethode oder die Stellenplanmethode an.
Beschreiben Sie beide Methoden. (4 BE)

**3.2.2** Die Tentus GmbH ermittelt in der Verkaufsabteilung für mobile Hallen den Personalbedarf nach der Kennzahlmethode. Zur Berechnung wird die Arbeitsproduktivität herangezogen. Der letztjährige Wert wurde auf der Basis von 510 000 € Umsatz und 4 Mitarbeitern bzw. Mitarbeiterinnen berechnet. Für das kommende Geschäftsjahr ist ein Umsatz von 765 000 € geplant.
Ermitteln Sie rechnerisch den zukünftigen Bruttopersonalbedarf. (3 BE)

**3.2.3** Bei der Personalbedarfsplanung werden unterschiedliche Arten des Personalbedarfs ermittelt. Beschreiben Sie den Ersatzbedarf, den Neubedarf, den Zusatzbedarf und den Minderbedarf (Freisetzungs- bzw. Freistellungsbedarf) und geben Sie jeweils ein Beispiel an. (8 BE)

**3.2.4** Begründen Sie anhand von zwei Argumenten die Notwendigkeit für die Tentus GmbH, Personalbedarfsplanungen durchzuführen. (4 BE)

**3.3** Bei der Tentus GmbH erhalten fast alle Mitarbeiterinnen bzw. Mitarbeiter einen Prämienlohn.

**3.3.1** Beschreiben Sie den Prämienlohn und nennen Sie drei Vorteile. (4 BE)

**3.3.2** Die Tentus GmbH hat sich für die Prämienlohnvergabe entschieden, da für Akkordlöhne nicht alle Voraussetzungen erfüllt sind.
Ermitteln Sie zwei Gründe, die eine Umsetzung von Akkordlöhnen schwierig bzw. unmöglich machen. (4 BE)

**3.3.3** Die Mitarbeiter der Tentus GmbH erhalten seit einigen Jahren eine Gewinnbeteiligung, die nach der Länge der Betriebszugehörigkeit verteilt wird. Die Buchhaltungsabteilung erhält einen Gewinnanteil von 2 050 €. In Material 3 finden Sie Informationen zu den Beschäftigten in der Buchhaltungsabteilung.
Berechnen Sie für jede Mitarbeiterin bzw. jeden Mitarbeiter den Gewinnanteil nach der Betriebszugehörigkeit. (3 BE)

| **Material 1** | Informationen zur Berechnung der (absoluten) Marktanteile und des Marktwachstums |

| Marktdaten<br>Produkte | Umsatz Jahr 1 in € | Branchen- bzw. Marktumsatz im Jahr 1 in € | Umsatz Jahr 2 in € | Branchen- bzw. Marktumsatz im Jahr 2 in € |
|---|---|---|---|---|
| Maxi-Zelt *Flex* | 250 000 | 4 000 000 | 270 000 | 4 320 000 |
| Mobile Halle *Basic* | 125 000 | 3 800 000 | 150 480 | 5 016 000 |
| Zweistöckiges Zeltsystem *Smart* | 40 000 | 100 000 | 48 000 | 120 000 |

| **Material 2** | Portfolio der Tentus GmbH |

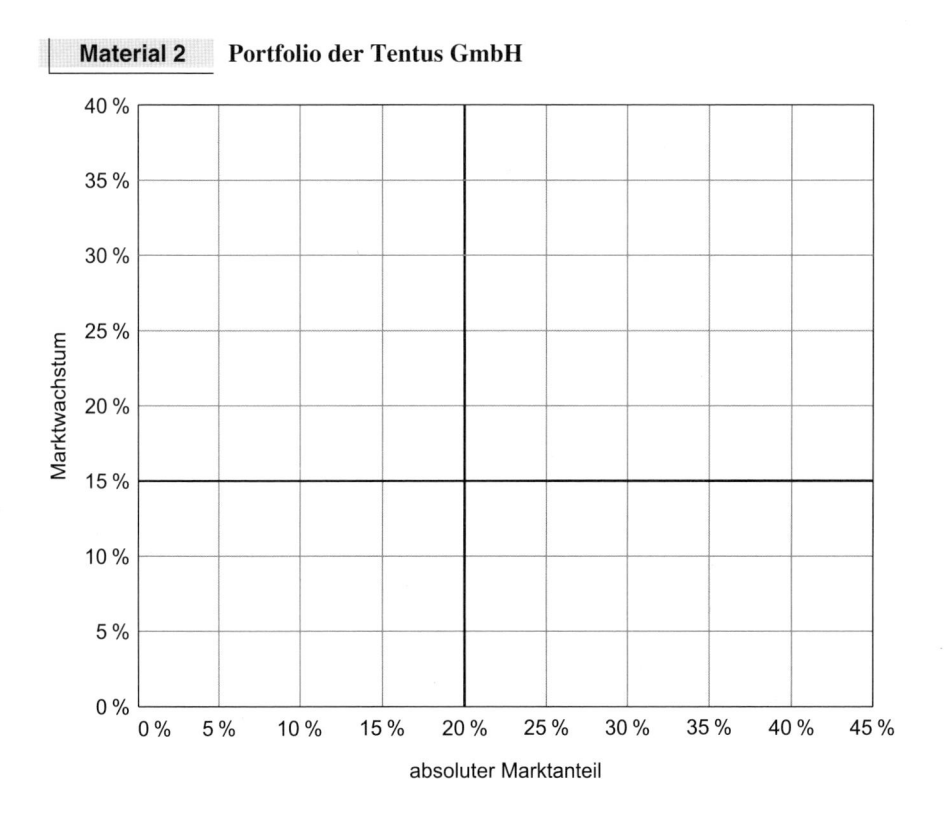

*Marktwachstum* (y-Achse: 0 % bis 40 % in 5 %-Schritten)

*absoluter Marktanteil* (x-Achse: 0 % bis 45 % in 5 %-Schritten)

**Material 3**  Vorgaben zur Berechnung der Gewinnbeteiligung in der Buchhaltungsabteilung

| Mitarbeiter/-in Buchhaltungsabteilung | Betriebszugehörigkeit in Jahren |
|---|---|
| Frau Jakobi | 5 |
| Herr Yilmaz | 8 |
| Frau Young | 12 |

## Lösungsvorschlag

**1.1** Im Rahmen einer **Produktinnovation** werden neue Produkte entwickelt und in das Produktsortiment aufgenommen.
Durch eine **Produktvariation** werden zusätzlich zum bestehenden Produkt neue Varianten eingeführt. Die neuen Varianten eines Produkts zielen darauf ab, z. B. neue oder bessere Funktionen als das bestehende Produkt aufzuweisen. Das bestehende Produkt wird hierbei in der Regel vom Markt genommen.
Bei einer **Produktdiversifikation** hingegen wird das bestehende Produktsortiment um eine neue Produktlinie erweitert.

Mithilfe der produktpolitischen Maßnahmen kann die Tentus GmbH Neukunden gewinnen. Neue Kundinnen und Kunden führen zu einem größeren Kundenstamm, was wiederum die Absatzchancen des Unternehmens verbessert. Die höheren Absatzchancen gehen oft mit höheren Gewinnen einher, was zu einem Wachstum des Unternehmens führen kann. Auch der bestehende Kundenstamm kann mithilfe der Maßnahmen zu Neuanschaffungen angeregt werden. Die produktpolitischen Maßnahmen verbessern somit nicht nur die finanzielle Situation, sondern auch die Möglichkeit, mehr Marktanteile zu sichern. Weiterhin führt eine erhöhte Produktion zu einer erhöhten Auslastung der Produktion, was wiederum Arbeitsplätze sichert.

**1.2.1**

> **TIPP** Beachten Sie hier, dass Sie die Werte für Jahr 2 berechnen müssen. Für das Marktwachstum müssen Sie dabei aber trotzdem die Differenz der beiden Marktumsätze (Marktumsatz Jahr 2 – Marktumsatz Jahr 1) durch den Marktumsatz des Jahres 1 teilen.

| Produkte \ Marktdaten | Absoluter Marktanteil in % | Marktwachstum (Umsatz) in % |
|---|---|---|
| Maxi-Zelt *Flex* | 6,25 | 8 |
| Mobile Halle *Basic* | 3 | 32 |
| Zweistöckiges Zeltsystem *Smart* | 40 | 20 |

Rechnungen:
absoluter Marktanteil Maxi-Zelt *Flex*
$$= \frac{\text{Umsatz des Produkts}}{\text{Umsatz des Gesamtmarktes}} \cdot 100 = \frac{270\,000\,\text{€}}{4\,320\,000\,\text{€}} \cdot 100 = 6,25\,\%$$

absoluter Marktanteil mobile Halle *Basic*
$$= \frac{150\,480\,\text{€}}{5\,016\,000\,\text{€}} \cdot 100 = 3\,\%$$

absoluter Marktanteil zweistöckiges Zeltsystem *Smart*

$$= \frac{48\,000\,€}{120\,000\,€} \cdot 100 = 40\,\%$$

Marktwachstum Maxi-Zelt *Flex*

$$= \frac{\text{Marktumsatz Jahr 2} - \text{Marktumsatz Jahr 1}}{\text{Marktumsatz Jahr 1}} \cdot 100$$

$$= \frac{4\,320\,000\,€ - 4\,000\,000\,€}{4\,000\,000\,€} \cdot 100 = 8\,\%$$

Marktwachstum mobile Halle *Basic*

$$= \frac{5\,016\,000\,€ - 3\,800\,000\,€}{3\,800\,000\,€} \cdot 100 = 32\,\%$$

Marktwachstum zweistöckiges Zeltsystem *Smart*

$$= \frac{120\,000\,€ - 100\,000\,€}{100\,000\,€} \cdot 100 = 20\,\%$$

**1.2.2** Der Grund für ein **Nichtheranziehen** des relativen Marktanteils könnte darin bestehen, dass für dessen Berechnung interne Unternehmensdaten der Konkurrenz benötigt werden. Diese liegen jedoch nicht vor, sodass die entsprechenden **Daten geschätzt** werden müssen. Aufgrund dessen kann der relative Marktanteil nur auf geschätzten Daten errechnet werden, was gegen eine verlässliche Aussagekraft spricht. Da die Tentus GmbH weltweit tätig ist, sind auch die Konkurrenzunternehmen auf der ganzen Welt verteilt, was eine Übersichtlichkeit über deren Situationen zusätzlich erschwert.

## 1.2.3

**Marktwachstum / absoluter Marktanteil**

Quadranten:
- Fragezeichen / Question Marks: mobile Halle *Basic*
- Sterne / Stars: zweistöckiges Zeltsystem *Smart*
- Arme Hunde / Poor Dogs: Maxi-Zelt *Flex*
- Melkkühe / Cash Cows

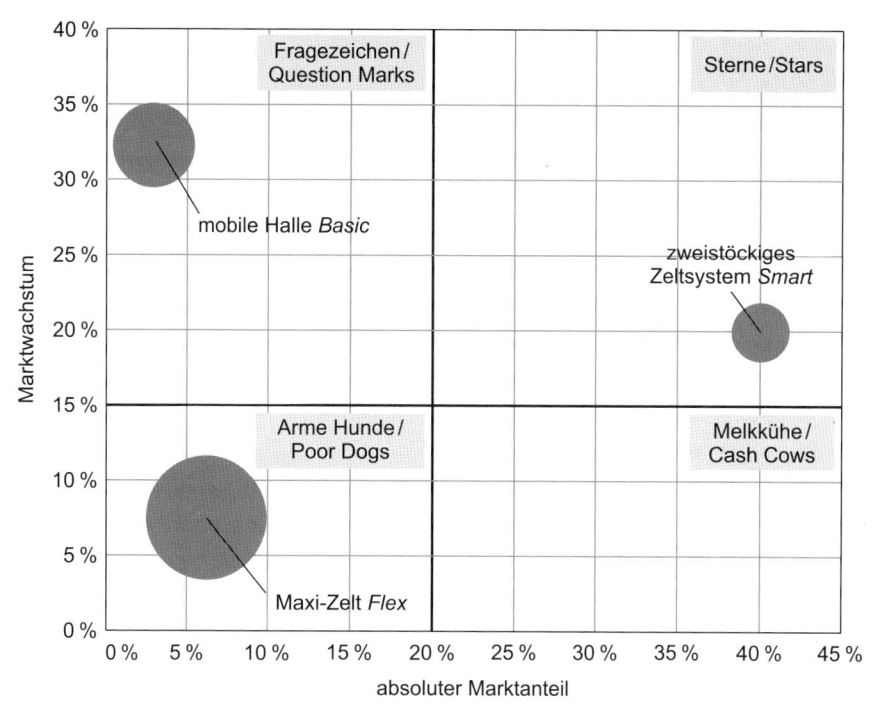

Betrachtet man das **Marktwachstum** und den **absoluten Marktanteil**, so kann man feststellen, dass das Produkt Maxi-Zelt *Flex* den *poor dogs*, die mobile Halle *Basic* den *question marks* und das zweistöckige Zeltsystem *Smart* den *stars* zuzuordnen ist.

Das Maxi-Zelt *Flex* weist ein **geringes Marktwachstum** sowie einen **geringen absoluten Marktanteil** auf. Jedoch erzielt das Unternehmen im Vergleich zu den beiden anderen Zeltsystemen mit diesem Produkt den größten Umsatz. Zukünftig könnte der Umsatz jedoch stark sinken und somit wäre es sinnvoll, geeignete produktpolitische Maßnahmen für das Maxi-Zelt *Flex* durchzuführen.

Die mobile Halle *Basic* weist ein **hohes Marktwachstum** auf, jedoch könnte der **absolute Marktanteil gesteigert** werden, da dieser niedrig ist. Da der Umsatz sehr hoch ist, ist das Fragezeichen als positiv zu bewerten. Damit der relative Marktanteil ausgebaut werden kann, wäre der Einsatz von Marketingmaßnahmen sinnvoll.

Das zweistöckige Zeltsystem *Smart* zeigt ein **hohes Marktwachstum** und verfügt über einen **hohen absoluten Marktanteil**. Der Umsatz ist aber im Vergleich zu den anderen Produkten als niedrig einzuschätzen. Es könnte sich demnach bei dem Produkt um ein Nischenprodukt handeln.

Betrachtet man die **Gesamtsituation** des Unternehmens, so ist diese **kritisch zu bewerten**. Es fehlt beispielsweise ein Produkt, welches als *cash cow* für die nötigen finanziellen Sicherheiten genutzt werden kann.

**1.3.1** Während es sich bei Handlungsreisenden um **Angestellte** des Unternehmens handelt, sind Handelsvertreter*innen **selbstständige Kaufmänner bzw. Kauffrauen**. Hinsichtlich der Pflichten sind Handlungsreisende an die **Weisungen des Arbeitgebers** gebunden. Demnach können sie beispielsweise nicht frei über die Arbeitszeit verfügen. Handelsvertreter*innen müssen sich lediglich an die **vertraglichen Vereinbarungen** halten.

**1.3.2**

$$\text{erwarteter Monatsumsatz} = \frac{720\,000\,€}{12\,\text{Monate}} = 60\,000\,€$$

monatliche Kosten für Handlungsreisende
$= 3\,000\,€ + (60\,000\,€ \cdot 0{,}04) + (60\,000 \cdot 0{,}02) = 6\,600\,€$

monatliche Kosten für Handelsvertreter*innen $= 60\,000\,€ \cdot 0{,}09 = 5\,400\,€$

Betrachtet man die Kosten, so sind Handelsvertreter*innen bei den angegebenen Daten um 1 200 € im Monat günstiger als Handlungseisende.

**1.3.3**

> **TIPP** Entscheidend für das korrekte Lösen ist hier eine sinnvolle und nachvollziehbare Darlegung. Der nachfolgende Lösungsvorschlag nennt Kriterien für beide Alternativen, in Ihrer Lösung müssen Sie sich für eine der beiden entscheiden.

Kriterien, die für Handlungsreisende sprechen, sind u. a. die **Kontrolle** über die Handlungsreisenden. Weiterhin kennen Handlungsreisende als Angestellte des Unternehmens dieses sehr gut und können somit bei **spezifischen Fragen** besser weiterhelfen als Handelsvertreter*innen. Zudem ist die **Identifikation** mit dem Unternehmen bei Angestellten höher ausgeprägt. Als weiteren Vorteil ist die **Aufgabenübernahme** der Handlungsreisenden zu nennen. Diese können nach Weisungen durch den Arbeitgeber auch andere Aufgaben übernehmen.

Kriterien, die für Handelsvertreter*innen sprechen sind u. a. die **länder-/regionsspezifischen Kenntnisse**. In der Regel kennen Handelsvertreter*innen bereits einen großen (potenziellen) **Kundenstamm** und die **länderspezifischen Gewohnheiten**. Hinsichtlich der **Kündigungsmodalitäten** sind Handelsvertreter*innen aus Sicht des Unternehmens weniger risikoreich.

**1.4.1** Kann der Geschäftsführer das Unternehmen als Marke etablieren, so kann ein bestimmtes Image aufgebaut werden. Ein positives Image kann beispielsweise dabei helfen, einen höheren Preis für die Produkte umzusetzen. Die Kundinnen und Kunden verbinden mit dem positiven Image zumeist auch eine bessere Qualität und akzeptieren somit die höheren Preise.

Weiterhin kann sich das Unternehmen durch die Etablierung als Marke besser von der Konkurrenz abheben. Marketingmaßnahmen können anschließend gezielter geplant und umgesetzt werden.

**1.4.2** Während es sich bei einer Produktmarke um eine Marke handelt, die vom Hersteller der Kundin bzw. dem Kunden präsentiert wird, handelt es sich bei der Dachmarke um alle Produkte und Dienstleistungen eines Unternehmens. Das Unternehmen selbst oder dessen Name bildet somit letztlich die Dachmarke.

**2.1** Ein möglicher Grund bei der Auswahl der Unternehmensform UG könnte das sehr **geringe Startkapital** in Höhe von 1 € sein. Dies war zunächst auch sinnvoll, da der damals einzige Gesellschafter und Geschäftsführer mit seinem Unternehmen lediglich als Groß- bzw. Zwischenhändler agierte. Erst mit dem Aufbau einer eigenen Produktion benötigte das Unternehmen ein höheres Kapital und somit war auch eine Umfirmierung sinnvoll.

Der zweite Grund könnte in der **Haftung** liegen. Bei einer UG haftet man lediglich mit der Stammeinlage, und da das Stammkapital bei einer UG viel geringer ausfällt als bei einer GmbH, ist das Risiko zumindest am Beginn der Geschäftsfähigkeit geringer.

Der dritte Grund könnte in der **zukünftigen Tätigkeit** von Herrn Münzer liegen. Mit der UG können unkompliziert neue Gesellschafter*innen aufgenommen werden. Die Gesellschafter*innen verpflichten sich nicht zur Mitarbeit. Falls Herr Münzer bald nicht mehr als Geschäftsführer tätig sein möchte, kann er diese Aufgabe auch an eine andere Person übertragen.

**2.2** Eine UG ist zu der jährlichen Bildung einer gesetzlichen Rücklage verpflichtet. Ein Viertel des Jahresüberschusses wird in die Rücklage eingestellt. Dadurch wird das Stammkapital erhöht. Sobald das Stammkapital mit der gebildeten Rücklage 25 000 € erreicht, kann eine Umfirmierung durch die Stammkapitalerhöhung von einer UG zu einer GmbH stattfinden. Die Stammkapitalerhöhung kann ebenfalls in Form von Bareinlagen durch die Gesellschafter*innen erfolgen. Zuvor muss jedoch die Umfirmierung auf der Gesellschafterversammlung beschlossen werden. Der Grund für eine Umfirmierung von einer UG in eine GmbH könnte der höhere finanzielle Spielraum der GmbH sein. Diese Unternehmensform genießt eine bessere Kreditwürdigkeit und ein höheres Ansehen bei Kapitalgebern.

**2.3** Wenn die Kapitaleinlage der Gesellschafter*innen noch nicht vollständig erbracht wurde, so haften diese für den ausstehenden Kapitalanteil mit ihrem Privatvermögen. Somit ist eine Ausnahme für eine persönliche Haftung gegeben. Die beschränkte Haftung ist erst mit der Eintragung ins Handelsregister gültig. Ist diese noch nicht erfolgt, so haften die Gesellschafter*innen ebenfalls persönlich. Wirtschaftliches Handeln ist vor der Eintragung bereits möglich und so können Verbindlichkeiten enstehen.

**2.4** Im Rahmen der Finanzierungsformen wird zwischen einer **Innen-** und einer **Außenfinanzierung** unterschieden. Stammt das benötigte Kapital aus dem Unternehmen selbst, so handelt es sich um eine Innenfinanzierung. Das Kapital stammt in diesem Fall beispielsweise aus Gewinnen oder Rückstellungen. Wenn das Kapital von außen in das Unternehmen eingebracht wird, beispielsweise durch einen externen Kapitalgeber, so spricht man von einer Außenfinanzierung. In der Regel handelt es sich hierbei um Kreditgeber oder neue Einlagen von bestehenden oder neuen Eigentümerinnen bzw. Eigentümern.

Im Rahmen einer **Innenfinanzierung** lassen sich folgende Vorteile nennen:
1. Da das Kapital aus dem Unternehmen selbst stammt, ist man an keinen Kapitalgeber gebunden.
2. Bei der Innenfinanzierung werden Gebühren und Provisionen vermieden.

Bei einer **Außenfinanzierung** lassen sich die folgenden beiden Vorteile nennen:
1. Durch die Hinzunahme einer Fremdfinanzierung lässt sich die Eigenkapitalrendite erhöhen (Leverage-Effekt).
2. Fremdkapitalgeber erhalten kein Mitspracherecht, sondern lediglich das zuvor eingesetzte Kapital plus Zinsen.

**2.5.1**

> **TIPP** Beachten Sie, dass nur 80 % des Gewinns ausgeschüttet werden. Sie müssen also zunächst den ausgeschütteten Gewinn berechnen. Danach teilen Sie den Gewinn anteilsmäßig auf die Gesellschafter*innen auf.

ausgeschütteter Gewinn = 240 000 € · 80 % = 192 000 €

Gesamtkapital = Kapitaleinlage aller Gesellschafter*innen
= 52 000 € + 120 000 € + 76 000 € + 152 000 € = 400 000 €

$$\text{Prozentanteil Frau Reza} = \frac{\text{Kapitaleinlage} \cdot 100}{\text{Gesamtkapital}} = \frac{52\,000\ € \cdot 100}{400\,000\ €} = 13\,\%$$

Gewinnanteil Frau Reza = ausgeschütteter Gewinn · Gewinnanteil
= 192 000 € · 13 % = 24 960 €

$$\text{Prozentanteil Herr Abel} = \frac{120\,000\ € \cdot 100}{400\,000\ €} = 30\,\%$$

Gewinnanteil Herr Abel = ausgeschütteter Gewinn · Gewinnanteil
= 192 000 € · 30 % = 57 600 €

Prozentanteil Herr Smolka = $\dfrac{76\,000\,€ \cdot 100}{400\,000\,€}$ = 19 %

Gewinnanteil Herr Smolka = ausgeschütteter Gewinn · Gewinnanteil
= 192 000 € · 19 % = 36 480 €

Prozentanteil Herr Münzer = $\dfrac{152\,000\,€ \cdot 100}{400\,000\,€}$ = 38 %

Gewinnanteil Herr Münzer = ausgeschütteter Gewinn · Gewinnanteil
= 192 000 € · 38 % = 72 960 €

**2.5.2** Aufgrund des Gesellschafterbeschlusses bleiben 20 % des erwirtschafteten Gewinns im Unternehmen. Lediglich 80 % des Gewinns werden an die Gesellschafter*innen ausgeschüttet. Die Tentus GmbH könnte diese Gewinnverwendung in der Gesellschafterversammlung beschlossen haben, damit der im Unternehmen verbleibende Gewinn zu einer verbesserten Liquidität führt. Zudem erhöht der im Unternehmen einbehaltene Gewinn das Eigenkapital, was zu einer verbesserten Bonität führt.

**2.5.3** Alle GmbH-Gesellschafter*innen haben u. a. folgende Rechte:
- Mitbestimmung bei der Festsetzung des Jahresabschlusses
- Mitbestimmung bei der Ergebnisverwendung
- Beteiligung am Jahresgewinn

**3.1**

> **TIPP** Häufig ist es in den Prüfungsaufgaben so, dass mehrere Fragestellungen in einer Aufgabenstellung verpackt sind. Dies ist auch bei der vorliegenden Aufgabe der Fall. Zum einen soll die Berechnung der kritischen Menge erfolgen – zum anderen das entsprechende Ergebnis interpretiert werden.
> Achten Sie bei der Berechnung immer darauf, dass Sie die vollständigen Formeln aufschreiben, damit kein Interpretationsspielraum für die kontrollierende Lehrkraft vorhanden ist.

Berechnung:

Die kritische Menge wird berechnet, indem die Kosten der Eigenfertigung den Kosten des Fremdbezugs gegenübergestellt werden.

Kosten des Fremdbezugs:    360 €/Stück

Kosten der Eigenfertigung:    variable Kosten = 180 € + 60 € = 240 €/Stück
                                           fixe Kosten = 60 000 €

$$360x = 60\,000 + 240x \quad | -240x$$
$$120x = 60\,000 \quad | :120$$
$$x = 500$$

Interpretation:

Das Ergebnis x = 500 besagt, dass es bei einer produzierten Menge von 500 Stück egal ist, ob man das Produkt in Eigenfertigung oder als Fremdbezug herstellt. Die Kosten sind bei dieser Menge gleich hoch. Dies bedeutet, bezogen auf das Angebot, dass es sich derzeit nicht lohnen würde, die Produktion auszulagern.

**3.2.1** Bei der **Kennzahlmethode** wird die Anzahl der Mitarbeiter*innen mit einer betriebswirtschaftlichen Größe in Verbindung gesetzt, die in der Vergangenheit relativ stabil war. Ein Beispiel ist der erwirtschaftete Umsatz je Mitarbeiter*in.

Im Bereich der Verwaltungstätigkeiten wird häufig die **Stellenplanmethode** angewendet, die sich an Stellenplänen und Stellenbeschreibungen orientiert. Über die Stellenplanmethode findet eine Berechnung des Nettopersonalbedarfs statt.

**3.2.2**

> **TIPP** Um den Bruttopersonalbedarf nach der Kennzahlmethode zu ermitteln, ist es im ersten Schritt nötig herauszufinden, wie hoch die Arbeitsproduktivität im alten Jahr war. Hierzu gilt folgende Formel:
>
> $$\text{Arbeitsproduktivität} = \frac{\text{Umsatz}}{\text{Anzahl der Mitarbeiter*innen}}$$
>
> Bezogen auf die Aufgabe ergibt sich:

Arbeitsproduktivität (altes Jahr)
$$= \frac{510\,000\,€}{4\text{ Mitarbeiter*innen}} = 127\,500\,€ \text{ pro Mitarbeiter*in}$$

> **TIPP** Die zu klärende Fragestellung ist die, wie viele Mitarbeiter benötigt werden, wenn der Umsatz je Mitarbeiter gleich bleiben soll. Dazu nutzen Sie die folgende Formel:
>
> $$\text{Benötigte Anzahl Mitarbeiter (Bruttopersonalbedarf)} = \frac{\text{Umsatz}}{\text{Arbeitsproduktivität}}$$

$$\text{Bruttopersonalbedarf} = \frac{765\,000\,€}{127\,500\,€ \text{ pro Mitarbeiter*in}} = 6 \text{ Mitarbeiter*innen}$$

Das Unternehmen benötigt also im neuen Jahr sechs Mitarbeiter*innen in der Verkaufsabteilung.

### 3.2.3

> **TIPP** Beim „Beschreiben" geht es immer darum, die Begrifflichkeiten zu erklären und letztlich die Begriffe voneinander abzugrenzen.

**Ersatzbedarf**:
Wenn Mitarbeiter*innen das Unternehmen z. B. aus Altersgründen verlassen, wird eine Stelle frei, die neu besetzt werden muss. Es entsteht also ein Bedarf für Ersatz, damit die Stelle nicht leer bleibt.

**Neubedarf**:
Wenn eine zusätzliche Maschine zur Herstellung unserer Produkte angeschafft wird, muss diese auch bedient werden. Hierzu sind Mitarbeiter*innen notwendig, die vorher noch nicht in der Personalplanung vorgekommen sind. Diese Stellen haben vorher also noch nicht existiert.

**Zusatzbedarf**:
Ein Restaurant hat eine Stammbesatzung. Für große Feierlichkeiten wird aber zusätzliches Personal benötigt. Dieser zusätzliche Bedarf besteht nur kurzfristig z. B. bei Auftragsspitzen und saisonalen Hochphasen.

**Minderbedarf**:
Es kann passieren, dass z. B. aufgrund der Marktentwicklung nicht mehr so viele Mitarbeiter*innen benötigt werden wie in den Vorjahren. Dies bedeutet, dass das Unternehmen zu viele Mitarbeiter*innen hat (der Bedarf aber geringer (minder) ist). Hier können Kündigungen nötig werden.

### 3.2.4

> **TIPP** Bei „Begründen" kommt es immer darauf an, dass Sie den Sachverhalt etwas ausführlicher und für die Leserin bzw. den Leser verständlich darlegen. Beziehen Sie hier möglichst viele Aspekte mit ein.

Eine Personalplanung ist aus verschiedenen Gründen wichtig. Um die Betriebsabläufe zu sichern, muss immer ausreichend passend ausgebildetes Personal verfügbar sein. Mithilfe der Personalbedarfsplanung werden Personalengpässe, aber auch -überhänge erkannt. So können entsprechende Maßnahmen (Neueinstellungen, Kündigungen) rechtzeitig umgesetzt werden. Dadurch können unbesetzte Stellen und teure und aufwendige Rekrutierungsmaßnahmen verhindert werden.

**3.3.1** Beschreibung:

Beim Prämienlohn erhält ein*e Mitarbeiter*in neben einem Grundlohn (zeitbezogen) eine leistungsbezogene Vergütung (für qualitative oder quantitative Mehrarbeit).

> **TIPP** Neben dem Beschreiben des Prämienlohns sollen in dieser Aufgabenstellung zusätzlich drei Vorteile dieser Entlohnung genannt werden. Diese könnten z. B. wie in der folgenden Lösung zusammengefasst werden.

Durch die Möglichkeit einer zusätzlichen Entlohnung ist für die Mitarbeiter*innen ein **finanzieller Anreiz** entstanden. Hierdurch wird auch die **Motivation** der Mitarbeiter*innen gesteigert. Damit verbunden ist auch häufig eine **höhere Qualität** der produzierten Stücke, da dies wiederum relevant für die Höhe der Prämie ist.

**3.3.2**

> **TIPP** Bei dieser Aufgabenstellung sollten Sie sich im ersten Schritt überlegen, welche Voraussetzungen mit dem Akkordlohn verknüpft sind. Im zweiten Schritt geht es um die eigentliche Aufgabenstellung, nämlich zu überlegen, warum Akkordlohn in diesem Fall nicht sinnvoll ist. Hierzu sollen Ihnen zwei Gründe einfallen. Zwei mögliche Antworten wären:

- Die Mitarbeiter*innen werden nicht nur im Produktionsablauf, sondern auch im Lager eingesetzt. Hierdurch ist aber ein **ständiges Wiederholen** von Arbeitsgängen **nicht möglich**.
- Nicht nur die Menge der hergestellten Stücke, sondern auch die **Qualität** ist von Bedeutung, da die Produkte u. U. hohen Belastungen während der Nutzung ausgesetzt sind.

**3.3.3**

> **TIPP** Wie bei allen Aufgaben, in denen zu rechnen ist, ist es auch hier sinnvoll, sich im ersten Schritt aufzuschreiben, welche Informationen Ihnen vorliegen. Die in den Prüfungen genannten Materialien finden Sie immer am Ende der Prüfung. Die Spalten Mitarbeiter*in und Betriebszugehörigkeit sind durch das Material 3 vorgegeben. Ziel ist es, dass der angegebene Gewinn in Höhe von 2 050 € nach Betriebszugehörigkeit verteilt wird. Hierzu wird im ersten Schritt eine Summe der Werte der Betriebszugehörigkeit gebildet. Im zweiten Schritt folgt die Verteilung, indem Sie den Gesamtgewinn mit der jeweiligen Betriebszugehörigkeit des/der jeweiligen Angestellten multiplizieren und dieses Produkt durch die Summe der Jahre der Betriebszugehörigkeit aller Angestellten teilen.

| Mitarbeiter*in | Betriebs-zugehörigkeit | Rechenweg | Gewinnanteil je MA |
|---|---|---|---|
| Frau Jakobi | 5 | $=\dfrac{2\,050 \cdot 5}{25}$ | 410 € |
| Herr Yilmaz | 8 | $=\dfrac{2\,050 \cdot 8}{25}$ | 656 € |
| Frau Young | 12 | $=\dfrac{2\,050 \cdot 12}{25}$ | 984 € |
|  | **5 + 8 + 12 = 25** |  |  |

**Hessen Wirtschaft und Verwaltung**
**Abschlussprüfung Fachoberschule 2021**
Vorschlag C

## Aufgabenstellung

**1** Die GAADE KG ist eine etablierte Markenherstellerin von Gewächshäusern und Hochbeeten mit Sitz in Kelsterbach. Seit mehreren Jahren wurden keine neuen Produkte auf den Markt gebracht, stattdessen vertraute man auf die Qualität der bisherigen Produkte.

**1.1** Das Unternehmen überprüft mithilfe des Analyseinstruments des Produktlebenszyklus (PLZ), ob die bisherige Vorgehensweise sinnvoll ist.

**1.1.1** Wesentliches Produkt der GAADE KG ist das Gewächshaus FELD. Stellen Sie den Gewinn und den Umsatz des Produktes aus Material 1 grafisch dar. (4 BE)

**1.1.2** Ordnen Sie die aktuelle Situation des Gewächshauses FELD einer Phase des PLZ zu. (3 BE)

**1.1.3** Beschreiben Sie zwei Kritikpunkte am idealtypischen Verlauf des PLZ. (2 BE)

**1.2** Der Produktlebenszyklus des Gewächshauses FELD veranlasst die Geschäftsleitung dazu, das bisherige Vorgehen zu überdenken. Es sollen mithilfe der Wachstumsstrategien (Marktfeldstrategien nach ANSOFF) Lösungen gefunden werden. Aus einer aktuellen Studie des Bundesverbandes Garten- und Landschaftsbau sowie internen Unternehmenszahlen ergeben sich die Marktdaten in Material 2.

**1.2.1** Beschreiben Sie die vier Wachstumsstrategien (Marktfeldstrategien nach ANSOFF). (4 BE)

**1.2.2** Entscheiden Sie sich aufgrund der Marktdaten in Material 2 für eine geeignete Wachstumsstrategie (Marktfeldstrategie nach ANSOFF) für das Gewächshaus FELD. (3 BE)

**1.3** Die GAADE KG möchte im Rahmen der Marktforschung mit geplanter Befragung herausfinden, wie hoch das Interesse an Produktinnovationen im Bereich der Gewächshäuser ist. Hierzu entscheidet sich die Geschäftsleitung für folgendes Setting:
- Ausgabe von Fragebögen an mindestens 100 potenzielle Kundinnen und Kunden vor Baumärkten
- Es sollen nicht alle potenziellen Kundinnen und Kunden befragt werden.

- Befragungszeitraum Montag, 21.06., bis Freitag, 25.06., jeweils von 9 bis 12 Uhr
- Es werden ausschließlich geschlossene Fragen gestellt, u. a.: Sollte das Holz für Gewächshäuser aus kontrollierter Herkunft stammen? (ja/nein), Ist Ihnen die Qualität eines Gewächshauses wichtig? (ja/nein) Wie wichtig sind Ihnen der Preis und die Gestaltung eines Gartenhauses? (4er-Skala: nicht, wenig, eher, sehr)

**1.3.1** Beurteilen Sie anhand von vier Aspekten die Maßnahmen der Marktforschung im Bereich der Gewächshäuser. (4 BE)

**1.3.2** Erklären Sie jeweils den Unterschied zwischen den beiden folgenden Begriffen und geben Sie an, welches der beiden Konzepte im vorliegenden Fall zutrifft:
- Marktanalyse und Marktbeobachtung
- Primärforschung und Sekundärforschung (6 BE)

**1.4** Um den Erfolg des Unternehmens im Bereich der Gewächshäuser zu sichern, sollen u. a. Preisdifferenzierungen umgesetzt werden.

**1.4.1** Definieren Sie den Begriff Preisdifferenzierung und beschreiben Sie zwei Voraussetzungen einer erfolgreichen Preisdifferenzierung. (4 BE)

**1.4.2** Entscheiden Sie sich beim Gewächshaus FELD für eine geeignete Art der Preisdifferenzierung. (2 BE)

**1.5** Die GAADE KG vertreibt ihre Gewächshäuser bisher ausschließlich über eine große Baumarktkette in Hessen und einen deutschlandweit aktiven Gartenfachmarkt.

**1.5.1** Beschreiben Sie den Unterschied zwischen direktem und indirektem Vertrieb und geben Sie den konkreten Vertriebsweg im vorliegenden Fall an. (2 BE)

**1.5.2** Bewerten Sie das Vertriebskonzept der GAADE KG. (3 BE)

**2** Die GAADE KG ist eine Kommanditgesellschaft (KG). Frau Beer (Einlage 290 000 €) ist Komplementärin. Frau Lor (Einlage 140 000 €) und Herr Kirsch (Einlage 180 000 €) sind Kommanditisten.

**2.1** Begründen Sie die Bedeutung der Eintragung der GAADE KG in das Handelsregister für die Kommanditisten. (2 BE)

**2.2** Um Investitionen im Unternehmen umsetzen zu können, soll Frau Vogel als neue Gesellschafterin gewonnen werden. Diese ist bereit, 350 000 € einzubringen. Sie möchte jedoch an der Geschäftsführung beteiligt sein.

Bewerten Sie diese Forderung aus der Sicht von Frau Vogel, von Frau Beer und nach Handelsgesetzbuch (HGB). (3 BE)

**2.3** Frau Vogel ist mit vielen Ideen in das Unternehmen eingestiegen und konnte die anderen davon überzeugen, eine neue, hochwertige Gewächshausserie zu produzieren. Für deren Produktion sucht man nun einen geeigneten Standort, da die bisherigen Produktionskapazitäten nicht ausreichen. Die bisherigen Überlegungen sind in Material 3 dargestellt.
Erläutern Sie drei relevante Standortfaktoren für die Entscheidung der GAADE KG. (6 BE)

**2.4** Nach sechs Monaten hat die GAADE KG mit der Produktion der neuen Gewächshäuser begonnen und bestellt 2 000 Rundstäbe aus Edelstahl (Rohstoffe für Rahmenteile) im Wert von 7,60 € pro Stück. Die Rundstäbe werden am 1. Mai geliefert. Es wird Zahlung innerhalb von 30 Tagen vereinbart. Bei der Zahlung innerhalb von 10 Tagen werden 4 % Skonto geboten. Das Geschäftskonto der GAADE KG weist derzeit ein Guthaben von 10 000 € auf, das verwendet werden soll. Der Kontokorrentkredit der Bank hat einen Zinssatz von 8 %.

**2.4.1** Definieren Sie den Kontokorrentkredit und den Lieferantenkredit. (4 BE)

**2.4.2** Ermitteln Sie die Höhe des Finanzierungsvorteils bei Inanspruchnahme von Skonto. (7 BE)

**2.5** Das Unternehmen verfügt über ein Eigenkapital von 960 000 €. Das Fremdkapital beträgt 1 392 000 €, von denen 768 000 € dem Unternehmen langfristig zur Verfügung stehen. Das Anlagevermögen hat einen Wert von 1 600 000 €. Der (statische) Verschuldungsgrad liegt bei 145 %.

**2.5.1** Berechnen Sie die Anlagendeckungsgrade I und II. (2 BE)

**2.5.2** Interpretieren Sie die Ergebnisse aus Aufgabe 2.5.1 sowie den angegebenen Verschuldungsgrad. (3 BE)

**3** Neben der Produktpolitik und Finanzierung sollen auch die Produktion und Lagerlogistik verbessert werden.

**3.1** Man betrachtet zunächst die Bestellungen von Eichenholz. Der monatliche Verbrauch liegt bei 270 m$^3$. Der Einstandspreis liegt bei 4 080 € pro m$^3$. Die bestellfixen Kosten betragen 289 €. Der Lagerkostensatz (Lagerhaltungskostensatz) liegt bei 5 %.

**3.1.1** Erklären Sie die Bedeutung der Bestellmenge für den Einstandspreis pro m$^3$, die Lagerkosten und die Bestellkosten. (6 BE)

**3.1.2** Berechnen Sie die optimale Bestellmenge und die sich daraus ergebende jährliche Anzahl der Bestellungen und nennen Sie drei Gründe, von der optimalen Bestellmenge abzuweichen.

*Hinweis:*

optimale Bestellmenge $= \sqrt{\dfrac{200 \cdot \text{bestellfixe Kosten} \cdot \text{Jahresverbrauchsmenge}}{\text{Bezugspreis/Stück} \cdot \text{Lagerkostensatz}}}$ (6 BE)

**3.2** Erklären Sie jeweils unter Angabe eines geeigneten Beispiels aus der Produktion der neuen Gewächshäuser aus Material 4 vier betriebswirtschaftliche Produktionsfaktoren. (8 BE)

**3.3** Der Schreiner Tüsch ist mit drei anderen Kolleginnen und Kollegen für die Verarbeitung von Holz und Holzwerkstoffen zuständig. Er erhält einen Stundenlohn von 14,98 € und arbeitet täglich 8 Stunden. Monatlich arbeitet er durchschnittlich 21 Tage.

Berechnen Sie den Bruttomonatsverdienst und nennen Sie je einen Vorteil der Bezahlung nach Zeitlohn aus Sicht des Mitarbeiters und aus Sicht der GAADE KG.

**3.4** Um höhere Anreize für die Mitarbeiterinnen und Mitarbeiter zu schaffen, wird die Einführung eines Akkordlohns oder eines Prämienlohns diskutiert.

**3.4.1** Es wurde ermittelt, dass pro Stunde durchschnittlich 4 Holzelemente für die neuen Gewächshäuser hergestellt werden. Der Mindestlohn pro Stunde beträgt 12 €. Es wird ein Akkordzuschlag von 30 % veranschlagt.

Berechnen Sie den Akkordgrundlohn (Akkordrichtsatz) pro Stunde und den Zeitakkordlohn pro Stunde für Herrn Tüsch, wenn dieser 5 Holzelemente pro Stunde herstellen würde. (4 BE)

**3.4.2** Herr Kirsch schlägt alternativ vor, einen Prämienlohn einzuführen. Erläutern Sie zwei geeignete Aspekte, auf die Herr Tüsch eine Prämie erhalten könnte. (4 BE)

**3.4.3** Beurteilen Sie die Eignung des Prämienlohns und des Akkordlohns für die Schreinerinnen und Schreiner in der neuen Gewächshausmanufaktur (Material 4). (4 BE)

## Material 1    Umsatz und Gewinn für Gewächshaus FELD von 2017 bis 2021

|  | 2017 | 2018 | 2019 | 2020 | 2021 (geschätzt) |
|---|---|---|---|---|---|
| Umsatz | 2 100 000 € | 2 300 000 € | 2 400 000 € | 1 800 000 € | 1 500 000 € |
| Gewinn | 570 000 € | 550 000 € | 300 000 € | 150 000 € | 100 000 € |

## Material 2    Marktdaten für Gewächshaus FELD

|  | 2019 | 2020 |
|---|---|---|
| absoluter Marktanteil | 5,5 % | 5 % |
| relativer Marktanteil | 0,26 % | 0,25 % |
| Marktsättigung | 84 % | 85 % |
| Bekanntheitsgrad der GAADE KG bei potenziellen Kunden | 94 % | 95 % |
| Veränderung Werbeausgaben der GAADE KG im Vergleich zum Vorjahr | + 2 % | + 30 % |

## Material 3    Standortüberlegungen Gewächshausmanufaktur

In der neuen Gewächshausmanufaktur sollen hochwertige modulare Gewächshäuser hergestellt werden, die es möglich machen, gerade in Ballungsgebieten in kleinen Gärten, auf Terrassen und Balkonen saisonal Pflanzen anzubauen. Die eleganten Gewächshäuser können dann anschließend platzsparend verstaut werden. Die Produkte sollen speziell nach den Wünschen der Kundinnen und Kunden aus edlen Materialien hergestellt werden. Es soll beispielsweise Holz aus regionaler Herkunft verwendet werden. Sie sollen exklusiv und schnell über das Internet vertrieben und auch an der Produktionsstätte in einem Ausstellungsgarten gezeigt werden. Bei der Herstellung sollen Glaser, Metallbauer und Schreiner kreativ und flexibel Hand in Hand zusammenarbeiten, sie alle sollen deshalb auch über eine künstlerische Grundausbildung verfügen.

## Material 4    Herstellung eines modularen Gewächshauses

Bei der Herstellung der modularen Gewächshäuser arbeiten mehrere Glaser, Metallbauer und Schreiner zusammen. Zunächst werden für die Seitenwände Holzbalken und Holzbretter mithilfe von Bandsägen gesägt und mit Holzbohrern und Universalbohrmaschinen vorgebohrt. Für die Dachkonstruktion werden Rundstäbe gesägt und anschließend miteinander mithilfe eines Schweißgeräts und Scharnieren verbunden. Die

Konstruktion wird anschließend in ein Bad aus Lackfarbe eingelassen. Die Wände und die Dachkonstruktion werden dann von Hand mit Spezialschrauben verschraubt, die jederzeit einfach wieder entfernt werden können. Die Glasscheiben werden je nach Kundenwunsch mit Glasschneidern zugeschnitten und in das Gewächshaus eingepasst. Um ein Splittern des Glases zu vermeiden, wird es an den Schnittstellen mit Klebeband abgedeckt. Das Klebeband wird nach dem Schneiden wieder entfernt. Damit Regenwasser kontrolliert ablaufen kann, wird eine zugekaufte faltbare Dachrinne installiert. Um das Gewächshaus erweitern und verstauen zu können, wird es an zahlreichen Stellen nicht fest verschraubt, sondern mit Metallstiften zusammengesetzt. Da zahlreiche Gewächshäuser nach Kundenwünschen parallel in der Manufaktur hergestellt werden, überwacht ein Kollege bzw. eine Kollegin jeweils die Umsetzung eines Gewächshausprojektes.

# Lösungsvorschlag

## 1.1.1

**TIPP** Bei der Darstellung ist es wichtig, die Achsen zu beschriften. In diesem Fall ist es sinnvoll, die Y-Achse mit „Umsatz und Gewinn in €" oder zumindest mit der Angabe „€" zu beschriften. Die X-Achse hingegen ist mit der Einheit „Zeit" zu betiteln. In diesem Fall bietet es sich an, dass die Achse mit „Zeit in Jahren" beschriftet ist.

Zum Vorgehen:
Wenn die Achsen beschriftet sind, müssen lediglich die Beträge aus dem Material 1 in die Grafik übernommen und miteinander verbunden werden. Überprüfen Sie sich ggf. selbst, indem Sie die Werte miteinander vergleichen. Sind diese rückläufig, so sollte auch der Verlauf in Ihrer Grafik fallend sein. Steigen die Werte hingegen, dann sollte auch der Verlauf Ihrer Zeichnung einen steigenden Verlauf aufweisen.

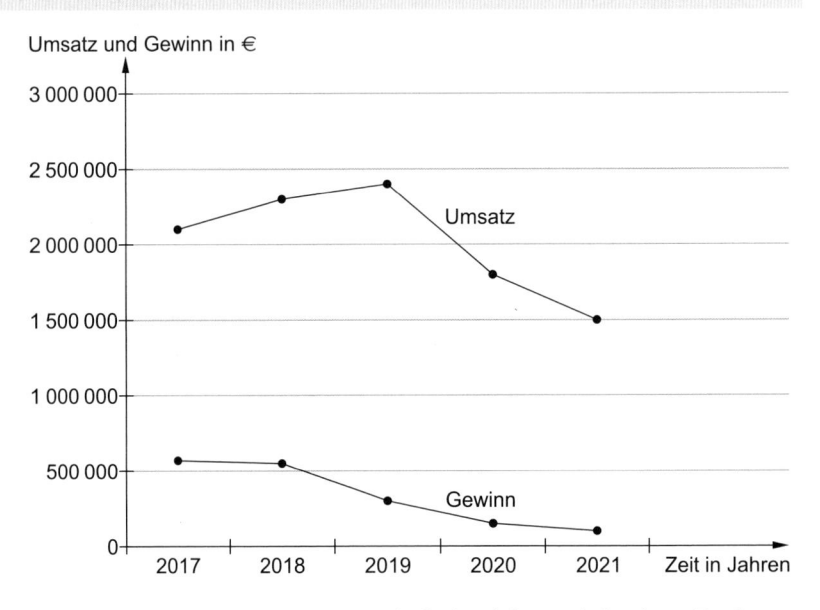

## 1.1.2
Das Produkt „Gewächshaus FELD" befindet sich gerade in einem Rückgang, dies wird durch die sinkenden Umsatzerlöse bzw. Gewinne deutlich. Somit kann man das Produkt in die **Degenerationsphase** einordnen. Es ist jedoch festzuhalten, dass die Verlustzone noch nicht erreicht ist.

**1.1.3** Grundsätzlich bleiben **absatzpolitische Maßnahmen unberücksichtigt**. Diese können sich beispielsweise positiv auf den Verlauf auswirken. Diese Auswirkungen auf den Umsatz bzw. den Gewinn werden jedoch nicht berücksichtigt.

Die Phasen werden **nicht nach einheitlichen Kriterien** eingeteilt – eindeutige Kriterien hierzu gibt es nicht.

Ebenfalls wird das **Verhalten der Konkurrenz** nicht berücksichtigt. Dieses kann sich positiv oder negativ auf den Produktlebenszyklus auswirken.

**1.2.1** Bei den Marktfeldstrategien nach Ansoff handelt es sich um die Strategie der Marktentwicklung, Marktdurchdringung, Produktentwicklung sowie um eine Diversifikationsstrategie.

Bei der **Strategie der Marktentwicklung** wird mit einem bestehenden Produkt ein neuer, zusätzlicher Markt erschlossen. Bei der **Strategie der Marktdurchdringung** wird ein bestehender Markt mit einem vorhandenen Produkt ausgeschöpft. Dies kann beispielsweise durch eine ausgedehnte Kommunikationspolitik erfolgen. Im Rahmen der **Strategie der Produktentwicklung** wird auf Basis eines vorhandenen Marktes ein neues Produkt entwickelt. Mithilfe der **Diversifikationsstrategie** werden Risiken gestreut. Im Rahmen dieser Strategie werden die Unternehmensaktivitäten hinsichtlich neuer Produkte und neuer Märkte betrachtet.

**1.2.2** Eine sinnvolle Entscheidung könnte die **Strategie der Marktentwicklung** sein. Aus den Daten geht hervor, dass der betrachtete Markt zwar noch nicht gesättigt ist, das Unternehmen jedoch auch durch erhöhte Werbeausgaben keine weiteren positiven Akzente setzen könnte. Eine Marktdurchdringung bleibt daher eher fraglich. Mit der Marktentwicklung könnte das Unternehmen in einem anderen Land einen Markt erschließen. Als weitere Möglichkeit könnte die Strategie der Produktentwicklung herangezogen werden. Hier könnte das Produkt überarbeitet/abgeändert werden oder ein ganz neues Produkt entwickelt werden.

**1.3.1.**

> **TIPP** Aus der Aufgabenstellung geht nicht hervor, ob eine reine positive oder negative Beurteilung erfolgen soll.

Die Umfrage umfasst lediglich die Kunden, die **vor Ort** einkaufen. Der **Onlinehandel** in dieser Branche dürfte jedoch auch in den kommenden Jahren einen immer größer werdenden Stellenwert einnehmen, weshalb die Betrachtung des Onlinehandel immer wichtiger werden wird.

Als weiteren Kritikpunkt lässt sich der **Befragungszeitraum** nennen. Die Gruppe der Erwerbstätigen wird in diesem Zeitrahmen nicht berücksichtigt.

Das Interesse an **Produktinnovationen** lässt sich schwer/kaum über geschlossene Fragen erschließen. Hier bieten sich offene Fragen an. Diese sind zwar in der Auswertung etwas aufwendiger, allerdings lassen sich hier qualitativ hochwertigere Informationen zu diesem Thema herausfinden.

Bei genauerer Betrachtung der letzten Frage wird deutlich, dass **zwei Aspekte** (Preis und Gestaltung) erfragt werden. Eine Verbindung zweier Aspekte ist als **nicht sinnvoll** zu betrachten, da diese so nicht voneinander getrennt ausgewertet werden können.

Positiv ist jedoch der **Umfang** der Umfrage zu benennen. Ein allgemeines Interesse kann hierbei deutlich werden.

Insgesamt wird deutlich, dass das **Forschungsdesign angepasst** werden muss.

**1.3.2** Bei einer **Marktbeobachtung** handelt es sich um eine Betrachtung des Marktes über einen gewissen Zeitraum. Bei der **Marktanalyse** hingegen wird der Markt zu einem bestimmten Zeitpunkt betrachtet und untersucht.

Im Rahmen der **Primärforschung** werden eigene Daten erhoben oder es wird ein Marktforschungsunternehmen mit der Datenerhebung beauftragt. Die **Sekundärforschung** hingegen betrachtet bereits vorhandene Daten. Diese Daten wurden beispielsweise für andere Ziele/Zwecke erhoben.

Im vorliegenden Fall liegt eine **Marktanalyse** im Rahmen der **Primärforschung** vor.

**1.4.1** Von einer **Preisdifferenzierung** spricht man, wenn die gleichen Produkte eines Anbieters zu unterschiedlichen Preisen angeboten werden. Die unterschiedlichen Preise gelten in verschiedenen Marktsegmenten. Hierzu wird der Markt anhand bestimmter Kriterien in unterschiedliche Segmente unterteilt.

Voraussetzung für eine mögliche Preisdifferenzierung anhand der Marktsegmentierung ist, dass der betrachtete **Markt unvollkommen** ist. Wäre der Markt vollkommen, würde lediglich der günstigste Preis für das betrachtete Produkt Anwendung finden.

Für eine erfolgreiche Preisdifferenzierung ist ebenfalls eine **niedrige Preiselastizität** entscheidend. Preisänderungen würden demnach kaum eine Veränderung in der Höhe der Nachfrage herbeiführen.

**1.4.2** Für das Gewächshaus FELD bietet es sich an, eine **zeitliche Preisdifferenzierung** vorzunehmen. Das Produkt könnte im Frühjahr und im Sommer zu einem höheren Preis angeboten werden als im Winter und Herbst. Weiterhin ist eine räumliche Preisdifferenzierung möglich, da in Gebieten mit einer hohen Kaufkraft auch höhere Preise verlangt werden können.

**1.5.1** Ein **direkter Vertrieb** der Produkte bedeutet einen Verkauf an den Endverbraucher. Beim **indirekten Vertrieb** hingegen werden die Produkte über rechtlich selbstständige Mittler, z. B. Einzelhändler, verkauft. Im betrachteten Fall liegt ein **indirekter Vertrieb** vor, da die GAADE KG über die Baumarktkette und einen Gartenfachmarkt vertreibt.

**1.5.2** Durch das Vertriebskonzept der GAADE KG wird deutlich, dass das Unternehmen **deutschlandweit** Produkte vertreiben kann, ohne selbst im gesamten Bundesgebiet aktiv sein zu müssen. Zudem erhält das Unternehmen in der Regel auch direkt nach der Lieferung das Geld durch den Vertriebspartner.

Zu Problemen kann das Vertriebskonzept hingegen führen, wenn die beiden Vertriebspartner Probleme haben. Die GAADE KG ist somit **abhängig** von den beiden Partnern. Durch diese Abhängigkeit hat die GAADE KG auch keine gute Verhandlungsposition, was zukünftige Verträge etc. angeht. Als weiterer Nachteil ist zu nennen, dass die GAADE KG **kein direktes Feedback** vom Endverbraucher erhält.

**2.1** Die Eintragung der GAADE KG in das Handelsregister hat zur Folge, dass die gesetzlichen Regelungen dieser Rechtsform greifen (konstituierend). Bei der KG haften die Kommanditisten (Frau Lor und Herr Kirsch) lediglich mit ihrem eingesetzten Kapital.

**2.2** Frau Vogel würde mit einer Einlage in Höhe von 350 000 € das meiste Kapital einbringen und somit ist es aus ihrer Sicht sinnvoll, an der Geschäftsführung beteiligt zu werden. Aus der Sicht der anderen Komplementärin Frau Beer bedeutet der Einstieg von Frau Vogel hingegen eine Abgabe/Einschränkung ihrer Kompetenzen. Anstehende Entscheidungen müssen vermehrt mit Frau Vogel abgestimmt werden. Grundsätzlich ist eine Aufnahme weiterer Komplementäre möglich, bedarf jedoch einer Zustimmung aller Gesellschafterinnen und Gesellschafter.

**2.3** Die **Absatzmöglichkeiten** stellen einen entscheidenden Standortfaktor dar. Da die Manufaktur auch über einen Ausstellungsgarten verfügen soll, sollte dieser auch von möglichst vielen potenziellen Kunden erreicht werden können. Hier bieten sich entsprechend Ballungszentren an.

Ein weiterer relevanter Standortfaktor ist die **Verfügbarkeit von Arbeitskräften**. Arbeitnehmerinnen und Arbeitnehmer müssen über die gewünschten Qualifikationen (künstlerische Arbeiten) verfügen.

Als dritten Standortfaktor lassen sich die **Verkehrsverhältnisse** anführen. In diesem Zusammenhang ist zu nennen, dass die Manufaktur bestenfalls an Verkehrsknotenpunkten platziert werden sollte. Die Kundinnen und Kunden sollten die Manufaktur gut erreichen können. Ausreichende Parkgelegenheiten sollten ebenfalls vorhanden sein.

**2.4.1** Bei einem **Kontokorrentkredit** handelt es sich um ein Darlehen, das ein Unternehmen bei einem Kreditinstitut zu zuvor vereinbarten Kreditbedingungen nehmen kann, indem es sein Girokonto bis zu einer bestimmten Höhe überzieht. Der Kontokorrentkredit wird aufgrund der zumeist hohen Zinsen für kurzfristige Überbrückungen von Liquiditätsengpässen genutzt.

Der **Lieferantenkredit** hingegen entsteht, wenn Kundinnen und Kunden das vorgegebene Zahlungsziel in Anspruch nehmen. Der Lieferantenkredit kann ebenfalls als kurzfristige Überbrückung von Liquiditätsengpässen genutzt werden.

**2.4.2** Zahlung des Zieleinkaufspreises ohne Ausnutzung des Skontos:

$$\text{Zieleinkaufspreis} = \text{Menge} \cdot \text{Stückpreis} = 2\,000 \text{ Stück} \cdot 7{,}60\,\frac{\text{€}}{\text{Stück}} = 15\,200\,\text{€}$$

$$\text{Skontobetrag} = 4\,\% \cdot \text{Menge} \cdot \text{Stückpreis}$$

$$= 4\,\% \cdot 2\,000 \text{ Stück} \cdot 7{,}60\,\frac{\text{€}}{\text{Stück}} = 608\,\text{€}$$

Der Skontobetrag entspricht den Kosten des Lieferantenkredits.

Zahlung des Bareinkaufspreises unter Ausnutzung des Skontos:
$$\text{Bareinkaufspreis} = \text{Zieleinkaufspreis} - \text{Skontobetrag}$$
$$= 15\,200\,\text{€} - 608\,\text{€} = 14\,592\,\text{€}$$

10 000 € können als Bankguthaben eingebracht werden. Die verbleibenden 4 592 € (= 14 592 € − 10 000 €) müssen als Kontokorrentkredit kurzfristig aufgenommen werden.

> **TIPP** Der Kontokorrentkredit wird lediglich über 20 Tage aufgenommen, da die Ausnutzung des Skontos nach 10 Tagen endet. Somit ergibt sich folgende Rechnung:

$$\text{Zinsbetrag} = \frac{4\,592\,\text{€} \cdot 8\,\% \cdot 20}{100 \cdot 360} = 20{,}41\,\text{€}$$

> **TIPP** Das Jahr wird nicht mit 365 Tagen, sondern lediglich mit 360 Tagen gerechnet.

Der Zinsbetrag in Höhe von 20,41 € entspricht den Kosten des Kontokorrentkredites.

> **TIPP** Der Finanzierungsvorteil ergibt sich nun aus der Gegenüberstellung des Zinsbetrages und des Skontobetrages:

$$\text{Finanzierungsvorteil} = \text{Skontobetrag} - \text{Zinsbetrag} = 608\,\text{€} - 20{,}41\,\text{€} = 587{,}59\,\text{€}$$

Die Ausnutzung des Skontos ist um 587,59 € günstiger als die Inanspruchnahme des Lieferantenkredits.

**2.5.1** Anlagendeckungsgrad I $= \dfrac{\text{Eigenkapital} \cdot 100}{\text{Anlagevermögen}} = \dfrac{960\,000\,€ \cdot 100}{1\,600\,000\,€} = 60\,\%$

Anlagendeckungsgrad II $= \dfrac{(\text{Eigenkapital} + \text{langfristiges Fremdkapital}) \cdot 100}{\text{Anlagevermögen}}$

$= \dfrac{(960\,000\,€ + 768\,000\,€) \cdot 100}{1\,600\,000\,€} = 108\,\%$

**2.5.2** Der **Verschuldungsgrad** zeigt das Verhältnis von Fremd- zu Eigenkapital und damit die Verschuldung eines Unternehmens an. In der Regel sollte der Verschuldungsgrad nicht höher als 200 % sein. Mit einem geringeren Verschuldungsgrad sind wirtschaftliche Risiken minimiert. Eine Verschuldung von etwa knapp unter 150 % sollte dabei das Ziel darstellen, mit den 145 % ist das Ziel also erreicht.

Der **Deckungsgrad I** setzt das Eigenkapital mit dem Anlagevermögen in Beziehung. Nach der goldenen Bilanzregel sollte langfristiges Vermögen auch langfristig finanziert werden. Bei der Berechnung des Deckungsgrad I wird jedoch lediglich das Eigenkapital herangezogen, weshalb der Wert auch unter 100 % liegen kann. Die Zielgröße des Deckungsgrad I sollte zwischen 70 % und 100 % liegen. Die GAADE KG hat jedoch einen Deckungsgrad I in Höhe von 60 %. Dies lässt darauf schließen, dass zu wenig Eigenkapital im Unternehmen vorhanden ist.

Der **Deckungsgrad II** sollte über 100 % liegen (in etwa zwischen 100 % und 150 %). Die Zielgröße versichert ein ausreichendes finanzielles Gleichgewicht. Mit einem Wert von 108 % liegt der Deckungsgrad II der GAADE KG noch im Rahmen. Dieser sollte jedoch nicht weiter sinken.

**3.1.1**

> **TIPP** In der ersten Aufgabenstellung dieses Prüfungsteils geht es darum, mehrere Begrifflichkeiten zu erklären. Hierbei ist jedoch darauf zu achten, nicht nur eine einfache Erklärung zu formulieren, sondern die Abhängigkeit zwischen der Bestellmenge und den einzelnen Begriffen darzulegen.

**Einstandspreis** (der Preis, zu dem man eine Ware tatsächlich erwirbt, also inkl. z. B. Rabatten und Fracht)
Je größer die Bestellmenge ist, desto größer sind i. d. R. auch die Preisnachlässe, die vom Lieferanten gewährt werden. Entsprechend verändert sich hierbei auch der Einstandspreis bezogen auf den $m^3$. Generell lässt sich für viele Produkte also sagen: Je größer die gekaufte Einheit, umso kleiner der Einstandspreis je Stück.

**Lagerkosten**
Wenn man nur einmal im Jahr eine (Groß-)Bestellung tätigen würde, müsste man ein sehr großes Lager haben, das entsprechend unterhalten werden muss. Dies kostet neben Personal u. a. auch Miete, etc.

Dagegen ist es so, dass, wenn man häufige Bestellungen tätigt, im Zeitraum zwischen den Bestellungen weniger Güter eingelagert werden müssen.

**Bestellkosten**
Wenn man häufige Bestellungen tätigt (verbunden mit einer geringeren Bestellmenge), steigen die Bestellkosten, da dies Kosten sind, die mit jeder neuen Bestellung anfallen. Dagegen sind diese Kosten eher gering, wenn man nur wenige Bestellungen im Jahr tätigt.

**3.1.2**

> **TIPP** Aufbauend auf die Aufgabenstellung 3.1.1 soll hier nun mithilfe der Andlerschen Formel die optimale Bestellmenge berechnet werden. Zusätzlich sollen außerdem drei Gründe genannt werden, warum von dem Ergebnis abgewichen werden sollte.
>
> Die Formel ist hier in der Prüfung genannt – rechnen Sie aber nicht damit, dass das auch in zukünftigen Prüfungen immer der Fall sein wird.
>
> 1. Schritt: Eintragen der im Text genannten Werte: Achten Sie hierbei darauf, dass der Verbrauch als monatlicher Wert angegeben ist und entsprechend × 12 gerechnet werden muss, um den Jahresverbrauch zu erhalten. Beachten Sie außerdem, dass der Lagerkostensatz zwar mit 5 % angegeben ist, das %-Zeichen in der Formel aber wegfällt.

$$95{,}81\,m^3 = \sqrt{\frac{200 \cdot 289\,€ \cdot 270\,m^3 \cdot 12}{4\,080\,€ \cdot 5}}$$

> **TIPP** Falls bei Ihrem Taschenrechner als Ergebnis $\sqrt[6]{255}$ angezeigt wird, tippen Sie (zumindest beim Casio fx-991DE PLUS) S⇔D. Anschließend müsste oben genanntes Ergebnis erscheinen.
>
> Bedenken Sie, dass mit der obigen Rechnung nur die optimale Bestellmenge, aber noch nicht die Frage nach der Anzahl der Bestellungen geklärt ist. Hierfür ist es nötig, weiterzurechnen.
>
> 2. Schritt: Berechnung der Anzahl der Bestellungen.

$$\text{Anzahl der Bestellungen} = \frac{\text{Jahresverbrauchsmenge}}{\text{optimale Bestellmenge}}$$

$$33{,}82 \text{ Bestellungen} = \frac{270 \text{ m}^3 \cdot 12}{95{,}81 \text{ m}^3}$$

**TIPP** Da eine Bestellung in Höhe von 0,82 Bestellungen nicht möglich ist, wird die Anzahl der Bestellungen entsprechend aufgerundet.

Es sollten optimalerweise 34 Bestellungen in einem Jahr getätigt werden.

**TIPP** 3. Schritt: Nun zu den Gründen, von der berechneten Menge abzuweichen. Hier gibt es eine Vielzahl von Möglichkeiten. Drei davon sind:

a) Große Rabattaktionen, die zu deutlich besseren Einstandspreisen führen
b) Die berechnete Anzahl führt zu einem Engpass im Lager, da dieses nicht für so große Mengen ausgelegt ist
c) Jahreszeittypische Produkte bringen Produktionsschwankungen mit sich

**3.2**

**TIPP** In Aufgabenstellungen genannte Materialien finden sich immer ganz am Ende der Abschlussprüfung. Bei dieser Aufgabe gilt es, im gegebenen Text Beispiele für die betriebswirtschaftlichen Produktionsfaktoren zu finden und die dazugehörigen Faktoren zu beschreiben.

Direkt im ersten Satz steht „arbeiten mehrere Glaser, Metallbauer und Schreiner zusammen". Es handelt sich hierbei um **die ausführende Arbeit**, die dadurch gekennzeichnet ist, dass sie eine geistige und körperliche Tätigkeit zur Leistungserstellung darstellt.

Im nächsten Satz steht „für die Seitenwände Holzbalken und Holzbretter ...". Es handelt sich dabei um Hauptbestandteile des fertigen Produkts, da die Holzbalken und Holzbretter mit den Seitenwänden des Gewächshauses in Verbindung gesetzt werden ⇒ es handelt sich hiermit um **Rohstoffe**.

Im gleichen Satz steht: „... mithilfe von Bandsägen ... Holzbohrern und Universalbohrmaschinen". Hierbei handelt es sich um **Betriebsmittel**, da hierzu sämtliche bewegliche und unbewegliche Gegenstände zählen, die der Leistungserstellung dienen, aber nicht ins Produkt einfließen.

Im letzten Satz heißt es: „... überwacht ein Kollege". Hierbei handelt es sich um den **dispositiven Faktor**. Dieser beschreibt die Fähigkeit, die anderen Produktionsfaktoren im Sinne der Leistungserstellung zu kombinieren.

## 3.3

> **TIPP** Bei der Aufgabe 3.3 findet ein thematischer Wechsel in Richtung Personal/ Entlohnung statt. In der ersten Aufgabe soll der Bruttolohn eines Mitarbeiters berechnet werden sowie je ein Vorteil für den Mitarbeiter als auch das Unternehmen aufgezeigt werden.

Bruttomonatsverdienst
= Stundenlohn · tägliche Arbeitszeit · gearbeitete Tage im Monat
= 14,98 € · 8 Stunden · 21 Tage = **2 516,64 €**

Ein Vorteil des Zeitlohns für den Mitarbeiter wäre, dass er genau weiß, wie viel er am Ende des Monats auf seinem Konto gutgeschrieben bekommt, da der Lohn konstant ist.

Ein Vorteil für das Unternehmen wäre, dass aufgrund der konstanten Lohnsumme die Lohnabrechnung einfach ist.

## 3.4.1

> **TIPP** In der zweiten Aufgabe dieses Bereichs geht es um die Berechnung des Akkordrichtsatzes sowie des Zeitakkordlohns.

Akkordrichtsatz = Mindestlohn + Akkordzuschlag
**15,60 €** = 12 € + 30 % *(entspricht 3,60 €)*

> **TIPP** Im Gegensatz zum ersten Arbeitsauftrag müssen nun mehrere Rechenschritte unternommen werden, um den Zeitakkordlohn berechnen zu können.
>
> *Hinweis:* Achten Sie darauf, dass Sie immer die Einheiten in die Formeln mit aufnehmen.

$$\text{Vorgabezeit} = \frac{60\text{ Minuten}}{\text{produzierte Stückzahl pro Stunde (Normalleistung)}}$$

$$\text{Minutenfaktor} = \frac{\text{Akkordrichtsatz}}{60\text{ Minuten}}$$

Zeitakkordlohn = Vorgabezeit · Minutenfaktor · gefertigte Stückzahl

Übertragen auf die Zahlen der Prüfung bedeutet dies:

$$15\text{ Minuten pro Stück} = \frac{60\text{ Minuten}}{4\text{ Stück}} \quad\Rightarrow \text{Vorgabezeit}$$

$$0,26\text{ € pro Minute} = \frac{15,60\text{ €}}{60\text{ Minuten}} \quad\Rightarrow \text{Minutenfaktor}$$

19,50 € = 15 Minuten pro Stück · 0,26 € pro Minute · 5 Stück
$\Rightarrow$ Zeitakkordlohn

Dies bedeutet, dass Herr Tüsch über den Akkordlohn pro Stunde 19,50 € bei einer produzierten Anzahl von 5 Stück verdient.

### 3.4.2

> **TIPP** Beim Prämienlohn wird zusätzlich zu einem vereinbarten Grundlohn eine leistungsabhängige Vergütung gezahlt. Diese wird jedoch nur dann gezahlt, wenn eine bestimmte Normalleistung überschritten wird. Es gibt eine Vielzahl von Möglichkeiten, Prämien zu erhalten.
>
> In dieser Aufgabe geht es darum, dass Sie die Zusammenhänge zwischen den verschiedenen Prämien darstellen und verknüpfen können. Schlüpfen Sie in die Rolle des Unternehmers und überlegen Sie, welche Arten von Prämien Ihnen für Herrn Tüsch einfallen würden. Ihr Auftrag ist es, zwei Aspekte darzulegen.

Eine Möglichkeit für eine Prämie wäre **erzeugte Menge** in der **Arbeitszeit**. Hier würde der Mitarbeiter eine Prämie für die erzeugte Menge innerhalb einer bestimmten Zeit erhalten.

Eine weitere Prämienmöglichkeit wäre z. B. die **Maschinennutzungszeit**. Wenn Herr Tüsch seine benötigte Zeit an der Maschine optimieren kann, können diese auch andere Mitarbeiter nutzen.

### 3.4.3

> **TIPP** Hier geht es darum, dass Sie erkennen müssen, welche Auswirkungen die Lohnform auf die Produktion hat. Gehen Sie auf das Produkt ein. Ist es Massenware oder ein Qualitätsprodukt? Ist sehr genaues Arbeiten erforderlich oder sind kleine Schönheitsfehler irrelevant?

Bei den Gewächshäusern in dieser Aufgabenstellung handelt es sich um ein hochwertiges Produkt, das nach Kundenwünschen hergestellt wird. Entsprechend gering wird auch die Toleranz der Kunden bei Mängeln sein. Da die Mitarbeiter hier auch miteinander arbeiten müssen, erscheint der Akkordlohn nicht geeignet, da sich durch die Zusammenarbeit die Arbeitsgeschwindigkeit des Einzelnen nicht erhöhen lässt. Durch den Prämienlohn lassen sich z. B. Kostenersparnisse, die Qualität oder auch eine geringe Arbeitszeit realisieren.

## Hessen ▪ Wirtschaft und Verwaltung 2022
### Abschlussprüfung

Um Ihnen die Prüfung 2022 schnellstmöglich zur Verfügung stellen zu können, bringen wir sie in digitaler Form heraus.

Sobald die Original-Prüfungsaufgaben 2022 freigegeben sind, können sie als PDF auf der Plattform **MyStark** heruntergeladen werden. Ihren persönlichen Zugangscode finden Sie auf der Umschlaginnenseite vorne im Buch.

**Prüfung 2022**

www.stark-verlag.de/mystark

# Dein kostenloses
# **Stärkenprofil**

Du wagst demnächst den Schritt in die Berufswelt, aber weißt noch nicht, was du als Stärken angeben kannst?

Mit **Aivy** findest du es auf spielerische Art heraus.

**⋀ Aivy** ist...

...für dich kostenlos.

...interaktiv und spielerisch.

...ganz auf deine Person fokussiert.

Lerne dich selbst besser kennen und **entdecke deine Berufung!**

www.stark-verlag.de     **STARK**

# Bist du bereit für deinen Einstellungstest?

**Hier kannst du testen, wie gut du in einem Einstellungstest zurechtkommen würdest.**

**1. Allgemeinwissen**
Der Baustil des Kölner Doms ist dem/der … zuzuordnen.

a) Klassizismus  b) Romantizismus
c) Gotik         d) Barock

**2. Wortschatz**
Welches Wort ist das?

N O R I N E T K T A Z N O

**3. Grundrechnen**
-11 + 23 - (-1) =

a) 10   b) 11   c) 12   d) 13

**4. Zahlenreihen**
Welche Zahl ergänzt die Reihe logisch?

17  14  7  21  18  9  ?

**5. Buchstabenreihen**
Welche Auswahlmöglichkeit ergänzt die Reihe logisch?

e d f f e g g f h ? ? ?

a) h i j   b) h g i   c) f g h   d) g h i

Lösungen: 1 c; 2 Konzentration; 3 d; 4 27; 5 b

**Alles zum Thema Einstellungstests findest du hier:**

www.stark-verlag.de         **STARK**

Bei Fragen rund um das Thema „Bewerbung"
**helfen dir unsere Bücher**.

www.stark-verlag.de          **STARK**

**PRÜFUNGSANGST**

# STOPP DIE PANIK

*Mit der Fußsohlen-Methode*

Prüfungen können Angst- und Fluchtsituationen sein. Dein Körper schüttet Adrenalin aus und dämpft das Gefühl in den Füßen. Z. B. beim Weglaufen ist es gut, wenn man die Füße nicht spürt. Eine Prüfung ist aber **keine Gefahrensituation**. Signalisiere deinem Körper, dass du nicht weglaufen musst, und bring das Gefühl in deine Füße zurück:

Setze oder stelle dich hin. Die Füße müssen den **Boden** berühren.

**spüre** jeden einzelnen Zeh von klein bis groß.

Erkunde den **Bogen** deines Fußes.

Spüre den **Druck** auf dem Boden.

Schließe jetzt deine Augen und **denke** dich in deine Füße hinein.

Fahre in Gedanken um die **Fersen**.

Dein Körper **fühlt** die Füße wieder und denkt, er sei in keiner Panik-Situation, sondern in **Sicherheit**.

www.stark-verlag.de **STARK**